JN430956

【제2판】

교육학개론

정명화 · 이로미

KNOWLEDGE COMMUNITY 공동체

제2판 머리말

이 책의 초판이 출간된 지 거의 10년이 되어간다. 10년이면 강산이 변한다는 말처럼 짧지 않은 기간이다. 그동안 이 책을 교재로 사용해 주신 교수자님과 독자 여러분께 감사를 드린다.

시간이 흐르고 상황이 바뀌며 새로운 이론과 학설이 대두되거나 기존의 이론들이 수정・보완되어 발전해 오고 있다. 그러나 주요 원리나 이론이 급격하게 변화하지는 않으므로 제2판에서는 초판에서 언급한 내용들을 가급적 많이 포함시켰다. 제2판과 초판의 큰 차이점은 없지만 각 장의 순서와 내용을 조금 변화시켰으며, 책의 내용에는 눈에 띄는 아이디어 및 이론을 첨가하거나 수정하였다.

교재는 총 12장으로 구성되어 있다. 제1장은 교육과 교육학의 개념, 제2장부터 제11장까지는 각 장에 걸쳐 교육학의 다양한 연구 분야를 기술하여 각 장마다 하나의 연구 분야에 대한 기초적인 지식과 이해를 도모하도록 구성하였다. 마지막 제12장은 한국 교육과 교사의 과제를 다루었으며, 제1장에서는 이러한 책 전체의 구조 및 각 장별 설명을 담았다.

교육학에 입문하는 예비교사들과 가르치는 교수자들께 조그마한 도움이 되기를 바라면서 초판의 첫 줄에 언급한 조고각하(照顧脚下), 늘 자신이 서 있는 자리를 살피라는 뜻의 단어를 항상 마음에 두고자 한다. 이번 개정판 작업을 하면서도 변화하는 교육의 현실을 끊임없이 살피고 최대한 담으려고 노력했지만 언제나처럼 역량의 부족을 느낀다. 내용 중 부족한 부분이나 잘못된 부분이 있다면 전적으로 저자의 부족함이니 끊임없는 조언을 부탁드린다.

끝으로 이 책이 나오기까지 끊임없는 격려와 지원을 해주신 공동체 김동훈 사장님과 공동체 가족 여러분께 감사를 드린다.

교육이란 한 바가지 물을 채워 넣는 것이 아니라 불꽃 하나를 붙이는 것이다.

Education is not the filling of a pail, but the lighting of a fire.

- W. B. Yeats -

2024년 6월

저자 일동

초판 머리말

조고각하(照顧脚下). 비칠 '조', 돌아볼 '고', 다리 '각', 아래 '하'가 무슨 말인가? 자기가 서 있는 자리를 살피라는 뜻이다. 각자가 발 딛고 서 있는, 지금의 현실을 끊임없이 살피라는 뜻이라고 생각한다. 교육학개론에 관한 책을 쓰고 강의를 하면서 늘 마음속에 새겨둔 단어이다.

이 단어를 생각하면 교육학개론의 집필이나 개정 시 여러 한계에 부딪히게 된다. 이번에도 새 책을 내면서 이러한 한계를 완전히 극복하지는 못했지만 이전의 교육학개론과는 달리 새로움을 추구하려고 노력하였다.

교육학 자체가 다양한 교육현상을 탐구하고 이를 어떻게 실제 교육에 적용할 것인가를 연구하는 학문이므로 다양한 분야의 학문적 지식과 간학문적 체제를 취해야 한다. 그리하여 이 교재는 교육학의 연구분야를 골고루 다루어 예비교사가 교육학의 각 세부영역을 이해하고 교육현장에 적용할 수 있는 능력을 기르는 데 도움을 주고자 하였다.

교재는 12장으로 나누어, 1장은 교육과 교육학의 개념, 교사의 적성에 대해, 2장부터 11장까지는 각 장에 걸쳐 교육학의 다양한 연구분야를 기술하여 각 장마다 하나의 연구분야에 대한 기초적인 지식과 이해를 도모하도록 구성하였다. 마지막 12장은 한국 교육과 교사의 과제를 다루었다. 구체적인 내용은 1장의 교육학의 학문적 구조와 이 책의 구조 부문에서 상세히 기술하였다.

교육학에 입문하는 학생들과 가르치는 선생님들께 조금이나마 도움이 될 수 있기를 바라며, 책 내용 중 부족한 부분이나 잘못된 부분에 대해 끊임없는 조언을 기대한다.

끝으로 좋은 책이 나오게끔 도움을 주신 공동체 김동훈 사장님과 공동체 가족 여러분들께 감사의 인사를 드린다.

2015년 8월

대표저자 정명화

차례

Chapter 05 교육의 사회학적 기초

Chapter 06 교육과정

Chapter 07 교육방법 및 교육공학

Chapter 08 교육평가

Chapter 09 생활지도와 상담

Chapter 10 교육행정과 학교경영

Chapter 11 평생교육

Chapter 12 한국 교육과 교사의 과제

CHAPTER

01 교육, 교육학

|개요|

'교육'이란 우리 사회의 가장 큰 관심거리 중 하나이다. 태어날 때부터 가정교육으로 시작되어 학교교육을 통하는 교육의 여정에서 사람들은 행복한 삶을 꿈꾸고 동시에 발전된 사회를 꿈꾼다.

교사는 교육을 담당하고 있는 전문가이기 때문에 교육의 개념과 역할, 그리고 교육학에 대해서 잘 알고 있어야 한다. 그러나 이 모든 것에 앞서 교사를 지망하는 학생, 즉 예비교사는 자신이 이런 역할을 담당하기에 적합한지 소질과 적성을 냉철하게 파악할 필요가 있다.

Chapter 01 교육, 교육학

1. 교육의 이해

1) 교육의 개념

'교육'이라는 단어는 어쩌면 우리 사회의 가장 큰 관심단어인지도 모른다. '5천만이 모두 교육 전문가'라는 우스갯소리가 있을 정도로 많은 사람들이 교육에 대해 지대한 관심을 갖고 있다. 그 이유는 무엇일까? 아마도 국민 모두가 교육에 투자한 결과 얻어지는 개인과 사회의 변화에 큰 관심을 가지고 있어서가 아닐까? 태어날 때부터 가정교육이 시작되고 학교교육을 통하는 교육의 여정에서 사람들은 행복한 삶을 꿈꾸고 동시에 발전된 사회를 꿈꾼다.

하지만 우리 사회의 뜨거운 '교육열'은 이 과정에서 교육을 둘러싼 과열된 분위기를 조성하기도 한다. 이러한 교육열은 학생들을 좀 더 열심히 공부하게 하기도 하고 더 많은 스트레스를 겪게 하기도 한다. 학부모의 입장이 된 성인들도 자녀의 진학을 둘러싼 각종 정보와 제도 변화에 민감하며 자신의 삶을 살아가는 데 필요한 각종 교육에 관심을 기울인다. 우리나라의 교육열은 세계적으로도 잘 알려진 현상이기도 하다. 2009년 미국의 대통령 버락 오바마는 미국 학생들의 수학과 과학, 기술, 공학 분야의 실력 향상을 위한 캠페인 "혁신을 위한 교육(Education To Innovate)" 현장에서 지식에 대한 갈망(a hunger for knowledge), 우수성에 대한 요구(an insistence on excellence), 과학 · 수학 · 기술

· 학습에 대한 경외심(a reverence for science and math and technology and learning) 등이 미국교육이 나아가야 할 방향이라고 주장하며 아시아 교육을 지향점으로 삼고자 했다. 그러한 맥락에서 한국의 교육열을 다음과 같이 소개한 바 있다.

> 저는 지난 40여 년 동안 엄청난 성장을 한 한국의 교육정책에 관심이 있었습니다. 이 대통령(이명박 전 대통령)에게 "한국의 교육정책에서 가장 큰 도전과제는 무엇인가요?"라고 물었습니다. 그의 대답은 한국의 학부모들은 요구가 매우 많다는 것이었습니다. 누군가 아주 가난하더라도 그들의 아이들만은 가장 좋은 교육을 받아야 한다고 주장한다는 것이죠.[1)]

교육을 둘러싼 이러한 우리 사회의 맥락과 기대를 감안할 때 교사의 어깨가 무거운 것은 당연하다. 교사는 교육을 담당하고 있는 전문가이기 때문에 교육의 개념과 역할을 잘 알고 있어야 한다.

(1) 교육

우리가 '교육'이라고 부르는 단어는 '敎育'이라는 한자어이다. 중국의 고전인 『맹자』의 진심편(盡心篇) 중의 구상이십(句上二十)인 군자유삼락장(君子有三樂章) 속에 나오는 '得天下英才而敎育之三樂也'에서 처음으로 언급되었다. 이는 가장 훌륭한 인격을 지닌 사람인 군자에 대한 이야기이다. '군자가 소유해야 하는 가장 바람직한 것이 무엇인가?'라는 질문에 맹자는 군자에게는 '세 가지 즐거움'[2)]이 있는데 그중 하나는 천하의 영특한 인재를 얻어 이를 가르치고(敎) 기르는 일(育), 곧 교육(敎育)하는 일이라고 대답한 것이다.

---

1) https://obamawhitehouse.archives.gov/the-press-office/remarks-president-education-innovate-campaign

2) 君子有三樂
君子有三樂이나 而王天下는 不與存焉이니라
父母俱存하고 兄弟無故가 一樂也요
仰不愧於天하며 俯不怍於人이 二樂也요
得天下英才하여 而敎育之 三樂也니와
-『孟子』 盡心章 -

군자에게는 세 가지 즐거움이 있으나 천하에 왕 노릇 하는 것은 여기에 들지 못한다.
부모가 살아 계시며 형제가 무고함이 첫째 즐거움이요, 우러러 하늘에 부끄럽지 않고 구부려 사람들에게 부끄럽지 않음이 둘째 즐거움이요, 천하에 영재를 얻어 교육하는 것이 셋째 즐거움이다.

그럼 이 '교육'이라는 단어를 한 글자씩 살펴보자. '교(敎)'의 사전적 정의는 '가르치다, 방향을 제시하다, 이끌다, 모범을 보여주고 따르게 하다' 등이다. 글자의 왼편은 '본받는다'는 의미인 爻(효)에 아들 자(子)가 들어 있고 오른편에는 '두드린다, 친다'는 뜻의 攵(칠 복)으로 구성돼 '자녀인 학생은 본받고 교사는 두드리면서 가르친다'는 의미를 갖고 있다. 혹자는 '攵(칠 복)'을 새가 알을 깨고 나오는 과정을 돕듯 '똑똑 두드린다'는 의미로 해석하기도 하고, 혹은 회초리를 들고 '사랑의 매'를 가하는, 즉 '때리는' 행동으로 해석하기도 한다. 그렇기에 중국과 우리나라를 비롯한 한자 문화권에서는 교육에 '사랑의 매'가 당연한 것으로 암묵적으로 전수되어 왔는지도 모른다.

| 그림 1-1 | '사랑의 매'를 잘 보여주는 전형적인 이미지인 김홍도의 서당도[3]

출처 : 국립중앙박물관(http://www.museum.go.kr).

그러므로 '교(敎)'란 손윗사람인 교사가 교육의 대상인 학습자에게 필요한 것을 따르게 하고 학습자는 이를 본받음을 의미하여 교육이 가진 지도적 · 교도적 성격을 보여준다.

이에 비해 '육(育)'은 글자의 윗변에는 子(아들 자)가, 그리고 아래에는 사람의 몸을 의미하는 肉(몸 육)이 함께 있다. 이는 어머니가 자녀를 배 속에서 길러 세상에 내보내듯 학습자의 잠재적인 소질과 자질이 바르게 자라날 수 있도록 보호 · 육성해 주는 과정을 의미한다.

3) 조선 후기의 화가 김홍도(金弘道 : 1745~?)의 풍속화. [네이버 지식백과] 서당도[書堂圖](두산백과)

이런 교육(敎育)을 흔히 '백년의 큰 계획(百年大計)[4]'이라고 부른다. 이는 먼 미래를 준비하는 계책으로서의 교육의 성격을 가리킨다. 교육에 관련된 정책이란 미래의 사회와 나라를 이끌어 갈 인재를 기르는 정책이기 때문에 현재의 트렌드를 좇거나 당장의 눈앞의 이익만을 살피면 안 된다는 의미이다. 이는 십년수목백년수인(十年樹木百年樹人), 즉 '10년을 내다보며 나무를 심고, 100년을 내다보며 사람을 심는다'라는 뜻으로, 인재를 양성하는 일의 중요성을 비유하는 고사성어에서 유래되었다. 인재를 양성하는 일을 담당하는 가장 직접적인 위치에 있는 교사직의 중요성을 미루어 짐작할 수 있다.

(2) 에듀케이션(education)과 페다고지(pedagogy)

영어에서는 교육을 일반적으로 '에듀케이션(education)'이라는 단어로 표현한다. 이는 동사 'educate'의 명사형인데 라틴어의 'educare'와 'educere'에서 유래한 것이다.

'educare'는 e(out : 밖으로)와 ducare(bring up : 양육하다)의 합성어로, educere는 e와 ducere(lead out : 이끌어 내다)의 합성어로 이루어져 있다. 따라서 'education'이란 학습자가 가지고 있는 선천적인 소질 또는 잠재능력을 '안에서 밖으로 끌어낸다' 또는 '끌어올린다'라는 뜻을 지니고 있다.

또한 교육을 의미하는 또 다른 단어로 페다고지(pedagogy)라는 단어가 있다. 이는 그리스어의 '파이다고고스(paidagogos)'에서 유래한 것으로 '파이도스(paidos : 어린이)'와 '아고고스(agogos : 이끌다)'의 합성어이다. 우선 '파이다고고스(paidagogos)'는 그리스 시대의 가정교사를 의미했다. 이후 paidos는 영어에서 '어린이'라는 뜻을 지닌 'ped'라는 접두어로 변화하여, 페다고지(pedagogy)는 교육학, 특히 '아동을 인도하여 바람직한 방향으로 이끌어 기른다'는 의미의 교육학을 뜻하게 되었다.

일반적으로 종종 교육학 전체를 '페다고지'로 통칭하기도 하지만 평생교육 개념의 도입 등 시대의 변화로 교육학이 학령기 학생, 즉 어린 학습자만을 위한 것이 아니라 성인

4) ≪관자(管子)≫에서 유래되었다. ≪관자(管子)≫는 중국 전국시대에 활동한 제자백가의 논문집이라고 할 수 있다. 그 가운데 〈권수(權修)〉편에 "1년에 대한 계획으로는 곡식을 심는 일만 한 것이 없고, 10년에 대한 계획으로는 나무를 심는 일만 한 것이 없으며, 평생에 대한 계획으로는 사람을 심는 일만 한 것이 없다. 한 번 심어 한 번 거두는 것이 곡식이고, 한 번 심어 열 번 거두는 것이 나무이며, 한 번 심어 백 번 거둘 수 있는 것이 사람이다(一年之計, 莫如樹穀, 十年之計, 莫如樹木, 終身之計, 莫如樹人. 一樹一獲者穀也, 一樹十獲者木也, 一樹百獲者人也)"라고 하였다. [네이버 지식백과] 십년수목백년수인[十年樹木百年樹人](두산백과)

에게도 필요한 것으로 이해되기 시작하면서 별도로 '성인을 위한 교육학'을 지칭하는 용어를 페다고지와 구별하여 사용하기도 한다. 즉, 성인이라는 뜻을 가진 안드로스(andros)라는 단어를 사용한 '안드라고지(andragogy)'[5]는 성인들의 학습을 돕기 위하여 성인교육의 이론, 과정, 기법을 연구하는 학문분야를 일컫는다.

한편 과학과 의학기술의 발달은 인류의 수명을 이전 시대와 비견할 수 없을 정도로 크게 늘렸고 많은 사회가 고령사회, 초고령사회로 진입하고 있는 최근 현상과 맞물려 교육노년학(educational gerontology)에 대한 관심이 늘어나고 있다. 교육노년학은 '제라고지(geragogy)', '엘더고지(eldergogy)'라는 명칭을 사용하기도 한다(한정란, 2015).

2) 교육에 대한 과학적 정의

현대 교육을 가장 과학적으로 정의한 것은 한마디로 '교육은 인간 행동의 계획적 변화'라는 정의일 것이다. 이 정의는 세 부분으로 이루어져 있다.

첫째, 교육은 '인간 행동'을 다룬다. 정범모(2000)에 의하면 교육이 인간을 기른다는 점은 인간의 행동을 대상으로 한다는 것이다. 이때 '인간 행동'이라는 용어는 교육심리학에서 거론하는 행동주의 학습이론에서의 행동, 즉 '모종의 자극에 대한 신체적인 반응에 해당하는 행동'과는 구별되는 과학적 혹은 심리학적 개념으로서, 바깥으로 드러나는 외현적 행동뿐만 아니라 지식, 사고력, 태도, 가치관, 동기, 성격 특성, 자아개념 등과 같은, 겉으로 볼 수 없는 내면적 특성을 포함한다.

둘째, 교육은 '계획적'이다. 물론 우연한 경험이 우리의 인생을 한순간에 바꿔놓을 수도 있다. 예를 들어, 오가다 우연히 만난 사람에게 강렬한 가르침을 받고 그 가르침에 감동되어 새로운 사람이 되는 경우도 있을 수 있다. 그러나 교육은 이런 우연적인 일에 기대는 활동이 아닌 계획적인 활동이다. 예를 들어, 교육학개론 수업을 포함, 대학에서 만나는 모든 과목의 수업은 계획적인 활동이다. 교수자는 한 학기 동안 무엇을 어떻게 가르칠 것인가에 대한 정교한 계획을 가지고 학생들을 만나기 때문이다.

---

5) '안드라고지'라는 용어는 동구권 국가들에서는 널리 사용되었으나 영미에서는 사용되지 않다가, 1980년대 이후로 미국의 성인교육학자 노울즈(Malcolm Knowles)의 노력에 힘입어 오늘날에는 일반적인 용어로 정착되었다. [네이버 지식백과] 안드라고지[andragogy](교육학용어사전, 서울대학교 교육연구소)

셋째, 교육은 '변화'를 목적으로 한다. 배우는 사람, 즉 학습자의 변화를 목적으로 하는 것이다. 그런데 변화라는 것은 좋은 쪽으로의 변화도 있지만 나쁜 쪽으로의 변화도 있을 수 있는데, 교육학에서 말하는 변화는 긍정적인 방향으로의 변화를 말한다. 예를 들어, 동네 불량배였던 한 아이가 우연히 조직폭력배 집단에 들어가게 되어 그곳에서 온갖 지식과 기술을 배워 능력 있는 조직폭력배가 되었다면 그 과정은 전혀 '교육'이라고 볼 수 없다. 교육은 배우는 사람과 그가 속한 사회에 가치 있는 것을 전달한다는 점을 분명히 하고 있기 때문이다.

2. 교육의 요소와 형태

1) 교육의 3요소 : 교수자, 학습자, 교육내용

초 · 중 · 고등학교를 예로 들면 교육은 교육을 맡아 행하는 측, 즉 '교사'와 교육을 받는 측, 즉 '학생'의 상호작용으로 성립된다. 이 상호작용 사이에는 양측이 가르치고 배우는 '교육내용'이 있다. 이러한 '교사'의 역할은 대학을 비롯한 고등교육기관에서는 주로 '교수', 학교 이외에 수많은 교육기관에서는 '강사'가 맡고 있으며 이러한 '교수자(instructor)'들은 가르치는 일을 한다. 여기에서는 교육의 3요소를 보다 일반적인 용어로 ① 교수자(teacher), ② 학습자(learner), ③ 교육내용(educational contents)으로 정리하여 설명한다.

(1) 교수자

가르치는 사람, 즉 교수자(teacher)가 교육의 중요한 주체가 되는 것은 당연한 일이다. 어떻게 보면, 교육은 학습자의 의지보다는 교수자의 주도적이고 계획적인 활동에 따라 성립되는 것처럼 보인다. 예를 들어, 교사는 수업에 많은 준비를 하고 임하지만 학생은 아무런 준비 없이 수업에 참여해도 큰 문제가 되지 않는 상황을 흔히 보게 되는데, 이는 교수자가 교육이라는 활동을 처음부터 끝까지 이끌어 가는 중요한 주체라는 것을 보여준다.

'교육의 질은 교수자의 질을 능가할 수 없다'는 말도 있듯이 교수자는 교육의 장에서 매우 중요한 역할을 하고 있다. 그러나 현재 학습자는 수많은 방식으로 배우고 있어 이제는 배움도 교수자를 통하지 않아도 되는 것이 사실이다. 이러한 시대적 변화에 따라 교수자의 역할은 '직접적 지식전달자'에서 '다양한 역할의 수행자'로 바뀌어 가고 있다. 이런 현실을 고려하여 이에 걸맞은 교수자 역량이 요구된다.

(2) 학습자

현대의 학습자(learner) 개념은 교수자로부터 일방적으로 지식을 전수받는 존재가 아닌, '적극적으로 배우고, 스스로 행동을 변용하며, 자기의 인성과 지성을 높이는 데 노력하는 자발적 존재'로 진화하였다. 물론 학습자의 자발성은 연령에 따라 다를 수도 있겠지만 기본적으로는 학습자를 교육활동의 객체 또는 피(被)교육자로 보기보다는 교수자와 동일한 중요성을 가지는, 교육의 한 주체로 보는 것이 최근의 동향이다.

이런 변화의 측면에는 교육학의 발달과 평생학습사회의 등장이 그 배경으로 자리하고 있다. 과거의 사회에서 교육은 성장기 또는 학령기에 집중적으로 추구되거나 실시되었기 때문에 학습자는 곧 아동이나 청소년인 경우가 대부분이었다. 이들은 가정에서는 자녀, 학교에서는 학생, 사회에서는 연소자라고 불리는 미성숙자이기에 교수자의 가르침을 따라 적극적으로 배우고, 스스로 행동을 변용하며, 자기의 인성과 지성을 높여야 하는 존재로 인식되었다. 그러나 현대사회에는 학습자가 중심이 되어 자신의 학습을 이끌어 나가야 한다는 학습자 중심의 사고가 발전해 왔고, 학습자들이 자기주도학습을 하는 데 필요한 각종 교육자원이 풍부해졌다.

이러한 변화와 더불어 성인학습자가 늘어나는 등, 교육을 둘러싼 상황이 변화하였으므로 학습자를 교육의 중심에 두고 교육을 생각하는 일이 늘어나게 되었고, 이런 '학습자 중심주의'가 교수자의 낮아진 권위나 줄어든 영향력으로 이어질 수도 있다. 하지만 교수자는 오히려 과거보다 다양하고 심도 있는 방법으로 학습자의 학습을 앞에서 이끌고 뒤에서 밀어주며 옆에서 조력해야 하기에 교수자의 중요성은 여전하다고 볼 수 있다.

(3) 교육내용

교육이란 교육내용(educational contents)을 매개체(medium)로 중간에 놓고 교수자와 학습자가 실천적으로 교섭하는 상호작용이다. 교수자의 입장에서 보면 교육은 교육자가 학습자의 행동을 변화시키는 것인데 결국 무엇을 가르쳐서 행동을 변화시킬 것이냐의 문제가 제기된다. 이 물음에 대한 답은 간단하지만 문제는 심각하다. 왜냐하면 무엇을 가르칠 것인가에 대한 결정은 생각보다 쉽지 않기 때문이다.

일반적으로 '교육내용'이란 가치 있다고 인정된 문화유산과 생활경험, 학교 · 가정 외 조직 · 단체에서의 경험을 포함한다. 인류의 역사에서 오랫동안 합리적으로 조직된 지식의 체계가 교육내용의 중요한 부분을 차지해 왔다. 그러나 최근에는 학습자 중심 교육관의 발달과 더불어 지식뿐만 아니라 학습자의 실제 생활에서 필요한 여러 가지 기능과 일상생활의 경험이 중요한 교육의 내용을 차지한다.

그런데 어떤 문화유산 지식과 어떤 생활경험을 포함할 것이냐를 결정하는 과정에서 교육에 관계된 여러 사람의 가치판단이 개입하기 때문에 교수자는 이에 관심을 기울여야 한다. 또한 교육의 내용은 학습자의 연령과 발달단계에 따라 달라질 수 있기 때문에 연령과 발달단계에 따른 교육내용의 선정 역시 관심을 기울여야 한다.

이러한 교육내용을 결정할 때는 다루는 내용의 '범위(scope)', '계열성(sequence)', '계속성(continuity)', '통합성(integration)' 등을 고려해야 한다. 범위와 통합성이 교육내용을 옆으로 늘어놓는 수평적 조직 원리라면 계열성과 계속성은 교육내용의 순서 등에 관여하는 수직적 조직 원리이다.

① 범위(scope)

범위는 어떠한 내용을 다룰 때 그 깊이와 폭을 어느 정도까지 다룰 것인지, 예를 들어 1학기 동안 어떤 특정 교과에서 다루는 주제와 관련된 내용을 어디서부터 어디까지 몇 시간을 할애하여 가르칠지를 결정하는 것이다. 또한 어떠한 내용을 가르칠지에 국한되는 것이 아니라 어떠한 교육 경험을 할지, 즉 인지적 교육만이 아닌 다양한 형태의 교육을 담아내도록 하는 데 중요한 개념이다.

② 계열성

계열성은 학기 혹은 경우에 따라서는 수년에 걸친 조직을 말하며, 교육내용의 수직적 조직과 관련된다. 즉, 동일한 계열의 교육내용이 지속되지만 단순히 반복되는 수준이 아닌 갈수록 좀 더 넓고 깊은 의미가 부여될 수 있게 조직하는 것을 계열성이라고 한다. 미국의 교육학자 브루너(Bruner)도 계열성의 기준과 비슷한 원리로서 '나선형 조직'이라는 개념을 주장하였다. 이것은 시간의 흐름에 따라 동일한 계열의 교수-학습경험이 계속적으로 반복하여 나타나되 좀 더 심화되고 확충된 맥락 속에서 전개되어야 한다는 것이다.

③ 계속성

계속성은 선정된 내용 및 학습경험의 조직에 있어서의 종적 관계를 표시하는 것으로서 어떤 교육내용이든 그것이 학생의 경험 속에 정착되기 위해서는 일정 기간 계속적인 반복학습이 이루어져야 한다는 원리이다. 동일한 교육내용을 어느 정도 반복적으로 수업해야 하는가는 내용에 따라 다르지만, 지적인 영역의 경우보다 기능적인 영역이 더 많은 시간을 요하며, 또 기능의 영역보다는 정의적 영역이 더 많은 시간을 요구한다. 예를 들면, 민주적 생활태도, 상호 협동, 관용성 등의 정의적 영역 학습은 한 번에 또는 어느 한 학년에서만 학습될 수는 없으며 여러 상황에서 몇 번이고 반복함으로써 얻어지는 것이다. 정규 교육과정의 측면에서 12년 동안 교육내용이 연결되어 조직되어야 한다는 의미이기도 하다.

④ 통합성

이는 교육내용의 수평적 조직을 위한 원리이다. 통합성은 어떻게 하면 학생들에게 통합 조정된 교수-학습의 경험을 제공할 것인가에 관심을 가진다. 흔히 전통적인 교육과정의 결함으로 지적되고 있는 것이 단편적인 지식의 나열이다. 교과 상호 간에 아무 관련이 없을 뿐 아니라 동일 교과 내에 있어서도 전후 내용 간에 맥락을 잇지 못한다면 그 내용은 쉽게 잊어버리거나 왜곡될 가능성이 많아진다. 그러므로 여러 가지 학습내용들은 수평적 관계에서 서로가 서로를 보강하고 강화할 수 있도록 조직되어야 하며, 학생들은 여러 곳에서의 경험을 통하여 모순이나 단절됨이 없이 통합된 의미를 발견하고 행동에도 통일성을 이룰 수 있게 된다.

2) 교육의 형태

(1) 가정교육, 학교교육, 평생교육

현대사회의 교육은 인간의 일생 동안, 즉 '요람에서 무덤까지(from cradle to grave)' 이루어진다. 이렇게 볼 때, 인간의 평생 동안 걸쳐서 이루어지는 교육을 크게 시기별로 나누어 가정교육, 학교교육, 그리고 평생교육으로 구분할 수 있다.

물론 유아기에도 가정 외의 장소에서 교육이 이루어지고 학교교육이 주가 되는 아동·청소년 시기에도 학교 밖 다양한 장소에서 평생교육이 이루어지며, 성인기에도 다시 학교로 돌아와 정규 학교교육을 받는 등, 인간의 일생을 통해 이 세 교육은 동시에 발생할 수 있어 편의상 구분임을 밝혀둔다.

① 가정교육

가정교육(home education)이란 의도적이건 무의도적이건 부모, 형제 등 가족과의 상호작용 과정을 통해서 이루어지는 교육을 말한다. 인간이 태어나서 가장 먼저 접하는 기본적인 공동체는 가정이다. 따라서 최초로 인간의 경험을 제공하는 곳이 가정이다. 인간발달의 기본적인 틀은 어렸을 때 가정에 머무르는 시기에 거의 결정되기 때문에 가정은 인간생활의 기본적 근거가 되며, 또한 최초의 교육의 장이 된다. 그러므로 이후의 교육도 가정교육의 기초 위에 성립된다고 할 수 있다.

일반적으로 가정교육은 의도적인 것보다는 일상생활에 의한 자연적인 교육이 대부분이라고 볼 수 있다. 전통적으로 엄격한 부모 밑에서 자란 아동과 자유분방한 부모 밑에서 자란 아동의 행동이 서로 다른 것이라든지, 문제아의 뒤에는 반드시 문제가정이 있다든지 하는 것은 가정교육의 중요성을 단적으로 말해준다. 가정은 인간의 성장·발달에 필요한 모든 요소의 공급원이 될 뿐만 아니라, 사회생활에서 중요시되는 인간관계를 원만하게 하는 데 필요한 사회성을 비롯한 친밀성, 예의, 협동성, 신뢰성, 태도, 가치관의 기초 형성에 큰 영향을 준다.

이처럼 가정교육이 중요한 까닭은 변화가능성이 가장 큰 시기가 어린 시절이기 때문이다. 변화가능성은 환경의 중요성을 말해준다. 인간의 경우 다른 동물과는 달리 선천적 경향의 발현이 환경에 따라 크게 달라질 수 있다. 즉, 인간은 모든 생물 중 후천적 영향에 의하여 가장 큰 변화를 보이는 존재이다. 인도에서 발견된 '늑대 소녀'의 이야기는 인간으로 태어났다고 하더라도 사람에게 버려져 늑대에게 키워졌다는 후천적 영향에 의해 네 발로 걷고 언어를 거의 사용하지 못하는 상태로 인생을 마친 비극적인 경우이다.[6] 이처럼 가정교육은 인간형성 과정에서, 신체적 발달뿐만 아니라 정의적 발달과 사고방식, 가치관 및 태도 등의 지적 발달과 성격형성에 중요한 영향을 주기 때문에 가정의 교육적 기능에 대해 생각해 볼 필요가 있다.

그러나 오늘날 가정의 교육적 기능이 점점 약화되어 가고 있는 상황은 교사들의 관심을 촉구하고 있다. 우선 현대 가정의 기능이 '밖에서 일하는 아버지, 집에서 보살피는 어머니'라는 과거의 도식과는 다르게 맞벌이 부모가 늘어나고, 한부모 가정이나 대안적 형태의 가정도 점차 증가하고 있어 가정교육이 과거와는 달라진 상황을 반영해야 한다는 목소리가 높다. 또한 빠르게 변화하는 사회 속에서 점점 커지는 부모와 자녀 간의 문화적 격차는 세대 차이를 만들고 대화가 단절되는 등, 가정교육을 어렵게 하는 현상이 나타나고 있다. 따라서 교육의 전문가인 교사는 이런 사회적 현상을 주시하고 가정교육, 특히 부모교육에도 관심을 가져야 한다.

② 학교교육

학교교육(school-based education)은 보통 유치원(유아학교)부터 고등학교 3학년에 이르는, K(Kindergarten)-12라고 종종 묶어 부르는 유·초·중등 교육과 대학교육으로 불리는 고등교육으로 구분할 수 있다. 대부분의 사회에서 사람들은 유·초·중등 교육을 기본적으로 받고 사회로 진출하며 고등교육은 필요에 따라 선택적으로 결정한다. 그러나 우리 사회에서는 뜨거운 교육열 때문에 고등교육 역시 선택이 아닌 필수처럼 여겨져서 고등학교를 마치는 대부분의 학생이 대학에 진학하고 있는 현상을 목격할 수 있다.

6) '늑대 소녀' 이야기는 1920년 인도 캘커타 근처 마을에서 늑대 무리와 함께 발견된 두 여자 아이의 삶에 관한 것이다. 발견 당시 여덟 살, 두 살가량이었던 이 두 아이는 음식을 먹을 때 손을 사용하지 않고 입으로 먹었고, 팔과 다리를 사용하여 달렸다. 동생 아마라는 도시 생활을 한 지 1년여 만에 죽고 말았으며 언니 카마라도 9년을 더 살았지만 지능은 4살 아이 수준을 벗어나지 못하였다. 이 유명한 이야기는 교육의 영향을 강조하는 대표적인 사례로 거론되어 왔지만, 최근 들어 이 이야기에 상당한 조작이 있었다는 주장이 있다. 늑대 옆에서 발견된 버림받은 아이들이 서구 언론에 '늑대 소녀'라고 불리다 보니 아이들을 발견한 목사가 대중의 관심에 호응하며 각색을 한 결과라는 것이다. 전문가들은 사람의 아기는 늑대의 젖을 소화하지 못하며 한 동물이 다른 동물의 새끼를 키우는 것 역시 다른 케이스가 발견된 적이 없다고 주장한다(무서운 심리학, 스즈키 고타로 지음, 뜨인돌). 그러나 이 아이들이 생애 초기에 제대로 된 가정에서의 보살핌을 받지 못하여 이후의 발달에 막대한 지장을 받았다는 것은 의심할 여지가 없어 보인다.

③ 평생교육

평생교육(lifelong education)은 넓은 의미로는 '평생에 걸친 교육'을 의미하지만 종종 '성인 대상의 학교 외 교육'을 의미하기도 한다. 성인이라는 대상자를 전면에 내세워 성인교육(adult education), 또는 교육을 계속한다는 의미에서 계속교육(continuing education)이라는 개념과 비슷한 의미로 쓰이기도 한다. 지식기반사회의 등장은 정보통신기술과 네트워크의 발달을 불러 오면서 전통적인 학교 개념과는 다른 새로운 학습환경을 요구하고 있다. 이렇게 하루가 멀다 하고 변화하는 세계는 학교교육 자체에도 큰 변화를 가져왔지만 이미 학교교육을 마치고 사회에 진출한 성인의 삶에도 큰 변화를 가져왔다. 성인이 된 이후에도 새로운 지식을 습득하고 자신의 교양을 높여가는 것이 필요하게 되었기 때문이다. 또한 노년을 준비하면서 그동안 바쁘게 사느라고 뒤로 미루어 놓은 다양한 학습을 하면서 자아실현을 하고 싶어 하기도 한다.

이러한 배경 때문에 사람들이 평생을 통하여 수시로 원하는 교육을 받을 수 있도록 교육체제가 정비되어 있어야 한다는 생각이 힘을 얻어 평생교육이 대두하게 되었다. 우리나라의 경우 1999년 8월에 기존의 사회교육법을 평생교육법으로 개정하여 2000년 3월부터 시행하고 있으며, 성인을 위한 평생교육제도로는 학점은행제, 독학학위제 등 다수가 있다.

이처럼 평생교육은 많은 경우 성인교육으로 이해되고 있으나 그 원리는 성인기의 교육에 그치지 않고 인간 전 생애를 관통하는 교육조직의 원리로서 인간의 삶의 질을 향상시키기 위해 전 생애시기, 모든 학습의 장소를 통합하여 사고하는 개념이다. 이런 평생교육의 개념은 오늘날 세계적으로 교육개혁을 위한 기본 원리로 받아들여지고 있어 학교교육을 담당하는 교사들에게도 큰 변화를 요구하고 있다.

(2) 형식교육, 비형식 교육, 무형식 학습

현대사회의 교육은 그 형태를 중심으로 형식교육(formal education), 비형식 교육(non-formal education), 그리고 무형식 학습(informal learning)으로 나눌 수 있다. 일단 교육이 행해지는 형태를 크게 두 가지로 나누면 하나는 완벽한 교육의 틀을 갖춘 형식교육이고, 다른 하나는 느슨한 상태에서 이루어지는 교육활동인 비형식 교육으로 나눌 수 있다.

이 두 가지 분류에 학습자가 대개 자발적으로 행하는 형태로 이루어져서 '교육'보다는 '학습'으로 불리는 무형식 학습까지 더해져 세 종류가 된다.

무형식 학습에 '교육'이라는 글자가 붙지 않았다고 해서 교사가 관심을 기울일 필요가 없는 것은 아니다. 오히려 교사는 현대사회의 보편적인 학습방법으로 자리 잡아가고 있는 무형식 학습에 대해 잘 알고 학습자의 무형식 학습에 적극적으로 조언할 필요가 있다.

① 형식교육

형식교육(formal education)이란 일정한 계획하에서 의도적, 영속적으로 인간발달을 조성하는, 계획적이고 의도적인 교육이며 교육기관에 의한 교육이다. 교육기관이란 교육목적을 갖고 특정한 계획하에 설치된 장소로서 학교가 대표적이므로 형식교육은 곧 학교교육으로 이해해도 무리가 없다.

학교는 유치원으로부터 대학에 이르기까지 분화되어 있으며, 또한 교육하는 내용별로 보아도 여러 종류의 학교가 있음은 우리가 잘 알고 있는 사실이다. 학교에는 일반적으로 교육자와 학습자가 있고, 학교 건물과 여러 가지 시설 및 설비가 있으며, 일정한 교육내용과 자원이 있어서 의도적, 조직적, 계속적으로 형식을 갖추어 교육이 실시되고 있는 것이 그 특징이다. 그런데 최근 실험적인 형태의 학교인 '캠퍼스 없는 학교'도 등장하고 있다. 온라인으로 수업을 하는 원격대학 및 실험 성격의 미네르바대학교, 태재대학교가 그 예이다. 미네르바대학교는 샌프란시스코, 서울, 타이페이, 베를린, 부에노스 아이레스 등에 거점을 두고 기숙사 외에 자체 캠퍼스를 보유하지 않는다. 대신 도시 전체를 캠퍼스로 활용하여 과제와 논문, 프로젝트 참여 등을 하는 새로운 방식의 대학이다. 이에 영향을 받아 설립된 태재대학교는 서울, 도쿄, 뉴욕, 홍콩, 모스크바 총 5개의 거주공간과 결합된 레지덴셜 캠퍼스(residential campus)에서 온라인과 오프라인 모두를 활용한 학습공동체 형태로 운영된다.

흔히 교육수준이 높다고 이야기할 때는 거의 대부분의 경우 학교교육을 의미하는 것처럼 형식교육은 다른 교육 및 학습에 대해 절대적인 권력을 가지고 있다. 예를 들어, 어떤 학문분야에 정통한 사람이 있는데 그의 학력이 초등학교 졸업에 불과하다면 그는 대학교수가 될 수 없을 것이다. 물론 예외도 있을 수 있지만 학교교육이 가지고 있는 권위가 크기 때문에 대부분의 사람들이 학교교육을 통해 학력을 쌓고 이를 인정받으려

하는 것이다. 그러나 학교교육만이 교육의 전부는 아니고 그것만으로 바람직한 성과를 거둘 수 있는 것도 아니다. 아래에서 설명할 비형식 교육이나 무형식 학습을 효과적으로 활용할 때 학교교육의 성과는 높아질 수 있을 것이다.

② 비형식 교육

교육은 학교만의 전유물이 아니다. 자동차 학원에서의 정비실습, 평생학습관에서 이루어지는 언어교육, 공예 및 요리 수업, 스포츠 강습 등 학교제도 밖에서 비교적 느슨한 형태로 특정 집단의 학습요구에 부응해 제공되는 조직적·체계적 교육활동을 '비형식 교육(non-formal education)'이라 일컫는다.

날로 지식이 증가하고 배워야 할 것이 늘어나는 현대사회에서 비형식적 교육의 영향은 계속 증가해 왔으며 여러 직업단체나 학교교육에도 영향을 미치고 있다. 학교에 다니는 학령기 학습자 역시 다양한 비형식 교육을 학교 정규 교육과정 밖에서 수행하고 있으므로 교사는 비형식 교육과 정규 교육과정이 자연스럽게 연계되어 학생의 성취에 도움을 줄 수 있도록 지도하는 데 관심을 기울여야 한다.

③ 무형식 학습

교수자가 존재하지 않는 경우에도 학습은 이루어진다. 무형식 학습(informal learning)은 주로 교수자가 존재하지 않는 경우에도 학습자가 주도적으로 학습하는 것을 가리킨다. 학교나 학원을 다니지 않아도 혼자 혹은 컴퓨터를 잘 아는 사람에게 컴퓨터 프로그래밍을 배워 숙련 수준에 도달한 경우 어떻게 이 학습경험을 공식적으로 인정할 수 있을까? 최근 세계 각국에서 이런 사전학습경험(prior learning)에 대한 인정(recognition), 확인(validation) 및 승인(accreditation)에 대한 관심이 높아지고 있다. 예를 들어, 우리나라는 학점은행제와 평생학습계좌제 등의 제도를 갖추고 있어 이런저런 교육기관에서 수학한 결과를 모아 학점이나 각종 필수과목 이수 등으로 인정하고 있으며, 유럽 각국에서는 시험, 시연 등을 통해 역량을 평가받아 점수, 학점, 자격취득 등으로 연계해 주고 있다. 유럽 각국은 여기에서 더 나아가 유럽 내 한 국가에서 취득한 수준을 다른 국가들에서 인정받을 수 있도록 하였는데, 예를 들어 자동차 부문에서 수준 3 정도의 기술을 가진 사람이라면 유럽 내 다른 국가에서도 해당 기술 수준을 필요로 하는 직장 내 직업을 쉽게 구할 수 있게 제도를 개선한 것이다.[7] 이처럼 개인의 능력이 반드시 학교교육을 통해서만 달성되는 것이 아니므로, 어떻게 학습자의 실제 능력을 교육기관, 직장, 심지어 외국에서도 인식할 수 있도록 평가해야 하는지도 고민해야 할 부분이다.

연구자들은 자기주도학습 이외에도 다양한 종류의 무형식 학습이 있다는 것도 아울러 제시하고 있다. 예를 들어, 쇼구렌스키(Schugurensky, 2000)는 무형식 학습을 의도성(intentionality)과 인지 여부(awareness)에 따라 자기주도적 학습(self-directed learning), 우연적 학습(incidental learning), 그리고 사회화(socialization)로 구분했다. 자기주도적 학습은 학습자가 교수자의 뚜렷한 도움 없이 의식적으로 학습 프로젝트를 수행하는 것이다. 우연적 학습은 학습에 대한 의도가 없었으나 경험을 통해 학습이 일어난 것을 인식하는 것이다. 사회화는 일상생활 중 가치관, 태도, 행동, 기술 등을 내면화하는 것으로 학습에 대한 의도도 없고 무엇인가 학습했다는 것 역시 학습자가 깨닫기 어려울 수 있다.

〈표 1-1〉 무형식 학습(informal learning)의 세 가지 형태

형 태	의도성	인지 여부
자기주도적 학습	○	○
우연적 학습	×	○
사회화	×	×

출처 : Schugurensky(2000), p. 3 표를 번역.

3. 교육학의 이해

1) 교육학의 성격과 구조

교육학이란 다양한 교육현상을 탐구하고 이를 어떻게 실제 교육에 적용할 것인가를 연구하는 학문이라고 할 수 있다. 교육학의 연구분야는 교육철학, 교육심리학처럼 교육의 원리와 본질을 규명하는 이론중심 분야, 교육과정처럼 교육제도의 구성을 다루는 분

7) http://www.unesco.or.kr/news_center/sub_01_view.asp?articleid=1555

야, 그리고 교육사회학처럼 교육의 사회적 기능을 탐구하는 분야, 교육의 과정에서 방법론적 향상을 위해 기술을 활용하는 분야인 교육공학 등 다양하다.

그런데 이렇게 학문의 영역에 '교육'이라는 단어가 앞에 붙을 뿐이지 '교육'이라는 글자를 떼어버리면 철학, 심리학, 사회학, 공학 등 기존 학문분야가 되어 다른 학문에서 지식을 빌려서 구성된 학문이 아닌가 하는 부정적인 시선이 있기도 하다. '교육'과 원래 존재하는 순수 학문을 접목시키다 보니 학문적 깊이가 얕지 않을까 하는 의심을 받는 경우도 종종 있다.

그러나 인간을 성장·발달시키려는 목적을 가진 교육학의 독자적인 관점은 다른 어떤 학문분야에서도 찾아볼 수 없다. 따라서 교육학은 다른 학문들과 명백히 다른 본질을 가진다는 점, 그리고 독자적인 연구대상과 목적, 방법이 있다는 점에서 교육학은 독립과학으로 보는 편이 옳다. 교육이라는 다면적인 실체를 이해하는 학문을 구성하는 데에는 다양한 분야의 학문적 지식과 간학문적(間學問的, interdisciplinary) 체제를 취할 필요가 있다.

2) 교육학의 학문적 구조와 이 책의 구조

이 책은 교육학의 연구분야를 골고루 다루어 예비교사가 교육학의 각 세부영역의 기본적인 개념을 이해하고 교육실천에 연결하여 사고할 수 있도록 하는 데 역점을 두었다. 각 장별로 소개하면 다음과 같다.

우선 이 1장, '교육, 교육학'은 교육과 교육학의 개념을 알고 우리 사회의 교육의 모습과 연결해 보는 내용을 담았다.

이후 2장부터 11장까지는 각 장에 걸쳐 교육학의 다양한 연구분야를 담고 있다. 각 장에 하나의 연구분야에 대한 기초적인 지식과 이해를 도모하도록 구성하였다.

우선 교육학의 학문적 기초로서 교육의 철학적 기초(2장), 교육의 역사적 기초(3장), 교육의 심리학적 기초(4장), 그리고 교육의 사회학적 기초(5장)라는 제목으로 교육철학, 교육사, 교육심리학, 그리고 교육사회학의 네 가지 영역을 다루었다. 각 장을 소개하면 다음과 같다.

- 2장 '교육의 철학적 기초'에서는 교육철학(philosophy of education 또는 educational philosophy)을 다룬다. 이 장에서는 고대 그리스로부터 이어오는 철학적 사고의 흐름과 영향, 현대 교육사조에 영향을 미친 교육철학을 소개한 후 이러한 교육철학적 관점들이 교사와 그가 수행하는 교육활동에 영향을 미치고 있음을 제시한다.
- 3장 '교육의 역사적 기초'에서는 교육사(history of education)를 다룬다. 서양과 우리나라 교육의 역사를 조망하면서 오늘의 교육에 주는 시사점을 찾고 보다 바람직한 교육의 역할에 대해 생각해 본다.
- 4장 '교육의 심리학적 기초'에서는 교육심리학(educational psychology)을 다룬다. 교육심리학은 학습자에 대한 인지, 심리, 행동 등에 대한 이해를 목적으로 하는 학문이다. 또한 학습자의 전반적인 발달 수준과 특성, 개인차에 대한 이해를 통해 학습자와의 효율적인 상호작용을 모색한다.
- 5장 '교육의 사회학적 기초'에서는 교육사회학(sociology of education 또는 educational sociology)을 다룬다. 교육사회학은 사회 속에서 이루어지는 교육에 관계된 다양한 개념들을 다루는 학문이다. 교육이 사회 속에서 가지는 다양한 기능을 여러 각도에서 이해하고 사회의 각종 가치관들이 교사 자신을 통해 투영되는 과정에 대한 비판적인 시각을 가질 필요에 대해 논의한다.

이렇게 2장에서 5장에 걸쳐 교육학의 학문적 기초를 알아본 후 6장에서 11장까지 '교육의 실제'라는 제목으로 교육학의 다양한 연구분야를 다루었다. 교육과정(6장), 교육방법 및 교육공학(7장), 교육평가(8장), 생활지도와 상담(9장), 교육행정과 학교경영(10장), 평생교육(11장)이 그것이다. 각 장을 소개하면 다음과 같다.

- 6장 '교육과정'은 가르칠 교과내용의 범위, 계열 등 모든 계획된 활동을 이르는 교육과정(curriculum)을 다룬다. 이 장에서는 교육과정에 대한 개념적인 이해를 도모한 후 서구사회와 우리나라의 교육과정의 변천을 살펴보고 비판적으로 고찰한다.
- 7장 '교육방법 및 교육공학'은 교육방법(educational methods) 및 교육공학(educational technology)을 다룬다. 이 장에서는 우선 교수설계에 관한 모형들을 확인하고 교사의 수업계획 작성에 관해 방법론적인 이해를 도모한다. 그리고 교육공학에서는 정보

통신기술의 발전으로 달라지는 교육의 모습을 알아본다.

- 8장 '교육평가'는 교육평가(educational evaluation)에 대한 기본적인 지식을 알아보고 평가를 둘러싼 문제들에 대한 고찰을 통해 학습자들에게 보다 공정한 평가를 내리는 방법에 대해서 생각해 본다.
- 9장 '생활지도와 상담'은 생활지도(guidance)와 상담(counseling)을 다룬다. 이 장에서는 그동안 우리나라 교육현장에서 그다지 강조되지 않았으나 그 역할이 갈수록 중요해지고 있는 생활지도와 상담에 대한 교사의 이해를 유도하고 이를 통해 학생의 성장을 도모하는 방법을 논의한다.
- 10장 '교육행정과 학교경영'은 교육행정(educational administration)과 학교경영(school management)을 다룬다. 이 장에서는 학교라는 하나의 작은 사회를 운영하는 기본 개념인 교육행정을 소개하고 우리나라의 교육행정 체계를 살펴본다. 아울러 학교의 운영을 다루는 분야인 학교경영 개념을 소개하고 학교경영과 관련된 교사의 역할을 생각해 본다.
- 11장 '평생교육'은 평생교육(lifelong education)의 개념을 소개하고 우리나라의 평생교육제도에 대한 이해를 통해 교육 전문가로서 학령기 학생을 포함하는 모든 세대의 학습자를 대상으로 하는 다양한 교육과 학습에 대해 통합적으로 사고할 수 있도록 한다.

이렇게 2장에서 11장에 걸쳐 교육학의 주요 연구분야를 다룬 후 마지막 12장에서는 '한국 교육과 교사의 과제'를 다루었다. 이 장에서는 우리나라의 교사들이 당면하고 있는 과제를 중심으로 고찰해 본다. 시대를 통해 변천해 온 교직관의 변화와 현대사회에서 필요로 하는 새로운 교직관, 그리고 한국사회 교사가 당면한 과제에 대해 생각해 보는 시간을 가질 수 있도록 구성하였다.

제1장 활동

1. 그동안 내가 받아온 교육에 대해 생각해 보고 비판적으로 분석하는 짧은 글을 써보자.

2. 교사 등 교수자가 주요 인물로 등장하는 영화 중 한 편을 감상하고 영화 속에서 교수자가 어떻게 그려지고 있는지, 그리고 그런 모습은 적절한지, 혹은 현실과 동떨어져 있지는 않은지 서로 의견을 나누는 활동을 해보자.

CHAPTER

02 교육의 철학적 기초

1. 교육철학의 개념과 관점
2. 현대 교육철학 사조
3. 새로운 교육철학

|개요|

이 장에서는 고대 그리스로부터 이어 오는 철학적 사고의 흐름과 영향, 현대 교육사조에 영향을 미친 교육철학을 살펴본 후 교육철학의 의의를 짚어본다. 또한 교사 자신의 교육철학적 관점을 세우는 활동을 해본다.

Chapter 02 **교육의 철학적 기초**

1. 교육철학의 개념과 관점

교사들은 자신이 수행하고 있는 교육활동을 둘러싼 사회적 · 정치적 · 경제적 맥락에 대해서 깊이 생각하고 이런 맥락에서 교육활동을 수행하고 있는 자신의 교육철학적 입장을 정립할 수 있어야 한다.

그동안 교사의 교육철학은 실증주의적 과학으로서의 교육학에 비교하여 볼 때 그다지 중요하게 제시되지 않았다. 다만, 교육정책을 관장하는 교육감, 교육부 장관, 그리고 대통령 등 높은 사람들의 '교육철학'이 간혹 신문 등 미디어에 소개되곤 할 때 들을 수 있는 단어 정도가 아니었을까 한다. 그러나 가장 직접적으로 학생들과 대면하여 교육활동을 수행하고 있는 교사의 교육철학이야말로 교사가 가장 필요로 하는 핵심 가치기준이자 모든 교육활동에의 지침을 주는 기초가 아닐 수 없다.

1) 교사의 교육철학이 교육활동에 미치는 영향

교육활동의 본질은 '무엇을, 그리고 왜 가르쳐야 하는가?'라고 볼 수 있다. '무엇을, 그리고 왜 가르칠 것인가?'에 대한 생각은 어떤 시류 속에서도 변하지 않고 가지고 있어야 할 교육활동의 중심이다. 이는 '어떤 지식과 경험이 가장 가치가 있나?', '학생이 장차 어떤 인간이 되기를 원하는가?'라는 교사의 생각과 관련이 있다.

이런 교사의 입장은 다양한 철학적 관점과 교육철학 사조와 긴밀한 관련을 맺고 있다. 어떤 철학적 관점이나 교육철학 사조가 자신의 교육활동 수행을 뒷받침해 줄 수 있다고 생각하는지, 그렇게 생각하는 이유는 무엇인지를 스스로에게 질문해 볼 필요가 있다.

2) 교육철학의 개념

'철학' 하면 문득 드는 생각은 그리스 철학자들의 우주와 인간에 대한 생각, 근대 서양 철학자들의 신과 인간에 대한 사고, 문명에 대한 비판 등등이 아닐까 한다. 이런 철학적 사고가 교육과는 어떤 연관이 있을까?

교육철학은 가르치고 배우는 일의 총체, 즉 교육을 대하는 철학적 태도에 대한 학문이다. 철학은 그 어원이 philos(사랑), 그리고 sophia(지혜)의 합성어로서, '지혜를 사랑하고 연구하는 학문'이라고 할 수 있다. 그러면 교육철학은 '교육의 가치와 의의를 밝히는 지혜'를 사랑하는 학문이라고 할 수 있을 것이다.

즉, 교육철학은 철학을 교육하는 학문이 아니다. 교육철학은 교육학의 영역 중 가장 기초가 되는 영역 중 하나로 교육을 왜 해야 하는가, 교육을 왜 받아야 하는가에 관한 깊이 있는 질문을 탐구한다.

교육철학은 그동안 교육학계의 과학 일변도의 학문적 발전에 대한 강조로 인해 상대적으로 그 존재가 드러나지 않는 경향이 있었다. 그러나 교육철학은 각종 교육과학보다 더 묵직하게 교육의 근본에 자리 잡고 있음을 잊어서는 안 된다. 과학적 성과에 기초한 교육적 발전만을 추구하다 보면 성급하게 눈앞의 성과만을 노리다가 방향감각을 잃은 채 방황할 수 있기 때문이다.

정리하면 학문으로서의 교육철학은 교육의 개념, 교육의 목적, 교육의 과정, 교육의 정책 등에 관한 원리 혹은 이런 문제의 해결을 철학적으로 접근하려는 학문이다. 그런데 이런 학문이 교사의 현실과는 어떤 관련이 있을까? 교사는 교육철학을 통해 자신의 교육적 가치관을 정하고 교육의 방향을 모색하는 일을 해야 한다. 교사가 교육에 대한 방향감각을 잃는다면 학생들을 이끌 수 없다. 교육의 본질은 피상적인 기교가 아닌 가치기준에 관한 것임을 교사들이 잊지 않을 때 교육현장에 가장 본질적인 것에 대한 관심이 자리하고 또한 능률과 실용만이 강조되는 현상을 막을 수 있을 것이다. 따라서 교사들은 자신이 교육활동을 수행하고 있는 사회 현실을 냉철하게 이해한 후 교육현장의 현실에서 교사 자신이 가진 교육에 관한 신념이나 주장에 대해서 구체화해 볼 필요가 있다.

3) 네 가지 철학적 관점

교육철학의 바탕에는 세상을 바라보는 철학적 관점이 자리하고 있다. 이 관점들은 대체로 이상주의, 실재주의, 실용주의, 그리고 실존주의의 네 가지(four general philosophies)로 정리할 수 있다. 앞의 두 관점, 이상주의와 실재주의는 그리스 철학자인 플라톤과 아리스토텔레스로 거슬러 올라간다. 그리고 뒤의 두 관점 실용주의와 실존주의는 이보다 현대적인 시대배경을 가진다.

이런 철학적 관점들은 교육철학과 이에 따른 교육활동에 직·간접적으로 영향을 끼쳐왔다. 교사는 현상의 본질에 대한 이런 철학적 관점을 자신의 교육활동에 알게 모르게 적용하고 있다.

(1) 이상주의

이상주의(idealism)[1]는 경험을 해석하는 데 있어 관념 또는 정신의 역할을 강조하는 관점이다. 고대 그리스의 철학자 플라톤(Plato)[2]은 이상주의의 선구자라고 할 수 있다. 그는 기원전 400년경 저술한 그의 저서 『국가론(The Republic)』[3]에서 이를 제시하는데 여기서 그의 교육에 관한 철학을 파악할 수 있다.

플라톤에 의하면 세상엔 두 종류의 세계가 있다. 그 하나는 정신적인 세계(spiritual or mental world)로 이 세계는 영원하고 질서가 있으며 불변한다. 다른 하나의 세계는 현상

1) http://global.britannica.com 'idealism' 참조

2) 고대 그리스의 철학자. 플라톤은 기원전 427년 아테네에서 태어났다. 407년경 소크라테스와 처음 만나 그의 영향을 받아 곧잘 소크라테스의 수제자라고 일컬어진다. 399년 28세의 나이로 스승 소크라테스의 처형을 지켜보았고 이후 정치와 사회에 대한 『국가론』을 비롯한 저술을 남겼으며 후일에는 아테네 근처에 아카데미아 학원을 세우고 학문 활동과 강의에 주력하였다. [네이버 지식백과] 플라톤[Platon, Plato](서울대학교 철학사상연구소)

3) 『국가론』(영문명 : The Republic)은 플라톤의 대표적인 저서로서 주인공 소크라테스를 비롯한 인물들을 등장시켜 정의(正義)가 존재하는 이상적인 사회는 철인(哲人)왕과 수호자들이 다스리는 사회로 묘사하였다.

의 세계(the world of appearance)이다. 이 세계는 시각, 촉각, 후각, 미각, 청각 등 인간의 오감에 의해 좌우되며 따라서 변화하는 것이고 불완전하며 질서가 없다. 이런 구분은 현재에도 흔히 찾을 수 있다. 종종 몸(body)을 정신(mind)보다 낮은 존재로 대비시켜 비교하는 경우가 바로 그것이다.

플라톤은 '동굴의 비유(Allegory of the Cave)'를 들어 이상적인 정신세계의 중요성을 설명하였다. 우리는 동굴 안에서 동굴의 입구에 등을 돌리고 앉아 있는 죄수와 같은 존재이다. 머리는 고정되어 있어 동굴 안쪽만을 바라볼 수 있는 상태이다. 따라서 죄수는 등 뒤에서 동굴 속으로 들어오는 태양 빛에 의해 동굴 안쪽에 비치는 그림자를 실재라고 생각하게 된다. 이 죄수는 결박에서 풀려나 그림자의 본질을 보게 되더라도 여전히 그림자를 실재라고 믿는 어리석음을 보인다. 이는 인간이 감각적인 세계에 현혹되어 진실한 실재를 보지 못하는 상태의 비유이다. 따라서 누군가는 동굴 속에 있는 것과 같은 이런 어리석은 상태의 인간을 분명하고도 진실한 실재인 태양의 세계, 즉 이데아(idea)의 세계로 이끌고 갈 필요가 있다. 플라톤에 의하면 이 사람은 철인(哲人)이다. 그가 동굴로 다시 들어가 나머지 사람들이 빛을 보도록 인도해야 하는데 바로 그것이 '교육'이라고 하였다.

정리하면 이상주의의 관점에서 볼 때 교육은 사회의 안정과 존속을 위해 개인의 능력을 발견하고 신장시키는 활동이며 이상적인 국가 통치를 위한 유효하고 좋은 수단이다. 즉, 이상적인 국가를 만드는 데 필요한 것이 교육이다. 학생의 인성은 본받을 만한 성인이나 영웅을 모방하고자 하는 반복적인 정신의 도야(陶冶)로 인해 완성된다. 중심과목은 문학, 역사, 철학, 종교 등이다. 교육방법으로서는 강의를 통한 개념의 전수, 소크라테스가 활용했다는 산파법(문답법, Socratic dialogue),[4] 성찰, 직관 등이 사용된다.

---

4) 소크라테스가 제자들을 가르칠 때 주로 사용하였다고 해서 '소크라테스식 문답법', '소크라테스의 대화법'으로 불리며 '산파술'이라고도 불린다. 이는 학생들에게 질문과 반복되는 대화를 통해 알고 있는 것과 모르는 것이 무엇인지 확실하게 알게 하여 비판적 사고의 과정을 이끌어 주는 방법의 하나이다. 한 예를 들면 다음과 같다.
소크라테스 : 자네는 정의가 무엇이라고 생각하는가?
트라시마코스 : 강자의 이익이 정의입니다.
소크라테스 : 강자도 물론 사람이겠지?
트라시마코스 : 예, 그렇지요.
소크라테스 : 그럼 강자도 실수를 하겠군.
트라시마코스 : 네.
소크라테스 : 그럼 강자의 잘못된 행동도 정의로운 건가?

(2) 실재주의

실재주의(realism)[5]는 실체 혹은 자연이 이를 감각하는 존재, 즉 인간으로부터 독립되어 실제로 존재한다는 관점이다. 최초의 실재주의자로 흔히 그리스의 철학자 아리스토텔레스(Aristotle)를 꼽는다. 아리스토텔레스는 플라톤의 제자였으나 스승과는 다른 독자적인 철학을 구축하였다. 그에 의하면 실재는 인간의 마음으로부터 독립하여 존재하는 것으로 객관적이어서 우리가 관찰할 수 있는 것이다. 이는 앞선 몸(body)–마음(mind)의 이분법으로 보면 몸에 해당하는 것으로 그의 스승인 플라톤과 상반됨을 알 수 있다.

아리스토텔레스의 이런 주장은 후일 실재주의와 과학적 방법론의 토대가 되었다. 자연은 인간이 그것에 대해 알든 모르든 실재하는 것이다. 실재주의에 의하면 객관적인 실제를 이해하는 방법은 부지런하게 자연 현상의 모든 관찰가능한 것들을 관찰하여 자료(data)를 구축하고 이를 꼼꼼히 살펴보는 방법이다. 예를 들어, 비가 내리지 않아 농사를 망친 농민들이 과거에는 기우제(祈雨祭)를 지내는 등, 신(神)적인 존재에 의탁하다가 점차 매년 비가 내리는 시기, 양, 정황을 기록하고 이를 기반으로 자연을 과학적으로 이용할 수 있는 방법을 알게 되었듯이 과학적으로 현상을 들여다보고 이해하는 일은 초자연적인 힘에 의탁하기보다는 과학적인 발전을 도모하여 인간을 결국 행복으로 이끌어 줄 수 있다.

라파엘로가 그린 '아테네 학당(School of Athens)'에서도 이를 알 수 있다. 가장 중앙의 왼쪽에 플라톤, 그리고 그 오른쪽에 아리스토텔레스를 볼 수 있는데 플라톤이 이데아를 상징하듯 손가락으로 하늘을 가리키고 있음에 반해 아리스토텔레스의 손가락은 지구상의 실재를 중요하게 생각한다는 뜻으로 땅을 가리키고 있음을 볼 수 있다.

트라시마코스 : ……
(출처 : 생각이 크는 인문학 8 : 정의. 서윤호 · 최정호 지음. 을파소)

5) http://global.britannica.com 'realism' 참조

| 그림 2-1 | '아테네 학당' 산치오 라파엘로 작(1509~1510) 프레스코화. 로마 바티칸궁 서명실의 벽화

실재주의자들은 교육에 있어서 존재하는 현실적인 세계(physical world)의 습득을 강조하므로 과학, 수학 등의 과목이 교육의 중심이 된다고 생각한다. 교사는 현존하는 세계를 교육의 재료로 학생들에게 제시하고 이를 바탕으로 비판적이고 과학적인 사고를 요구하는 교육활동을 한다.

(3) 실용주의

실용주의(pragmatism)[6]은 20세기 초반에 미국을 중심으로 대두된 철학으로서 지식과 진리의 유용성과 실제성을 중시하는 관점이다. 그러므로 지식이나 진리는 우리의 생활을 바람직한 방향으로 변화시키는 구체적인 활동의 도구나 계획으로 사용될 때 가치를 지닌다.

실용주의의 핵심 개념은 '변화(change)'이다. '변화'가 우주와 인생의 기본 원리이다. 실용주의자들은 실재(reality)는 항상 변하는 것이므로 불변하는 진리는 존재하지 않는다고 설명한다. 따라서 사람들은 해결해야 할 문제에 자신의 경험을 적용함으로써 문제해결을 가장 잘 할 수 있다고 믿었다. 이렇듯 진리를 경험에 의해 검증할 수 있다고 주장하는 것이나 지식보다는 행동을 중시하는 관점 등에 의해 실용주의를 '생활의 철학'이라고 보는 사람들도 있지만 철학적 지향에 대해 분명한 입장을 취하지 않아 과연 실용주의가 진정한 철학인지에 대해 의문을 품는 사람들도 있다.

6) http://global.britannica.com 'pragmatism' 참조

실용주의 철학은 교육분야에 상당한 영향을 끼쳤다. 실용주의 교육론자들은 교육이란 단지 기존의 지식을 습득하는 수단이 아니라 실제적인 문제 사태에 직면하여 그 문제를 해결해 가는 데 도움을 줄 새로운 지식을 습득하고 그 지식을 활용하여 환경에 적응하고 환경을 개선해 갈 수 있는 능력을 기르는 과정으로 보았다.

미국의 철학자이자 교육자인 존 듀이(John Dewey)는 이를 교육현장에 적용한 사람으로 유명하다. 듀이는 우리가 지식이나 진리라고 부르는 모든 것들은 삶에서 일어나는 문제해결을 위한 도구에 지나지 않는다고 주장하여 그의 철학은 실용주의 안에서도 보통 '도구주의(instrumentalism)' 또는 '실험주의(experimentalism)'라고 불린다. 그는 학습자에게 삶에서 감당해야 하는 문제해결을 위한 도구로서의 지식과 경험을 제공해야 한다고 주장하고 스스로 실험학교를 세워 이를 실천하였다.

(4) 실존주의

실존주의(existentialism)[7]는 제1, 2차 세계대전을 거치면서 유럽의 염세적 사회 분위기 속에서 대두된 철학으로 인간의 존재와 주체적 행위의 중요성을 강조하는 철학이다. 실존주의 철학자[8]들에 의하면, 인간에게는 본질적인 어떤 천성이 주어져 있지 않다. 다시 말해, 인간이란 신이나 초자연적인 힘에 의하여 이미 결정된 어떤 불변의 본질을 가지고 세상에 태어나는 것이 아니다. 아무런 본질적인 것이 없는, 즉 무(無)로서 세상에 던져졌을 뿐이며, 자신의 자유의사에 의하여 그의 본질을 창조해 가는 존재이다.

물론 인간은 스스로의 선택에 의해서가 아니라 다른 사람들에 의해서 태어났고 또한 그 가능성에는 한계가 있다. 그러나 인간은 자신의 주체적인 선택과 결단하고 실천하는 행위를 통하여 자신의 운명을 결정해 나갈 수 있다. '실존이 본질에 앞선다(Existence comes before any definition of what we are)'라는 프랑스의 철학자 사르트르(Sartre)의 말은 이를 잘 나타낸다. 자신의 자유의사에 의해 자신의 행동과 운명을 결정지을 수 있는 존재이기 때문에 인간은 자신의 행동결과에 대한 책임을 져야 한다. 따라서 자유와 선택, 주체적 결단과 행동, 참여, 책임 등은 실존주의 철학의 중심적인 개념이다.

---

7) http://global.britannica.com 'existentialism' 참조

8) 야스퍼스(Jaspers), 하이데거(Heidegger), 그리고 사르트르(Sartre)가 대표적인 실존주의 철학자로 손꼽힌다.

실존주의 철학에 기반을 둔 교육은 자유롭고 창조적인 인간, 자신의 행동에 책임을 지는 인간의 형성에 있다. 이는 사회의 기존 규율과 표준에 맞는 인간을 길러내고자 하는 전통적 교육관과 대비된다. 교육이란 개인의 자유의사에 의한 선택과 판단에 의하여 자신의 생활과 운명을 결정짓고 그에 대해 책임을 지는 자아실현적 인간의 형성을 도모하는 것이다. 학생은 어떤 제약이나 간섭으로부터도 자유로워야 하며 독자적으로 자유로운 인격의 형성과 성장을 모색하는 과정을 통해 자아를 찾아나가야 한다. 교사는 이런 학생을 적극적으로 돕는 존재이므로 학교에서 교사와 학생은 문제를 제기 · 해결하는 대화에 참여하는 기회를 가져야 한다.

2. 현대 교육철학 사조

여기에서는 미국 등 서구에서 역사적으로 주목받았던 교육철학 사조를 그 출현 시기에 따라 진보주의, 본질주의, 항존주의, 재건주의 순으로 소개한다. 이런 네 가지 교육철학 사조는 앞서 소개하였던 세상을 바라보는 네 가지 철학적 관점과 여러모로 접점을 가지며 현재 교사가 교육활동을 실천하면서 학생들을 어떻게 바라보아야 하며 무엇을 어떻게 가르쳐야 할지에 대한 생각에 직접적으로 연관을 가진다.

1) 진보주의 교육철학

진보주의 교육철학(progressivism)은 교육에서 가장 중요한 것은 교사나 교사가 가르치는 내용보다는 학습자로서의 아동 자체, 즉 'whole child'이며 그래서 이들에게 가장 큰 관심을 기울여야 한다고 믿는다. 학습이란 이런 아동들이 스스로 삶의 많은 현상들에 대해 의문을 갖고 질문을 만들고 그 해답을 스스로의 활발한 실험 활동에 의해 찾아가는 '과정(process)' 그 자체이다. 답을 찾아가는 과정 자체가 학습인 것이다. 진보주의자인 교사는 이런 경험의 기회를 학생에게 제공하여 학생이 행함으로써 배울 수 있게(learn by doing) 한다. 교육과정도 학생이 가진 호기심과 질문으로부터 조직되어야 한다.

이런 진보주의 교육사조는 1920년대 중반 미국에서 시작되어 1950년대 중반까지 가장 영향력 있는 교육철학으로 자리매김하였다. 중요한 진보주의 교육철학자로서는 전술한 미국의 철학자이자 교육학자인 듀이(Dewey)가 있다. 듀이는 교육을 지속적인 성장과 상호작용, 그리고 재구성으로 보았으며 교육경험이 개인을 성장시킬 수 있도록 교육자는 그에 맞는 환경과 조건을 마련해야 한다고 생각했다. 그래서 그는 학교는 학생들에게 보다 많은 자유와 민주적 방식을 맛보게 하여야 이들을 훌륭한 시민으로 길러낼 수 있다고 믿었다. 그렇게 되기 위해서는 의사결정의 공유, 학습 자체에 대한 교사와 학생의 공동 계획, 학생이 선택하는 학습주제와 학습의 방법 등이 교사나 학교, 사회의 권위보다 우선해야 한다고 생각했고 이를 자신의 '듀이 학교(Dewey School)'의 설립과 운영으로써 실천하였다.[9)]

| 그림 2-2 | 듀이 학교의 수업 장면

출처 : https://www.researchgate.net

9) 듀이가 자신의 교육이론을 실험하기 위하여 1896년 시카고 대학에 개설한 실험학교이다. 설립목적은 학교행정·교과 선택·교수법·훈육 등에 있어서 학교가 어떻게 하면 학생들이 각자의 능력을 발달시키고 욕구를 충족시켜 가면서 공동사회를 이룩할 수 있을 것인가를 발견하는 데에 있었으며, 진보주의 교육의 진지한 실험장이 되었다. 이 학교는 4~14세의 아동을 가르쳤는데, 4·5세 아동의 교육은 가정교육의 연장으로 생각하여 회화·구성적 작업·이야기·노래·유희 등을 일과로 구성하였으며, 모든 것을 주변의 가까운 일부터 시작하여 점차 의미를 확대해 가도록 배려하였다. 그는 이 실험에서 초등교육의 교육과정에는 세 개의 기초적 학과 그룹이 있음을 발견하였다. 첫째는 목공·재봉·요리 등의 활동작업으로서 아동들이 일상생활에서 경험하는 것이고, 둘째는 역사나 지리와 같은 사회생활의 배경을 취급하는 것이며, 셋째는 읽기·쓰기·문법·산수와 같은 지적 발달과 지적 연구의 형식이나 방법에 관한 것이다. 그 후에 나타난 듀이의 많은 저서들은 이 실험학교의 경험에서 얻은 바가 크다. [네이버 지식백과] 듀이학교[Dewey School, 一學校](두산백과)

진보주의 교육철학은 두 가지 중요한 사상적 배경을 가진다. 그 하나는 앞서 소개한 실용주의 철학(pragmatism)이며, 또 다른 하나는 루소(Rousseau), 프뢰벨(Fröbel), 페스탈로치(Pestalozzi), 헤르바르트(Herbart) 등을 통해 내려온 자연주의 교육철학(naturalism)이다. 루소를 예로 들면 교육은 인간을 자연(본성)에 따라 살도록 하는 것이다. 자연주의 교육철학은 인간의 내면에 존재하는 자연성의 계발, 즉 인간화 교육에 역점을 두고 있는 교육철학으로 요약할 수 있다.

이러한 교육원리를 기반으로 진보주의자들은 미국의 공교육에 뿌리를 내려 1930년대 미국의 교육에 절대적 영향을 주었으며, 20세기 교육에 가장 큰 영향을 미친 교육철학으로 평가받고 있다. 그러나 초창기부터 진보주의 교육원리에 비판을 가한 사람들도 있었다. 또한 1957년에 소련(Soviet Union, 지금의 러시아)이 미국을 앞질러 인공위성을 발사한 일은 미국에 커다란 충격을 주었으며 이로 인해 미국의 교육에 허점이 있지 않았나, 진보주의의 아동중심 · 생활중심 교육 때문에 교육이 뒤처진 것이 아닌가 하는 비판이 일어나 진보주의 교육철학은 큰 시련을 겪어야 했다.

진보주의 교육을 비판하는 관점을 요약해 보면 다음과 같다.

첫째, 아동에게 지나친 자유를 부여하고 그의 흥미를 너무 존중한 나머지 아동으로 하여금 어려운 교과목을 피하고 비교적 쉬운 교과목만을 택하게 하였다.

둘째, 자유를 존중한 나머지 방향감각을 잃었으며, 생활화를 중시하는 나머지 미래에 대한 준비를 소홀히 했으며, 민주적 방식을 과신한 나머지 가치의 절대적인 측면을 보는 눈을 키워주지 못했다.

셋째, 아동중심 · 생활중심 교육이 지나쳐 교육의 명확한 목표 설정을 하기 힘들었고, 문제해결방식은 비효율적인 시행착오와 산만한 수업 분위기를 제공하는 경향이 있었다.

이런 비판에도 불구하고 진보주의 교육철학 사조는 현재에 이르기까지 세계 각국의 교육에 큰 영향을 끼치고 있으며 특히 최근의 학습자 중심 사조와 직접적인 연관성을 지니고 있어 교사가 가장 관심을 가지고 탐색해 보아야 할 교육철학 사조라고 볼 수 있다. 우리나라에서도 혁신학교, 생활중심학교, 경험중심학교, 학생중심학교 등에 이러한 철학이 반영되어 있다.

2) 본질주의 교육철학

본질주의 교육철학(essentialism)이란 인류의 핵심적 경험, 즉 문화유산이 진리이며 동시에 선하다는 생각을 바탕으로, 문화유산 중에서 가장 본질적인 것을 학교교육을 통해서 조직적으로 다음 세대에 계승시키고자 하는 교육사상이다.

진보주의자들은 변화와 발전을 중요시하였으므로 과거의 문화적 유산이란 '보존되어야 할 것'이라기보다는 '극복되어야 할 것'으로 여겼다. 반면에 본질주의자들은 '변화되어야 할 것'과 '변화되어서는 안 될 가치 있는 것'이 있음을 구별하고, 교육이 바로 이러한 가치 있는 것들을 아동들에게 습득시킴으로써 그들로 하여금 개인적으로나 사회적으로 성숙하고 유용한 사람이 되도록 해야 한다고 주장하였는데, 그러한 가치 있는 것들이 바로 인류가 여러 세대에 걸쳐 실험하고 입증한 문화유산이라는 것이다.

본질주의는 지나친 아동중심주의에 불만을 가진 배글리(Bagley) 등의 학자들이 주도하였다. 아동은 어디까지나 미성숙하므로 무엇이 가치 있고 없는 것인가를 구별할 능력이 부족하다. 따라서 교육에 있어서 아동의 흥미와 자발성은 충분히 존중되어야 하지만 교육의 주도권은 역시 교사에게 있어야 하며 인내와 노력, 통제와 훈련 또한 중요한 것이라고 주장하고 있다.

본질주의의 교육을 분석해 보면 그 원리는 다음과 같다.

첫째, 아동의 흥미도 중요하지만 학습은 본래 힘들여 해야 하고 싫어도 적응해야 하는 요소를 내포하므로 단련(鍛鍊) 또는 도야(陶冶)가 매우 중요하다. 교과에 대한 흥미가 습득에 필요한 에너지를 창출해 내는 데 큰 역할을 한다는 주장에 동의하지만 보다 고차원적이고 오래 지속될 수 있는 흥미는 학습 초기에는 흔히 나타나지 않고 노력하는 과정에서 진정한 흥미가 생기므로 아동의 흥미보다는 장래의 목표에 충실하도록 요구해야 한다.

둘째, 교육에 있어서의 주도권은 학생이 아니라 교사가 가져야 한다. 교사의 역할은 성인 세계와 아동 세계를 연결해 주는 일이며, 교사는 이 일을 위해 준비된 전문가이기 때문에 아동의 성장을 돕는 일에 있어서 아동보다 훨씬 더 많은 자격을 갖추고 있다.

셋째, 교과중심 교육, 교육과정의 중심은 지정된 교과를 이해하고 소화시키는 데 있다. 본질주의자들은 교육이 학생의 자아실현을 도와주어야 한다는 생각에 동의하면서도 자아실현은 개인을 넘어서서 존재하는 세계 속에서 이루어진다고 주장하고 개인의 경험보다는 인류의 경험, 즉 사회적 유산을 더 중요시한다.

넷째, 문제해결을 강조하는 진보주의적 교육방법의 장점을 인정하면서도 모든 학습과정에 문제해결방법을 통용시킬 수는 없다는 입장을 취한다. 즉, 많은 지식은 본질상 추상적이어서 구체적인 문제로 잘라 제시하기 어렵다. 그리고 실천에 의한 학습(learning by doing)이 어떤 상황에는 적절하지만 그것이 모든 학습사태에 일반화될 수는 없다. 예를 들어, 아메리카 원주민들이 어떻게 생활을 영위했는지를 학습하기 위해서 그들이 짓고 살았던 토막집을 지어보아야 하는가? 물론 그러한 행위는 그들의 생활풍습을 이해하는 데는 도움이 될 것이지만 그 경험이 그대로 학습의 본체(essence)를 이루기는 힘들 것이다. 학생들의 이해를 돕기 위해서 그들의 심리적 · 지적 수준에 맞게 풀어서 가르치는 한이 있더라도 학생들에게는 무엇보다도 기본 개념을 가르쳐야 한다. 본질주의자들은 과거의 위대한 성취와 업적을 현실 문제의 해결에 도움이 되는 지적 자원으로 활용하는 데 역점을 둔다.

이러한 본질주의 교육이념의 의의를 높이 평가해야 하지만 여기에도 몇 가지 비판점이 있다. 이를 요약하면 다음과 같다.

첫째, 사회과학을 경시하였다는 점이다. 본질주의자들은 학문적 훈련을 중요시하기 때문에 학문 중에서 가장 체계화되어 있는 자연과학을 중시하고 사회과학을 소홀히 하였다. 이것은 진보주의자들이 사회과학 혹은 사회적 감각 도야를 과도하게 중요시한 데 대한 반발로 나타났다. 그러나 사회과학은 오늘날 인류문화의 양상과 그것이 지니는 문제와 병폐를 인식시켜 줌으로써 앞으로 우리가 지향해야 할 방향을 제시하여 주는 것이기 때문에 자연과학 못지않게 중요시되어야 한다.

둘째, 참여의식을 고취하지 못했다. 본질주의는 체계적인 지식의 전수와 교사의 주도권을 강조한 나머지 아동의 자발적 참여의식과 학습동기를 가볍게 여김으로써 민주시민으로서 필수적으로 갖추어야 할 독립심, 비판적 사고, 협동정신 등을 소홀히 하였다.

3) 항존주의 교육철학

1930년대에 이르러 미국 교육계는 진보주의 교육이론에 대한 비판으로 탄생된 본질주의 교육철학에 더해 또 하나의 교육사조를 보게 된다. 본질주의자들의 진보주의 교육에 대한 공격이 미온적이고 철저하지 못한 데에 불만을 품은, 즉 진보주의 교육의 학문적 근거인 실용주의 자체를 전면적으로 거부 또는 부인하는 항존주의 교육철학(perennialism)이 그것이다.

항존주의의 입장에서 보면 '하늘 아래 새로운 것이란 하나도 없다'라는 원리가 형성될 수 있다. 따라서 본질주의와 항존주의는 똑같이 진보주의를 견제하기 위해서 태어났지만 그 근본 발상을 달리하고 있다. 다시 말해서, 진보주의와 본질주의는 강도는 다르지만 과학주의, 세속주의, 물질주의를 추구하고 있다면, 항존주의는 종교적 세계관 위에서 철저한 반과학주의, 탈세속주의, 정신주의를 촉구한다.

그러므로 항존주의의 주된 명제와 결론은 전적으로 실용주의와 진보주의의 진화적(evolutionary) 방법을 반대한다. 항존주의는 진리의 절대성과 영원성에 입각한 사상이기 때문에 교육의 임무는 절대적인 것, 즉 시공을 초월하여 변화하지 않고 존재하는 기본원리를 발견하는 것이라고 보며, 교육에서 변하는 것, 일시적인 것을 다루는 것은 노력의 낭비이므로 철저히 배격되어야 한다고 주장한다.

넬러(Kneller, 1971)가 본 항존주의 교육원리를 요약해 보면 다음과 같다.

첫째, 인간 본성에 기인한 인간성은 각기 다른 환경에도 불구하고 어디에서나 동일하기 때문에 교육 또한 어디에서나 동일해야 한다. 그러므로 교육의 목적은 어느 시대 어떤 사회에서나 동일할 수밖에 없고 인간다운 인간을 육성함에 의의가 있는 것이다. 지식 또한 어디서나 동일하다.

둘째, 인간은 자신의 이성을 계발하고 자신의 욕망을 제어하는 것을 배워야 한다. 학습의 실패를 불행한 환경이나 불운한 심리적 경험의 누적에 기인한 것으로 돌려서는 안 된다. 교사가 할 일은 모든 학생들에게 본질적으로 동일한 지적 학습에 접근하게 함으로써 그러한 어려움을 극복하는 방법을 습득하도록 이끌어 주는 일이다. 그러므로 아동이 원하는 것을 가져서는 안 되는 경우도 있기 때문에 아동 스스로가 필요한 교육

경험을 결정하도록 하는 일은 옳지 않다.

셋째, 교육은 교수(teaching)를 의미하며, 교수는 지식을 가르치는 일이고, 지식이란 곧 진리를 뜻한다. 따라서 교육은 영원한 진리를 전해주는 일이다. 진리는 어디에서나 동일하기 때문에 교육 또한 어디에서나 동일해야 한다. 또한 학교는 학생으로 하여금 문화유산의 정수, 즉 가장 훌륭한 성취들을 배우고 익히기 위하여 인위적으로 꾸며진 곳이다. 아동의 임무는 문화유산의 가치들을 실현시키고 나아가서 그것을 더욱 발전시키는 일인 것이다.

넷째, 학생들에게 세계의 영원한 것들에 친숙하게 해주는 기본 교과들을 가르쳐야 한다. 시대의 풍조에 따라 그때그때 중요하다고 여겨지는 것만 공부하도록 해서는 안 된다. 또한 연령수준에 따라 구미가 당기는 공부만을 할 수 있도록 허용해서도 안 된다. 이성적 존재인 인간의 기본 교육은 이성의 힘을 도야하고 지성을 계발하는 데 초점을 맞추어 진행되어야 하므로 국어, 언어, 역사, 수학, 자연과학, 철학, 미술 등의 기본 교과를 공부해야 한다.

다섯째, 학생들은 오랜 시간을 통해서 인류가 위대한 포부와 성취를 나타낸 문학, 철학, 역사, 과학에 있어서의 위대한 고전을 연구해야 한다. 그것을 탐구하는 가운데 학생들은 흥미 추구식 공부에서 얻을 수 있는 것보다 훨씬 더 중요한 진리를 배우게 된다.

시카고 대학의 총장이었던 허친스(Hutchins)와 아들러(Adler)의 '위대한 저서(The Great Books)' 프로그램은 시카고 대학교 학생들이 2년 동안 매주 고전을 읽고 토론을 하는 토론반에 참여한 후 학점을 받는 프로그램을 운영했고, 이후 위대한 고전 100권을 완전히 외울 정도로 읽지 않은 학생은 졸업시키지 않겠다는 '시카고 플랜'으로까지 확장시킨 독서교육 프로그램이다. 1952년에는 '서구사회의 위대한 저서(Great Books of the Western World)'라는 선별작업을 거친 고전 전집을 발표하기도 했다. 그러나 위대한 저서로 분류된 고전들이 주로 유럽의 백인 남성들을 위주로 한 작품이라는 비판에 직면하였기 때문에 이후 고전 읽기 프로그램을 운영하고 있는 미국의 대학에서는 다양성을 반영하기 위한 노력을 하고 있다(손승남, 2013).

| 그림 2-3 | 항존주의에서 강조한 고전읽기

출처 : Encyclopaedia Britannica.

그러나 항존주의자들의 주장에 대한 비판도 많다.

첫째, 항존주의 교육철학은 비(非)민주주의적인 교육으로 흐를 위험이 있다. 절대적인 가치체계를 숭상한 나머지 민주주의 사회에 있어서 절대다수의 구성원인 평범한 사람들의 다양한 가치체계를 경시할 위험이 있기 때문이다.

둘째, 항존주의 교육철학은 현실을 경시하기 쉽다. 항존주의 교육철학은 현재를 순간적인 과정으로 여기고, 삶을 영속성과 관련해서만 보려 하기 때문에 현실에 충실하고자 하는 모든 인간적인 노력과 활동을 과소평가할 수 있기 때문이다.

셋째, 항존주의 교육철학은 귀족적으로 흐를 수 있다. 항존주의자들은 고전 읽기를 강조하는데 이는 모든 학생에게 고전 속의 위대한 인물들처럼 생각하며 행동할 것을 기대하기 때문이다. 만일 모든 학교에서 이런 교육을 한다면 절대다수의 평범한 학생들은 낙오자가 되고 소수만이 능력을 인정받게 될 것이다.

4) 재건주의 교육철학

인류는 현재 커다란 문화적 위기에 봉착하고 있다. 재건주의 교육철학(reconstructionism)은 이러한 위기의식에서 출발하여 오늘날의 문화를 재검토함으로써 새로운 문화에 대한 전망을 굳히고 이를 위하여 교육이 선도적 · 혁신적으로 이바지할 수 있는 바탕을 마련해야 한다는 입장의 교육철학이다.

재건주의 교육철학은 1950년대 이후 미국에 등장하기 시작한 새로운 교육사상으로 브라멜드(Brameld)가 현대 미국 교육의 3대 조류인 진보주의, 본질주의, 항존주의의 교육사상을 비판하고 그의 동조자들과 함께 새로운 교육운동을 추진해 나가는 과정에서 성립되었다. 그는 현대문명이 위기에 봉착하고 있는 상황에 현재에만 집착하는 진보주의, 과거만을 동경하는 본질주의나 항존주의와 같은 교육사상으로는 위기를 극복할 수 없다고 생각하여 내일을 위한 보다 과감하고 선구적인 교육이 요청된다고 주장하였다.

재건주의는 이렇듯 인류문화사적 위기를 극복하고 사회의 지속적 발전을 유지하기 위해서는 강한 교육이 필요하며 이 교육의 바탕이 되는 힘 있는 교육철학이 재건주의라고 주장하였다. 따라서 재건주의자들은 교육은 사회개혁의 역군이 되고 선봉이 되어야 한다는 것을 전제로, 이에 미진했던 기존의 진보주의, 본질주의, 항존주의의 교육사상을 비판, 절충, 중용, 종합하는 입장을 취하고 있다.[10]

그러므로 재건주의는 진보주의로부터 수단과 과정을 중시하는 사상을, 본질주의로부터 문화보존의 인류학적 가치를, 그리고 항존주의로부터 생의 목표를 추구하는 사실들을 수용하는 입장을 취하였다. 그러면서 진보주의로부터 실험정신을, 본질주의로부터 체계적 지식을, 그리고 항존주의로부터 합리적 분석을 배워야 한다고 주장하였다.

재건주의자들의 미래지향적인 전망은 높이 평가되고 있지만 이들에게도 다음과 같은 약점이 있다.

첫째, 새로운 사회질서를 수립하기 위한 교육의 설계를 누가 어떻게 하며, 교육의 힘만으로 과연 새로운 사회질서 확립과 같은 거창한 일을 할 수 있는가 하는 문제가 제기된다. 새로운 사회질서의 확립이란 정치 · 경제 · 사회 · 도덕 · 종교적 요소까지를 고려해야 하는 참으로 어렵고 복잡한 문제이기 때문이다. 이렇게 볼 때 재건주의 교육철학은 교육의 힘을 과신하고 있다고 볼 수 있다.

둘째, 재건주의는 확고한 미래의 설계를 그려놓고 아동과 학생을 그 방향으로 강제로 몰고 갈 위험성이 있다. 교육방법에 있어서도 흥미와 경험을 중시한다고 하지만 실질적

10) 브라멜드는 네 가지 입장의 교육철학을 비교, 분석하였는데, 그는 진보주의는 현재의 생활에만 집착한다 하여 현재적이고, 본질주의는 지나간 전통을 되풀이한다 하여 보수적이며, 항존주의는 몇천 년 전의 사상을 부활시킨다 하여 반동적이라 하고, 자신의 재건주의는 급진적이라고 논평하였다.

으로는 복종을 기대하고 있는 것을 볼 수 있다. 그렇게 되면 민주사회 건설을 위해서 독재적 방법을 사용하는 것이 되고, 결국 독재적인 인간을 기르는 셈이 된다.

셋째, 행동과학적 지식을 교육의 유일한 기초과학 내지는 방법적 기준으로 여기는 한계가 있다. 인간은 행동적인 존재인 동시에 영혼적인 존재, 평균적 존재인 동시에 개성적인 존재, 합리적 존재인 동시에 모순적인 존재, 그리고 사회적인 존재인 동시에 탈세속적인 존재이기도 하다. 즉, 인간은 본래 양면을 지닌 이원적인 존재임을 간과하고 있다.

넷째, 재건주의는 자본주의 체제의 경제와 물질 · 과학 · 문명의 최상을 걷고 있는 미국 사회의 위기에 준해서 착안되었다는 점을 고려할 때 다른 사회에 적용되기 어려울 수도 있다.

3. 새로운 교육철학

여기에서는 20세기 후기 들어서 기존의 교육철학 사조와는 또 다른 영향력을 가져온 교육철학을 비판주의 교육철학, 그리고 포스트모더니즘 교육철학 두 가지로 소개한다.

1) 비판주의 교육철학

비판주의는 독일의 프랑크푸르트 학파를 중심으로 실증주의의 한계, 자본주의의 구조적 모순과 사회체제를 비판하며 등장하였다. 교육학계에서도 전통적 학교체제에 대한 비판으로 사회학적 접근을 시작하면서 비판주의 교육철학이 시작되었다. 지식은 사회적 · 역사적 맥락에서 이해해야 하는 것으로, 가치중립적이라는 기존의 접근에 반대하며 인간의 모든 행위는 가치부하적이라고 본다. 또한 인간의 해방을 추구하기 위해 사회의 지배적 체제, 사회적 억압 등에서 자유롭게 행동하며 비판적 이성을 가진 인간으로 성장시키는 것을 교육적 목적으로 여긴다.

비판주의 철학의 대표적인 철학자인 하버마스(Habermas)는 비판적 이성과 합리적 의사소통을 강조했다. 자연과학의 실증적 방법이 가치중립적이지 않으며 이데올로기에서 자유롭지 않다는 점을 변증법적으로 밝히며 현대사회가 도구적 이성만 강조하는 점을 비판하기도 했다. 그는 사회적 억압과 지배가 없는 상황에서 평등하게 의사소통하는 것을 합리적 의사소통으로 보고 교육은 비판적 이성을 기르고 합리적 의사소통을 할 수 있도록 하는 역할을 부여받는다고 주장했다.

비판적 교육철학을 실천한 대표적인 교육자로는 프레이리(Freire)를 들 수 있다. 그는 브라질의 민중들이 억압받고 있는 상황을 문제시하면서 그들에게 문해교육을 실천하였다. 그는 기존 교육을 '은행저금식 교육(banking concept of education)'으로 명명했는데, 이는 마치 돼지저금통에 동전을 차곡차곡 넣는 것과 같은 지식전달형 교육을 통해서는 지배자가 넣어주는 지식만 습득하게 된다는 의미이다. 이러한 점에서 민중들은 무지한 상태에서 벗어나지 못하고 억압받는 상황을 개선할 수 없다. 이런 상황을 타파하기 위해 교육은 '의식화(conscientization)' 과정이어야 하며 이를 통해 주체적 존재가 되어야 한다. 교육에서의 의식화를 통해 주어진 현실을 타개할 수 있고 발전할 수 있는 존재가 된다는 것을 강조한다.

최근 비판주의 교육은 정치 및 이데올로기 교육, 교양 인문교육, 여성교육, 역사교육 등을 포함하고 있다(박의수 외, 2020). 비판주의 교육철학은 지나치게 비판적 이성을 강조하면서 사회의 유지 · 발전이라는 기능론적 관점에서의 교육의 순기능을 외면한다는 비판을 받기도 한다. 또한 비판적 이성이라는 것이 어떻게 문화적으로 규정되는지 다루지 않았다는 한계가 있다. 인종차별 문제, 젠더 문제를 비롯한 다양한 차이와 차별에 대하여 그다지 관심을 기울이거나 논의하지 않았다는 한계도 지적된다.

2) 포스트모더니즘 교육철학

20세기 후반에 다국적 자본주의화, 후기 산업사회, 정보사회라는 변화 속에서 체계화된 문화 논리인 포스트모더니즘(postmodernism)이 등장하였다. 포스트모더니즘은 인간과 세계에 대한 새로운 사고방식과 관점을 나타낸다. 즉, 그동안 이성 또는 도덕성이라는 이름 아래 인간 자신을 속박하였던 것에서 벗어나 진리와 객관성, 이성과 확실성에 대한 도전과 거부를 나타내고 있다. 그리하여 포스트모더니즘은 절대성, 보편성, 객관성, 본질적인 것을 거부하고 우연성, 임의성, 상대성, 역사성을 강조한다.

포스트모더니즘의 주요 특징으로는 다음과 같은 것을 꼽을 수 있다. 첫째, 통일성이나 절대성을 부정하고 다원성(多元性)을 중요시한다. 둘째, 중심과 주변부의 확고한 구분, 즉 중심은 훌륭하고 주변부는 열등한 것이라는 관념에서 벗어나 주변부가 가진 나름의 세계관이 중심세력이 가진 세계관과 동등하게 중요한 것임을 부각시킨다. 셋째, 자아(自我)에 대한 고착 대신 타자(他者)에 대한 관심을 표명한다.

이런 생각은 보수적인 권력에 대한 저항적 성격을 가진다. 나와 생각이 다르다고 무시하거나 적대시하며 심지어 전쟁까지 일으켰던 과거에 대한 반성을 담고 있으며, 누구나 주체적인 자아로서 자유로운 독립된 개체이며 서로 다른 것은 잘못된 것이 아니고 자연스러운 것임을 인정한다. 이런 철학 속에서는 당연히 그동안 소외되어 왔던 집단, 즉 저소득 계층, 여성, 청소년, 고령자, 외국인 등에 대한 관심이 확대된다.

중심과 주변의 구분 없이 다름과 차이가 만나서 새롭게 엮어가는 사고가 새로운 문명을 엮어갈 수 있다는 생각은 신선한 발상이 아닐 수 없다. 지난 서구 문명의 브랜드가 '이성의 빛에 의한 계몽과 발전'이었다면 현재 문명의 브랜드는 '서로 다른 것은 아름답다(difference is beautiful)'라는 생각에 기반을 두었다고 할 수 있다.[11]

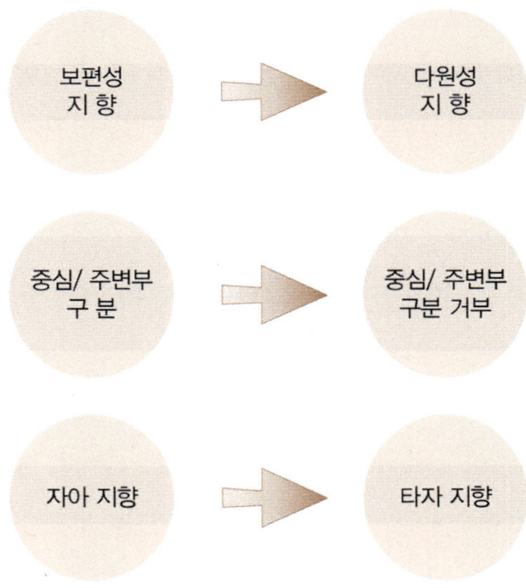

| 그림 2-4 | 포스트모더니즘의 특징

포스트모더니즘에 입각한 교육 역시 과거의 교육과 분명한 선을 긋고 있다. 이를테면 암기 위주의 획일적인 교육보다는 창의성 계발의 교육을 강조하고, 많이 알려진 교육과

11) [석학과 함께하는 인문강좌](3) 신문명은 새로운 사고의 틀을 요청한다.
이명현 서울대 명예교수 http://news.khan.co.kr/kh_news/khan_art_view.html?artid=201405112116495&code=210100

정보다는 잘 알려지지 않은 교육과정을 탐구하는 데 더 중점을 두며, 교육목표도 인지적 영역보다는 정의적 영역에 더 관심을 둔다. 결국 포스트모더니즘이 지향하는 교육은 서로 다른 차이를 지닌 학습자들이 서로의 다양한 견해를 나누고, 같이 이해하고, 참여하는 교육이라고 할 수 있다.

우리나라에서는 다양한 종류의 대안학교들이 주로 포스트모더니즘에 입각한 교육철학을 가지고 있다. 시립청소년미래진로센터(하자센터)[12]는 서울시립 청소년 특화시설로 스스로 미래에 참여하는 청소년 문화를 만들겠다는 비전을 가지고 운영되는 대안학교이다. 한국의 경제위기였던 IMF 구제금융 시기인 1999년 청소년 문화작업장으로 시작하여 2001년 대안학교 형식을 갖춘 하자작업장학교를 개교했다. 2023년에는 미래진로 작업장, 미래진로 워크숍, 미래진로학교, 하자(haja) 커뮤니티 등의 프로젝트를 운영하고 있다. 이 중 미래진로학교인 '오디세이학교'는 고교자유학년제에 따라 서울시교육청이 2015년부터 시작한 1년 과정의 학력 인정 학교로 2016년부터 하자센터가 협력기관으로 참여하여 미래진로와 문화기획 과정을 중심으로 사회로 확장하는 교육과정을 제공하며 전환기 교육 모델을 제시하고 있다. 이 외에도 미래진로 작업장과 미래진로 워크숍을 통해 청소년들이 다양한 경험을 할 수 있는 기회를 제공한다. 미래진로 작업장의 경우 음악작업장, 하자글방, 문제없는 스튜디오, 미래진로 러닝크루, 아트 플랫폼, 청소년 아트랩, 미래진로 프로젝트, 어린이 작업장을 운영하는데 7~13세 어린이를 대상으로 하는 어린이 작업장을 제외하고는 주로 16~24세 청소년을 대상으로 하고 있다.

그러나 이러한 포스트모더니즘 교육철학의 단점 역시 존재한다. 전통적 교육의 개념과 입장에 대한 날선 비판을 한 나머지 전통적 교육과 공존할 수 있는 가능성이 적다는 점을 한계로 볼 수 있을 것이다.

---

12) https://haja.net/

| 그림 2-5 | 시립청소년미래진로센터(하자센터) 아프리칸 댄스 워크숍 사진

출처 : http://blog.naver.com/koulekan/

제2장 활동

1. 진보주의, 본질주의, 항존주의, 재건주의의 네 가지 교육철학적 관점에 대해서 조별로 하나의 관점을 선택하여 이를 하나의 이미지(그림)로 형상화하여 제시하면서 해당 관점의 핵심을 요약 발표해 보자.

2. 프레이리의 문해교육이 교육계에 끼친 영향을 조사하여 발표해 보자.

3. 예비교사로서의 '나의 교육철학 선언문'을 작성해 보자.

CHAPTER

03 교육의 역사적 기초

1. 교육사의 이해
2. 우리나라의 교육역사
3. 서양의 교육역사

|개요|

영국의 역사학자 카(E. H. Carr)는 역사란 "과거와 현재의 끊임없는 대화"라는 말을 남겼다. 이런 관점에서 볼 때 역사 속 과거는 지나가버려 굳어버리거나 고정된 것이 아니며 보는 사람의 의도에 따라 그 해석이 변화할 수 있고 현실에 시사점을 준다.

교육사라는 학문 영역의 존재 이유도 이것이다. 즉, 교육사는 오늘의 교육을 이해하기 위한 열쇠이다. 이 장에서는 우리나라와 서양의 제도교육이 시대에 따라 전개된 양상을 이해하며 교육권이 모든 이의 권리가 된 보편교육의 시대인 지금, 교육제도가 가진 문제에 대해 그 역사적인 원인을 파악하고 보다 바람직한 교육의 역할에 대해 생각해 본다.

Chapter 03 교육의 역사적 기초

1. 교육사의 이해

1) 교육사의 개념

교육사(history of education)란 교육의 역사를 공부하는 학문으로 교육의 개념과 전개과정을 이해하는 데 매우 중요한 역할을 한다. 역사적 사실을 이해할 때는 명확한 자료가 필요한데 이러한 역사적 자료들을 '사료'라고 칭하며, 신뢰할 수 있는 사료를 통해 연구해야 한다. 자료에 대한 해석의 단계에서 명료하게 원인과 결과를 밝힐 수 있는 경우는 드물어서 다양한 변수를 고려하여 상관관계를 추정해야 하는 경우가 많다. 관념과 실제는 혼동해서는 안 되는 개념이다. 어떤 특정한 사상가의 철학이 어떠한 시대를 전부 설명한다고 생각하는 오류를 범해서도 안 된다. 또한 역사는 과거의 사건을 밝히는 것임과 동시에 현재에 주는 의미도 있다. 즉, 교육사는 과거에 일어난 사건의 사실을 밝혀내고 분석함으로써 현재를 살고 있는 사람들에게 삶의 지혜를 주고 문제에 대한 해결방법을 발견할 수 있도록 한다.

2) 교육사의 필요성

교육학개론 속에서 교육사는 과거의 교육제도나 일어났던 사건을 암기해야 하는 것이 아닌가 하는 두려움을 주기도 한다. 그러나 교육사를 배우는 것은 단순히 과거의 교육제도나 사건에 대한 지식을 아는 것이 목적이 아니다. 즉, 교육의 역사에 대해 사실적 지식을 구하는 것에 그치지 않고 오늘날 교육문제들에 대한 역사적인 해석, 더 나아가서 현재의 교육이 나아가야 할 방향에 대해 역사로부터 자문하고 해결하기 위한 것이라고 보는 편이 더 타당하다.

예를 들어, 우리나라 여성교육의 역사를 살펴보면 여성에 대한 제도교육이 상당히 늦게 시작되었음을 알 수 있고, 그 면면이 양성평등보다는 가부장적 질서에 순응하는 여성을 길러온 사례들을 상당수 목격할 수 있다. 이런 과거 역사에 대한 이해는 앞으로 현재 여성교육에 대한 진단과 방향 설정에 도움을 줄 수 있을 것이다.

교육사를 제대로 이해하기 위해서는 우리나라 교육의 역사는 물론, 교육학을 만들고 교육사를 그 분과학문으로 성장시켜 왔으며 우리나라 현대의 교육제도에 큰 영향을 미치고 있는 서양교육의 역사에 대해서도 어느 정도의 이해가 필요하다.[1] 더 나아가서 현재 보편교육 시대 속 교육의 역할은 역사 속의 그것과는 달라져야 하므로 과거에 대한 분석을 통해 앞으로의 교육제도가 나아갈 방향에 대해 새로운 대안을 제시하는 것도 교사들이 관심을 가져야 할 부분이다.

과거의 교육사는 주로 정치제도와 함께 언급되는데 그 이유는 교육이 인재, 특히 국가의 관리를 양성하여 공급하기 때문에 국가의 존속에 필수적인 부분이었기 때문이다. 현대사회는 누구나 교육을 받을 수 있는 사회이므로 교육의 역할이 정치제도의 일부분이었던 때와는 다른, 보다 확장된 역할을 고민해 볼 필요가 있다.

교육사를 연구하는 학자들은 대개 세 가지 목적을 가지고 그들의 연구를 추구하고 있다. 즉, 과거 교육사실에 대한 지식의 추구, 과거 교육사실이 현재에 끼치는 영향 분석, 그리고 현재의 교육적 문제에 대한 해답을 역사적 사건에서 실마리를 찾으려 하는 것의 세 가지이다.

---

1) 현재의 한국 교육제도는 우리나라의 교육제도이기는 하지만 200여 년 전 조선시대의 교육제도와는 아주 다른 것이며 그 이전 시기의 교육과도 다르다. 현대 우리나라의 교육제도는 100여 년 전 개화기에 근간을 놓을 때 서양문화의 영향을 받았고 이 또한 일제의 침략을 거치면서 굴곡이 있었으나 그 이후 국가 수립과정에서 미군정의 영향으로 미국의 교육제도를 받아들여 그 틀을 세우는 등 전반적으로 서양의 보편교육제도에 영향받은 부분이 많다.

2. 우리나라의 교육역사

1) 삼국시대의 교육

(1) 고구려의 교육

삼국 중 고구려는 역사적 배경과 지리적 배경으로 인하여 일찍부터 중국의 영향을 받아 한자를 사용하기 시작하였기 때문에 가장 먼저 학교가 설립되었다. 고구려의 교육기관은 관학인 태학(太學)과 사학인 경당(扃堂)이 있었다.

기록에 나타나는 학교교육의 시작은 제17대 소수림왕 2년(372) 태학의 설립이다. 태학은 고등교육기관으로서 그 설립 목적은 관리의 양성에 있었으며, 입학할 수 있는 사람의 신분도 상류계급의 귀족 자제들이었다. 태학의 교육내용은 유교의 경전인 오경(五經)과 삼사(三史)가 주류를 이루었으며, 박사라는 직제를 두어 학생들을 가르치게 하였다. 태학은 교육의 3요소를 제대로 갖춘 형식교육기관으로, 기록상에 나타나는 우리나라의 학교교육의 시초로서, 또 한국 유학의 기원으로서 교육사적 의의가 크다. 태학에서는 유생들을 모아 중국의 『대학(大學)』, 『중용(中庸)』, 『논어(論語)』, 『맹자(孟子)』, 『춘추(春秋)』, 『주역(周易)』, 『예기(禮記)』 등의 고전을 중심으로 교육했다. 이는 중국 고전에 담겨 있는 유교정신으로 무장한 지도자와 관리들을 교육하기 위한 것이었다.

태학이 오늘날의 고등교육 정도의 관학인 데 비하여, 경당은 초등교육에서 고등교육까지를 겸한 사학이었다. 이 점에서 경당은 우리나라 사학의 시초라고 할 수 있다. 경당의 입학자격은 일반 서민 자제와 지방호족의 미혼 자제들이며, 교육내용은 독서와 활쏘기였다. 이로써 경당의 교육은 문무일치(文武一致)의 교육임을 알 수 있다.

(2) 백제의 교육

백제는 건국 이후 633년 나라가 멸망할 때까지 학교 설립에 관한 기록이 거의 남아 있지 않다. 그러나 백제가 남긴 고도의 관료기구와 문화예술유산 등으로 미루어 볼 때 교육사업도 활발하게 전개되었을 것으로 짐작된다. 즉, 현재 대학의 교수에 해당하는 박사(博士)가 있었으며, 교육행정을 담당하는 내법좌평이라는 관직도 있었다. 특히 박사 고흥은 375년에 『서기(書記)』를 편찬하였으며, 이에 앞서 284년에 백제 사람인 아직기가 일본으로 건너가 일본 천황의 태자를 가르쳤다. 이어 285년에는 박사 왕인이 일본에 천자문과 논어를 전수했다는 것이 일본의 역사에 기록되어 있는 것으로 미루어 볼 때 백제는 일찍부터 교육과 학문이 발전하였으며 높은 수준의 학교가 존재하였음을 추측할 수 있다.

(3) 신라의 교육

통일 전 신라에는 학교를 세워 교육했다는 기록은 없다. 다만, 27대 선덕여왕 9년(640)에 귀족의 자제를 당(唐)나라에 보내어 당의 국자감(國子監)에 입학시켰다는 기록이 있을 뿐이다.

그러나 통일 전 신라에 비록 학교교육과 같은 형식교육은 없었다 할지라도 신라 고유의 교육적 전통을 수립한 화랑도(花郎徒) 교육이 있었다. 화랑도는 고구려의 경당이 문무일치의 교육을 했던 것과 마찬가지로 신라 고유의 사상에다 유(儒), 불(佛), 선(仙) 등 외래 사상을 받아들여 세속오계(世俗五戒)를 수양의 지침으로 삼고, 국가에 충성할 수 있는 인재를 양성하여 그중 우수한 자를 택하여 관료로 등용하는 신라 고유의 교육단체라고 할 수 있다. 화랑도는 대자연을 교육의 현장으로 삼았으며, 교육내용 및 방법으로는 도의를 연마하고, 시와 노래를 즐기고, 산수를 즐기는 것이었다.

신라가 삼국통일의 대업을 이룩한 것은 30대 문무왕 16년(676)이다. 이로부터 당과의 교류가 더욱 활발해지면서 학교교육에 눈을 돌리게 되었다. 그리하여 당의 국자감 제도를 모방하여 31대 신문왕 2년(682)에 국학(國學)을 세웠다. 국학의 교육내용은 유교의 윤리관을 확립하는 데 필요한 경전, 즉 논어(論語)와 효경(孝經)을 필수과목으로 하고 있다. 또 국학에는 유교의 경전을 가르치는 유학과, 기술교육인 의학, 율학, 천문학, 산학 등을 가르치는 과가 있었다.

2) 고려시대의 교육

고려의 교육은 태조 13년(930) 서경(西京, 지금의 평양)에 학교를 창건한 것에서 비롯된다. 이는 고려가 서경을 북방정책의 중심지로 삼고 이를 중요시하였기 때문이었다. 광종 9년(957)에는 중국 후주인(後周人)으로 고려에 귀화한 한림학사 쌍기(雙冀)의 건의에 따라 과거법을 실시하여 인재를 등용하였다. 국가 또는 민가에서 불교가 커다란 세력을 지니고 있었음에도 불구하고 과거를 통해 인재를 선발하게 된 것은 봉건제도를 강화하고 신진 지배층을 등용하기 위해 유학의 장려가 요청되었기 때문이었다.

고려의 교육제도는 초기에는 신라의 제도를 계승하였으나, 성종 11년(992) 수도 개경(開京, 지금의 개성)에 최고 학부인 국자감(國子監)을 창설하여 유교식 교육을 실시하였다. 그 후 교육열이 지방에도 전파되어 인종 5년(1127)에는 전국에 향교(鄕校)를 세워 지방교육에 힘썼으며, 원종 2년(1261)에는 향교와 동등한 학교로서 동서학당(東西學堂)과 오부학당(五部學堂)을 세웠다. 한편 사학으로는 최충(崔沖, 984~1068)이 세운 문헌공도(文憲公徒)를 비롯한 12도(十二徒)라고 하는 고등교육기관과 일반 서민 자녀들의 교육을 위하여 세워진 서당(書堂)이 있었다.

고려시대는 위로는 국자감으로부터 아래로는 서당에 이르기까지 수많은 교육기관들이 있어서 교육의 발전을 위하여 많은 공헌을 하였다. 그러나 이러한 교육기관들은 현대처럼 어떠한 체계와 계통이 있는 것이 아니라, 교육기관 간에 서로 연계가 없는 상태로 독립기관의 성격을 띠고 발달해 왔다. 즉, 국자감, 동서학당, 오부학당과 같은 곳은 대체로 특권계급의 교육기관이었고, 향교, 12도, 서당은 지방유생이나 서민의 교육기관으로서 어느 정도 계급성을 띤 복선형 교육제도로 볼 수 있다.

교육내용은 유학이 지배적이었다. 그러나 한 가지 특색 있는 것은 향교, 12도, 서당과 같은 민간교육기관의 등장으로 특권계급이 독점해 온 교육이 일부 서민계급까지 개방되었다는 것이다. 특히 서당은 서민계급의 교육에 신기원을 이룩했던 것으로 그 의의가 크다.

3) 조선시대의 교육

조선의 교육제도는 고려의 제도를 그대로 계승하였다고 볼 수 있다. 우선 고려시대에 있었던 국자감이 성균관(成均館)으로 명칭만 바뀐 채 조선조에 그대로 계승되었다. 성균관은 태조 7년(1398)에 세워졌다. 태종 11년(1411)에는 중앙에 사학(四學)과 지방에 향교(鄕校)를 각각 관학으로 세웠고, 사학(私學)으로는 중종 36년(1541)에 주세붕(周世鵬, 1495~1554)이 세운 백운동서원을 비롯하여 많은 서원(書院)이 생겼다. 서원은 명유공신을 숭배하고 청년을 모아 학문과 덕행을 연마하는 수도장이었다. 그러나 순수한 사립교육기관으로 대중의 교육을 도왔던 것은 서당이었다.

이렇게 볼 때 성균관은 오늘날의 고등교육기관으로, 향교와 서원은 중등교육기관으로, 그리고 서당은 초등교육기관으로 그 기능을 하였다고 볼 수 있다. 조선사회는 억불숭유(抑佛崇儒)의 사회였으므로 학교교육도 자연히 유학중심의 교육이었다. 따라서 학교교육은 숭유사상을 철학화하고 보편화하는 데 노력하였고, 일부 귀족계급을 위한 관리양성에 주력하였으며, 배우는 사람들의 목적도 과거에 급제하여 고급 관리로 입신양명(立身揚名)하는 데 있었다.

4) 개화기

지금까지 살펴본 역대 학교교육은 주로 중국의 것을 모방한 것이었다. 그러나 19세기 중엽에 이르러 새로운 현대식 교육이 태동하기 시작하였다. 조선조 말기에 쇄국정치의 중심세력이었던 흥선대원군이 실각하자 고종 13년(1876)에 일본과 수호조약을 맺었고, 다시 1882년에는 미국과 조미우호통상조약을 맺었으며, 1886년에는 프랑스와 조불수호조약을 체결하게 되는 등, 조선은 완전히 문호를 개방하고 국제사회에 참여하게 되었다.

이때 무엇보다도 시급했던 것은 어학교육이었다. 그 결과 어학훈련을 위한 교육기관으로서 1883년에 당시 한국정부의 외교고문이었던 독일인 묄렌도르프(Möllendorf)에 의해 통변학교(通辯學校)가 설립되었는데 이 학교가 우리나라 근대식 교육기관의 시초라고 할 수 있다.

우리나라의 문호가 개방되자 가장 빨리 외래문화를 전달한 사람은 기독교의 선교사들이었다. 1885년에 감리교파인 아펜젤러(Appenzeller)가 배재학당을, 이듬해에는 같은 교파인 스크랜턴(Scranton)이 이화학당을 설립하였다. 또 1886년 장로교파인 언더우드(Underwood)가 경신학교를 설립한 것을 비롯하여 이후 전국 주요 도시에 각 교파의 남·여학교를 설립함으로써 우리나라 교육사의 새로운 전환점을 만들었다.

선교사들의 이러한 활동들은 현대식 학교교육의 발전에 크게 기여하였다. 특기할 만한 사실은 1886년에 정부가 육영공원(育英公院)을 설립한 것인데, 이 학교는 귀족의 자제나 국왕이 선정한 사람들을 위하여 세워지기는 하였으나 국립의 성격을 띤 최초의 근대적인 학교였다는 점에서 의의가 크다. 그러나 당시 교육은 세습적인 계급사회를 유지해 나가기 위한 수단으로서 주로 상류계층을 위한 교육이었고 입신출세의 길인 과거를 보기 위한 교육이었다고 볼 수 있다. 이와 같은 폐단이 쇄신된 것은 고종 31년(1894) 갑오경장(甲午更張)에 의해서였다. 갑오경장을 통해 과거제도를 폐지하였고, 학사를 관장하던 예조를 폐지하고 대신 학무아문(1895년에 학부로 개칭)을 내각 안에 두었으며, 국정쇄신에 있어 영재교육이 시급함을 인식하여 학교관제와 학교령을 내려 신분의 차별 없이 누구든지 교육을 받을 수 있도록 하였다.

1895년 2월 고종은 교육조서(敎育詔書)를 선포하면서 교육의 현대화와 보편적 교육을 실시하겠다는 의지를 보였다. 이에 따라 1895년 4월부터 8월 사이에 관련 법령을 제정했으며 교사 양성을 위한 한성사범학교관제(1895년 4월 16일)를 시작으로 외국어학교관제(1895년 5월 10일), 성균관관제(1895년 7월 2일), 소학교령(1895년 7월 19일), 한성사범학교규칙(1895년 7월 23일), 성균관경학과규칙(1895년 8월 9일), 소학교규제대강(1895년 8월 12일) 등을 차례로 공포했다.

5) 일제강점기

1905년 을사늑약이 체결되고 1906년에는 일제의 통감정치가 실시됨으로써 학제와 명칭이 바뀌면서 식민지 교육이 시작되었다. 일제의 식민지 교육이 본격적으로 시행된 것은 1910년 국권이 찬탈당한 이후 제국신민(帝國臣民)으로서의 자질과 품성의 도야를 주안점으로 한 조선교육령(1911년 8월)이 반포되면서부터였다.

제1차 조선교육령 시행기(1911)에는 한국민족의 우민화(愚民化)에 정책적 중점이 있었고, 제2차 조선교육령 시행기(1922)에는 문화적 회유책을 취했으나, 근본적으로 피지배민족 대상 교육정책에는 변함이 없었다. 제3차 조선교육령 시행기(1938)에는 중·일전쟁, 태평양전쟁 수행을 위하여 한국의 인적·물적 자원을 침략전쟁에 이용하려는 목적으로 교육기회를 어느 정도 확대하였다. 제4차 조선교육령 시행기(1943)에서는 교육체제를 전시체제로 전환하고, 군사교육, 근로교육 및 학병징집 등을 강행하면서 민족말살을 위한 황국신민화 교육정책을 자행하였다.

그러나 이 시기, 조선총독부의 교육정책에 대항하고 민족교육을 실시하여 우리나라의 교육을 지키기 위한 교육투쟁이 있었다. 이러한 교육투쟁은 네 가지로 분류할 수 있다(황정규 외, 2003). 이는 교육기회 제한에 대항하여 학교설립 확대 등을 내건 투쟁, 휴교와 폐교로 위협하는 민족교육을 지키기 위한 평양의 대성학교와 같은 사립학교 설립, 지하에서의 비밀 교육, 만주와 연해주 등 해외에서의 민족교육운동이다. 대성학교의 경우 극심한 식민지통치로 인해 폐교되기도 했지만 상해임시정부에서는 민족교육운동을 지속했으며 1941년 제정한 건국강령 제2조 제7항에 교육에 관하여 구체적으로 규정하는 등, 우리의 교육을 지키기 위한 노력은 지속됐다.

1945년 8월 15일 마침내 일본이 항복하고 물러나면서 종래의 일본식 복선형 학제와 교육을 폐지하고 개인의 기본적인 자유와 평등을 기반으로 한 단선형의 민주주의 교육제도를 마련하게 되었다. 엄격히 따지면 우리나라의 교육은 광복 직후부터 실질적인 교육체제 정비의 시기를 얻은 셈이지만 일본 잔재의 제거, 정치적·사상적 혼란, 6·25전쟁 등의 격동기로 인하여 건국강령에 규정된 교육이 전수되지는 못했다. 그러나 1950년 중반에 이르러 비로소 안정을 찾기 시작하며 현대교육제도가 자리잡았다.

6) 현대 대한민국의 교육

6·25전쟁 이후에도 한국사회의 교육열은 높았으나 국가의 재정이 열악하였으므로 국가의 의무교육이 완전한 무상교육이 아닌 사친회에서 기성회로, 기성회에서 육성회로 명칭만 바꾸어 기본적으로 기부금 형태를 띤 유상교육의 형태로 실시되었다. 1990년대

초까지 초등교육도 유상의무교육으로 실시했으나 이후 초등학교부터 차츰 확대하여 2021년 고등학교 무상교육을 완성함으로써 2019년 기준 OECD 회원국 중 가장 늦게 고등학교까지 무상교육을 실시하기 시작했다.

현대 교육에서 또 하나의 커다란 변화는 국민학교가 초등학교로 변화한 것이다. 지금은 '초등학교'라는 단어가 익숙하지만 이 단어는 1996년이 되어서야 등장한 단어이며 현재 40대 이상의 성인은 '초등학교'가 아닌 '국민학교'를 다녔다. '국민학교'가 '초등학교'로 바뀐 사실이 무슨 대수냐 싶을 수도 있다. 그러나 '명칭이 존재를 규정한다'는 말도 있듯이 그 명칭의 변경은 우리나라 교육사에 있어 큰 의미를 가진다. 국민학교는 일제강점기의 영향을 상징하는 개념이다. 일본의 초등학교는 원래 '소학교'라고 불렸으나 일본이 제2차 세계대전을 일으키면서 제국주의적 입장에서 모든 어린이들이 황제의 나라의 신하로서의 기본기가 갖추어져야 하며 소학교에서는 그런 내용을 중심으로 가르쳐야 한다는 의미에서 1941년에 '국민학교'로 이름이 바뀌었다. 이에 따라 식민지 상태에 있던 우리나라도 자연히 그 명칭을 쓰게 되었다. 그러나 해방 후 50년이 지나도록 우리나라에서는 큰 문제의식 없이 '국민학교'라는 명칭이 그대로 존속되어 왔는데 이는 일본은 패전 후에 국민학교 명칭의 역사적 배경을 스스로 부끄럽게 여기고 소학교로 명칭을 회복한 것과도 대조된다.

이렇게 뒤늦게 그 명칭을 변경한 것에 대해 교육사학자들은 이러저러한 연구결과를 내어놓고 있다. 그중 몇 가지를 소개하면 다음과 같다.

첫째, 명칭을 바꾸는 일에 대해서 문제의식이 없거나 낮았다는 해석이다. 일부 학자들은 일제 식민지 교육을 받고 식민지 교사로 활동하던 사람들이 해방 후에도 그대로 교사와 행정가로 교육계를 주도하였기 때문에 '국민학교'에 대한 문제의식이 없거나 낮았다고 해석한다.

둘째, 해방 후의 새로운 독립국가 건설의 분위기 속에서 가부장적 국가주도 교육제도의 필요가 대두되었기 때문에 일사불란한 국민의 개념과 국민으로서 알아야 할 필수적인 내용이 교육과정이 되어야 할 필요 때문에 유지되었다는 시각이다.

셋째, 남북의 분단으로 인해 교육제도가 이념대결과 체제 경쟁의 효율적인 도구가 되어야 할 필요가 있었다는 진단이다. 특히 그 시기 군사정권들에게 있어서는 군국주의에서 출발한 국민학교 제도야말로 그들의 통치철학과 통치방식에 필요한 것이었다는 시각이 있다.

학령인구의 변화는 교육제도에도 많은 영향을 미쳤다. 1960년대 베이비부머 세대가 입학하기 시작하면서 1960년대 말부터 1970년대 말까지 학생 수는 가파른 성장세를 보였다. 이러한 과정에서 엘리트주의를 표방한 교육적 기조와 더불어 1968년까지 초등학교에서 중학교를 가기 위해서는 입학시험을 거쳐야 했는데 이러한 시험은 초등학생의 사교육을 증가시키고 오답시비로 인한 '무즙 파동', '창칼 파동' 등이 일어나기에 이르러 1969년부터 중학교 무시험 진학이 결정되었다. 고등학교 무시험 추첨전형의 경우 1974년 서울과 부산에서 시작됐다.

이러한 변화 속에서 1970년대와 1980년대는 '콩나물 교실'이라고 불릴 정도로 학급당 학생 수가 많고 학교와 교실은 부족한 상황에 직면했다. 당시 학생 수 과다 문제를 해결하기 위한 선택이 사립학교 활성화이다. 그러나 출생아 수가 꾸준히 감소하면서 2023년 기준 합계출산율은 0.72명까지 떨어졌고 학령기 인구 감소에 따른 다양한 문제들이 일어나고 있다.

우리나라의 교육은 현재 6년간의 초등교육, 각 3년간의 중학교와 고등학교를 아우르는 중등교육, 그리고 대학과 대학 수준의 각종 교육기관 및 대학원 교육을 아우르는 고등교육으로 구분할 수 있다. 우리나라에서는 초등교육과 중등교육은 보편화되어 있다. 고등교육은 중등학교 교육을 모두 이수한 뒤에 주로 대학수학능력시험과 내신성적의 평가를 거쳐 진학하게 되는 선발의 형식을 띠지만 고등학교 졸업생의 70~80% 이상이 대학에 진학하는 높은 수준의 고등교육 진학률을 보이고 있다. 이러한 고등교육의 대중화와 함께 취학 전 교육과 평생교육도 계속 강화되어 가는 추세에 있다.[2)]

2) [네이버 지식백과] 대한민국의 교육(두산백과) 참조

3. 서양의 교육역사

1) 고대 교육

고대 서양의 교육은 그리스와 로마의 교육으로 특징지을 수 있다. 그리스의 교육이 조화로운 인간성을 기르는 데 목표를 두고 후일 서구 인본주의 교육의 원형으로 정착되었다면 로마의 교육은 자신들의 실용적 교육을 바탕으로 그리스 교육을 적용하였으며, 훗날 대제국을 건설하여 그리스 교육을 유럽 전체에 전파시켜 서양 교육의 기반을 마련하는 데 공헌하였다.

(1) 고대 그리스의 교육

그리스 지역은 산악지대였으므로 외부와의 교류가 어려웠기 때문에 각기 작은 도시국가(polis)를 이루며 발전하였다. 그리스는 이렇게 일찍부터 작은 정치단위로 나누어져 있었기 때문에 생활양식이나 시민들의 흥미가 다양했고, 독립정신이 강했으며, 민주적 정치체제가 발달하였다. 비록 시민권이 제한되어 있기는 하였지만, 많은 시민들이 사회의 주인으로서 사회의 운영에 직접 참여하고 공헌할 수 있었다.

그리스 교육의 목적은 지혜와 행동이 겸비된 이상인을 키워내는 데 있었다. 당시 교육은 귀족계급을 위한 것이었기 때문에 이들로 하여금 개인적 우수성을 지니게 하는 것을 교육의 이상으로 삼았다. 그리스인들에게 이상적인 인간은 오디세우스(Odysseus)로 대표되는 명석한 판단력과 통찰력, 현명함과 재치, 그리고 웅변술을 가진 지혜로운 인간과, 아킬레스(Achilles)로 대표되는 힘과 용기, 담력과 인내심을 가진 행동을 겸비한 조화된 사람을 뜻했다. 이러한 이상인을 기르는 것이 그들 교육의 궁극적 목적이었지만 중요한 것은 그 이상인의 특성이 어디까지나 실생활에 있어서의 공공적인 유용성에 기초했다는 사실이다. 그리스 문화의 중심은 아테네(Athens)와 스파르타(Sparta)라는 두 도시국가였는데 각각의 교육은 서로 상이점이 있었다.

① 아테네의 교육

아테네(Athens)는 그리스의 도시국가 가운데 문화가 가장 발달한 국가로서, 아테네 교육의 목적은 튼튼하고 아름다운 신체와 고귀한 정신이 원만하게 균형 잡힌, 이른바 전인적 성장에 있었다. 따라서 그들은 적절한 운동경기를 통하여 신체를 단련하게 하는 한편 문학과 음악, 미술과 철학을 학습시키고 국가행사에 참여시킴으로써 개성이 풍부하고 심신이 건전한 시민을 양성하는 데 힘썼으며 또 이러한 자질을 갖춘 사람이어야만 좋은 시민이 될 수 있다고 믿었다.

아테네 소년들은 먼저 읽기를 배웠고 다음으로 쓰기를 배웠다. 그리고 시장에서 필요한 셈을 배웠다. 그리고 나아가서는 호머(Hómēros), 헤시오드(Hesiod), 솔론(Solon), 이솝(Easop)의 글에서 선정된 내용들을 공부하였고 각종 체육과 운동경기도 중요시하였다.

② 스파르타의 교육

한편 스파르타(Sparta)는 자신들보다 30배나 많은 이민족을 지배해야 했기 때문에 늘 그들의 반란 가능성과 외적 침입의 위험 속에서 살아야 했다. 이에 따라 스파르타 교육의 목적은 강인한 군인을 양성하는 것이 되었다. 교육내용은 체육과 군사 훈련이 주가 되었고 도덕적 · 사회적 습관 형성을 강조했다. 읽기와 쓰기는 최소한의 필요를 충족시키는 정도였고, 음악은 군가나 전장에서 죽은 영웅들을 찬양하는 것들이었으며, 엄격한 훈육을 강조하였다.

그리스 시대의 대표적인 사상가로는 '인간은 만물의 척도'라고 본 프로타고라스(Protagoras), 대화법으로 유명한 소크라테스(Socrates), 국가론을 주장한 플라톤(Plato), 그리고 그의 제자인 아리스토텔레스(Aristotle) 등이다. 특히 소크라테스, 플라톤, 그리고 아리스토텔레스 등의 온건한 사상가들은 개인주의와 사회적 질서를 조화시키기 위해 힘썼고 그것을 위한 여러 가지 행동기준이 무엇인가를 탐구하고 제시하려고 노력하였다. 비록 이들의 활동과 사상이 당시의 시대적 상황을 변화시키지는 못했지만 현재에 이르기까지 서양과 인류의 사상 및 문화에 주요한 활력이 되어왔으며, 교육에 지대한 영향을 미쳤다. 특히 기원전 4세기경의 유클리드(Euclid)의 수학과 기원전 3세기경의 아리스토텔레스의 논리학, 그리고 기원전 2세기경의 아르키메데스(Archimedes)의 물리학 등은 오늘날까지도 학교교육과정 속에 남아 있다.

(2) 고대 로마의 교육

기원전 7세기경 이탈리아 반도 중턱에서 소도시 국가로 발전하였던 로마인들은 그들의 독특한 민족성을 발휘하여 기원전 270년경에 이탈리아 반도 전체를 장악, 아울러 서지중해의 패권을 잡고 결국 뛰어난 정치력과 군사력으로 로마라는 대제국(Roman Empire)을 건설하였다.

지리적으로 새롭고 신기한 문화들을 가진 이웃 나라들과의 접촉이 빈번해지면서 로마 사람들은 실제적이고 공리적인 성격을 지니게 되었다. 현대 서양사회의 가치체계가 주로 그리스와 히브리 문화[3]에서 물려받은 것이라면, 사람들의 이상을 실현시키는 도구 역할을 하는 제도, 조직, 행정체제의 발전은 로마인들의 공헌이 매우 컸다. 그리스인들이 미(美)에 대한 관심이 컸다면 로마인들은 읽기, 쓰기, 셈하기 등 현실적이고 실용적인 것을 추구하였다.

시기를 구분하자면 전기 공화정시대 로마의 교육은 실용성에 중점을 두고, 나라에 유익한 시민으로서 능률적이고 활동적인 인간 육성에 목적을 두었다. 즉, 산업에 필요한 지식과 기술을 가지고 도덕을 존중하며 애국적이고 검소한 생활태도를 가진 사람을 길렀다. 이러한 로마교육은 대부분 가정에서 이루어졌고 기원전 3세기경에 서민대중의 자녀를 위한 사립 초등교육기관으로서 루두스(Ludus)가 생겨 간단한 읽기, 쓰기, 셈하기 정도의 교육을 하였다.

반면 후기 제정시대 로마의 교육은 기원전 2세기 중엽부터 흘러 들어온 그리스 문화의 영향 때문에 점차적으로 그리스화되는 경향이 농후해졌다. 지적인 인간의 양성과 함께 도덕적이고 연설에 능숙한 웅변가를 기르는 데 큰 목적을 두었다. 그러나 이런 경향이 심해지면서 웅변을 통해 자신의 존재를 드러내려는 수사학(修辭學)의 훈련 쪽으로 기울었고, 상류계급을 위한 고등교육만이 번창하였을 뿐 서민들의 교육은 방임되었다.

---

3) 히브리 문화(Hebraism)는 고대 이스라엘인의 종교(구약성서)에 근원을 두며 기독교의 탄생으로 연결된다. 이 기독교는 그리스 사상과 함께 후일 서양사상의 근간을 이루게 되었다. [네이버 지식백과] 헤브라이즘[Hebraism] (두산백과)

2) 중세 교육

중세시대는 서로마제국이 멸망한 476년부터 동로마제국이 멸망한 1453년까지 약 1,000년간을 말한다. 중세사회는 로마 교황을 중심으로 한 기독교와 민족적인 봉건국가에 의해서 유지되었다. 이 시기를 흔히 '문화의 암흑기', '암흑의 시대(Dark Ages)'라고 부르는데, 그 이유는 '신의 뜻을 실현하기 위해 인간이 무엇을 해야 하는가'에 대해서만 관심이 있지, 인간 자체에 대해서는 관심이 덜했기 때문이다.

중세시대의 교육으로는 로마 교황을 정점으로 한 기독교 교육, 민족적인 봉건국가 체제하에서의 세속교육으로서의 기사교육과 시민교육, 그리고 최초의 대학의 출현으로 인한 대학교육, 이렇게 셋으로 특징지을 수 있다.

(1) 기독교 교육

게르만 민족의 침입, 상류계급의 사치와 향락, 굶주림과 전염병의 만연 등으로 로마인들의 사회적 불안과 생활의 위협은 심각한 수준이었다. 이러한 사회실정 속에서 그들은 자연히 정신적 안식처를 구하게 되고 종교로 이를 충족시켜 보려는 심정을 가지게 되었다. 이러한 로마사회의 시대적 요청을 만족시킨 것이 기독교였다. 이러한 경향으로 인해 교육에 대한 교회의 관심이 높아지고, 교세의 확장, 교회제도의 체계적인 운영 등을 위해 교구교회, 초신자 학교, 문답학교, 본산학교, 수도원 학교들이 세워졌다.

교구교회(parish church)는 교구학교나 음악학교를 마련하여 읽기, 쓰기, 음악 등 초등교육 정도를 행하였는데 빈곤한 아이들도 공부할 수 있었다. 또한 교회마다 초신자 학교(catechumenal school)를 세워 아직 세례를 받지 못한 사람들에게 기독교의 기본적인 교리들을 가르쳤다. 따라서 이 학교에는 남녀노소 누구나 입학할 수 있었으며, 이 학교를 거쳐야 세례를 받고 교회의 정규 구성원이 될 수 있었다. 문답학교(catechetical school)는 초신자 학교 및 교구학교의 교사를 양성하기 위한 학교이며 교회의 성직자들을 양성하기 위한 고등교육기관으로서의 본산학교(cathedral school), 그리고 금욕생활을 위한 내세의 준비를 위한 수도원 학교(monastery school) 등이 있었다. 이런 학교들에서 기독교 신앙을 이성적이고 논리적으로 설명하려는 움직임이 있었는데 이를 스콜라철학(scholasticism)이라고 부른다.

(2) 세속교육 : 기사교육과 시민교육

교회 이외에 중세사회의 새 질서를 건설한 것은 민족적인 봉건국가였다. 봉건국가는 서로마제국의 붕괴 이후 중앙집권이 해체되면서부터 필연적으로 이루어진 것이다. 이러한 봉건사회에서 핵심을 이루었던 기사계급에서 특유한 생활사상과 생활내용을 가지는 기사도(騎士道, chivalry)가 발달하였고 이에 따라 기사교육이 발전하게 되었다.

기사교육의 중심사상은 고상하고 용감한 인격자를 육성하여 신과 군주 그리고 귀부인에게 봉사하며 무사로서의 본분을 수행하는 것이다. 교육내용은 지적인 것보다는 활동적인 신체훈련과 종교교육 그리고 연장자에 대한 복종과 예법에 관한 것으로, 주로 무인으로서의 수련과 7예, 즉 승마, 수영, 궁술, 검술, 수렵, 작시, 장기 등이었다. 이러한 교육에 의한 기사도는 신사도(紳士道, gentlemanship)의 원천으로 오늘에 이르기까지 영향을 미치고 있다.

한편 신흥 상공인이 주를 이루었던 시민들은 새로이 등장한 도시에 거주하면서 그들의 생활에 필요한 교육을 요구하였고, 이러한 요청에 부응하여 일반 시민에 대한 교육이 나타나게 되었다. 시민교육은 종래의 특권계급을 위한 교육과는 달리 일반 시민계급에 필요한 직업교육을 하는 학교를 발달시켰다.

(3) 대학교육

십자군 원정 결과로 이슬람 문명이 유럽에 소개되면서 현실적인 학문에 대한 필요성이 증가한 결과 이탈리아의 볼로냐(Bologna)라는 도시에 첫 대학이 생김으로써 대학교육이 시작되었다. 중세시대의 대학은 교수와 학생이 자유로이 결성하는 일종의 조합(guild) 조직에 의하여 이루어진 단체(universities)였는데, 이것이 오늘날 종합대학교(university)의 호칭이 되었다. 또한 학생들의 기숙사(collegium)가 오늘날의 단과대학(college)의 명칭이 된 것 역시 흥미로운 일이다.

| 그림 3-1 | 볼로냐 대학의 강의 장면(1233). 볼로냐 대학도서관 소장

당시 대학의 수업은 주로 강의와 토론으로 진행되었다. 문과는 7자유과[4]를 위시해서 아리스토텔레스의 논리학, 심리학, 자연철학, 도덕철학 등을 가르쳤고, 법학과는 로마법과 현행법, 신학과는 성서와 신학 교과서 격인 페트루스 롬바르두스(Petrus Lombardus)의 신학명제집, 의학과는 유대인이나 사라센인[5]이 저술한 의학서가 교육내용이었다. 학위에는 학사와 석사, 박사가 있고 학위에 따라 이수 연한이 달라 지금의 대학과 비슷하였다.

3) 근대 교육

근대의 시작은 르네상스(Renaissance)로 특징지을 수 있다. 고대 로마의 학문과 예술의 부흥으로 시작하여 '르네상스(문예부흥, 文藝復興)'라고 불렸으나 사실은 인간에 대한 관심을 회복하고 발달시키며 새로운 인간중심 사상을 출현시킨 시기로 볼 수 있다. 또한 종교개혁을 통해 신교의 교육사상을 전파하였으며 17세기 실학주의 교육, 18세기 자연주의 교육을 거치며 점차 보편교육인 현대 교육의 양상을 갖추어 갔다.

4) 7자유과(七自由科, seven liberal arts)는 최근 '인문학'이라고 불리는 학문과 비슷한 성격을 가진다. 내부적으로 3학과 4과로 나눌 수 있는데 3학에는 문법, 수사학, 변증법, 4과에는 산술, 천문학, 기하학, 음악이 포함된다.

5) 중세시대 아라비아 반도, 이집트 지역에 있던 이슬람 제국의 사람들을 일컫는 말이다.

(1) 르네상스와 인문주의 교육

유럽사회가 중세에서 근세로 넘어오는 시대를 역사에서는 르네상스(Renaissance)라고 부른다. '르네상스'라는 말은 '재생' 또는 '부활'을 의미하는 프랑스어로서 중세의 현세 부정적이고 금욕적이며 폐쇄적이었던 인간관에서 벗어나 인간의 본성과 현세를 긍정하고 귀중하게 여기는 학예상의 운동을 말한다.

문예부흥의 근본 사상은 중세의 기독교적 복음주의와 내세주의의 제약에서 벗어나, 인간 본연의 자세로 복귀하려는 인문주의(humanism) 사상이라고 할 수 있다. 즉, 신의 세계에서 인간의 세계로, 내세주의에서 현세주의로, 금욕주의에서 자연주의로 옮겨 인간을 구속하는 모든 외부적 권위를 거부하고, 인간으로 하여금 스스로의 주인이 되게 하려는 사상이다.

십자군 전쟁을 거치면서 제노아(Genoa)와 베니스(Venice) 등의 이탈리아 도시들은 해양활동을 통해 상업도시로 번창하게 되고, 한편으로는 발달된 사라센 문화와 그들의 생활양식에 접하게 됨으로써 이 세계에 대한 새로운 호기심과 탐구의욕이 자극을 받게 되었다. 또한 동로마제국이 오스만 제국의 침략을 받아 멸망하게 되자 수많은 고전 학자들이 이탈리아의 플로렌스(Florence), 베니스 등으로 이주해 오면서 이탈리아는 고전 연구의 새로운 중심지가 되었고, 인쇄술의 발달로 인하여 이들의 사상과 저술이 보다 쉽게 보급될 수 있었다. 이렇듯 르네상스의 근원을 경제사회적 제 조건의 변화에서 찾을 수 있지만 좀 더 깊이 생각해 보면 스콜라철학이 강조한 지적 탐구정신, 대학의 팽창과 학문적 자유의 확대 등이 중요한 역할을 하였음을 간과할 수 없다.

근대의 인문주의적 교육 전통은 바로 이 르네상스를 통하여 형성되었다. 인문주의자들은 고대 그리스와 로마의 학예를 애호하고 연구하였으며 그 정신을 당시에 되살리기 위해 여러 가지 교육적 노력을 기울였다. 인문학자들은 중세의 종교중심의 교육사상에 반대하여 인간성을 존중하며, 인간이 선천적으로 타고난 성장가능성을 최대한 발현시키는 것을 교육목적으로 하였다. 인문주의는 이러한 이념을 근본 사상으로 하여 인간을 인간답게 교육하려는 것으로서, 그리스적인 자유교육에 그 이상을 두고 개인의 교양을 풍부하게 하고자 한 교육이었다. 신체의 단련을 존중하는 체육이 새로운 교육내용으로 등장하였고, 일상생활을 영위하는 데 필요한 새로운 도덕교육과 문학, 미술의 감상과 표현이 부활되었다. 그리고 학생의 명예와 자유를 존중하는 생활지도를 실시하였고 경험적 · 직관적 학습을 강조하여 학습의 흥미를 꾀하였으며, 자주적 사고를 중시하는 근대적인 교육방법을 활용하였다.

(2) 종교개혁과 교육

르네상스가 자아의 발견을 통한 인간의 재생운동을 의미하였다면, 종교개혁(Reformation)은 형식적 교권주의에서 탈피하여 오직 성서에 의해서만 구원을 얻을 수 있다는 신앙의 해방운동이라고 볼 수 있다.

중세시대를 거쳐 오면서 진행되어 온 교회의 부패는 교회가 부패의 온상이라는 인식을 가져왔다. 종교개혁의 직접적인 도화선이 된 것은 로마 교황 레오 10세가 성 베드로 사원을 개축하는 데 필요한 막대한 자금을 조달하기 위하여 면죄부(免罪符)를 발행하여 신도들에게 강매한 사건이라고 볼 수 있다. 이때 비텐베르크(Wittenberg) 대학 신학 교수였던 마르틴 루터(Martin Luther)가 1517년 10월 31일 95개조로 된 항의서를 발표하였는데, 그는 이 항의서에서 면죄부의 불합리성을 비판하고 인간은 오직 성서와 신앙에 의해서만 그리스도의 구원이 가능하다는 것을 주장하였다. 그때까지 성서는 모두 라틴어로 되어 있었기 때문에 루터는 일반 대중들도 읽을 수 있도록 성서를 독일어로 번역하여 종교의 대중화를 꾀하였다. 또한 기독교도의 신앙에 입각한 양심의 자유와 이성의 권위를 고양하기 위해 학교 설립의 시급함을 역설하였다.

신교가 교육개혁과 보급에 주력하고 그 세력을 확대 강화해 나가자 가톨릭교회는 반성운동을 전개하여 1545년 트리엔트(Trient) 종교회의에서 교황의 신성, 교회의 전통 존중, 성직자의 자숙을 요망하는 한편 신교를 불인정하는 반(反)종교개혁 운동을 전개하였다. 한편 교육의 중요성을 인정하여 학교교육에 힘쓰고 도덕 및 교회의 유지 · 발전을 꾀하게 되었다. 이에 뜻을 같이하는 단체가 많이 나타나서 세계적인 전도, 선교에 노력하였고 교육에도 큰 영향을 미쳤다. 그중 예수회(Society of Jesuit)의 활동이 가장 현저하였는데, 그 교육활동이 전 세계로 뻗어나가 오늘날까지 이어지고 있다.

(3) 17세기 실학주의와 교육

르네상스에 연유한 인문교육, 그리고 종교개혁의 결과로 인한 교육의 변화로 종교교육 중심의 중세에서 벗어난 근세 개화의 길이 열렸으나 교육의 내용과 방법은 여전히 언어주의, 암기와 훈련 위주의 형식적인 교육의 굴레에서 벗어나지 못하고 있었다.

이러한 형식주의 교육에서 벗어난 교육의 내용과 방법에 새로운 바람을 불어넣은 것은 17세기의 실학주의(realism) 교육사상이었다. 교육에서 인간 현실의 삶과의 관련성을 찾고 교육이 삶의 실제에 관여하여야 한다는 반성의 소리가 높아지자 실학주의 교육이 일어난 것이다. 이는 당시에 비약적으로 발전하였던 과학적 탐구의 결과에 자극을 받아서 일어난 것이다. 따라서 실학주의 교육사조와 함께 새로운 과학운동이 전개되어 과학적 탐구가 시작되고 인간생활의 실용적 가치에 관심을 갖게 되었다.

실학주의에 입각한 교육자들은 자연에 대한 지식이 종래의 문예적 · 종교적 지식을 대신하여 인간의 삶에 실제적이고도 유용한 새로운 기초가 되어야 하며 과학적 지식을 탐구함으로써 인류 사회는 발전하며 인류의 복지도 향상될 것이라고 믿었다.

이들은 보통 사람이라도 잘 가르치면 진리를 획득할 수 있다고 믿었기 때문에 모든 사람에게 교육을 받을 권리가 있다는 것을 인정하였고, 종래의 편협한 교과목 대신에 백과사전적인 광범위한 교과목을 가르쳐야 하며, 직접 사물을 관찰함으로써 사물의 본질을 이해하도록 가르쳤기 때문에 현대의 과학발전에 밑거름이 되었다.

(4) 18세기 계몽운동과 자연주의 교육

서양은 18세기에 이르러 정치적 · 경제적 · 사회적으로 커다란 변화를 겪게 된다. 중세를 특징지었던 봉건제가 붕괴되자 이에 대신하여 15~17세기에 국왕중심의 절대적 왕권체제가 들어서게 된다. 그러나 이 절대왕권은 자유민주적 세력의 강력한 도전을 받게 되는데 그 대표적인 예로서 미국의 독립(1776)과 프랑스 대혁명(1789)을 들 수 있다. 또한 영국에서 시작된 산업혁명은 자본가와 노동자라는 새로운 계층을 탄생시켰고, 세계의 경제구조를 종전의 소규모적인 수공업 생산방식에서 대규모적인 기계공업 생산방식으로 바꾸어 놓았다.

이 시기 일어난 계몽운동(Enlightenment)은 이성에 의한 비판을 기본으로 하고 있다.

르네상스를 통해 인간의 중요성이 다시금 부각되고 실학주의의 대두로 보다 기반이 굳어진 이 운동은 18세기에 구체적으로 나타나 특히 교육에 큰 변화를 가져오게 하였다. 이제 교육은 왕권의 유지나 국가의 목적을 달성하는 데 도움이 되는 제한적인 것이 아니라 모든 국민을 위한 보편교육이 되어야 하고 이는 국가가 담당해야 할 중요한 임무 중의 하나라는 인식이 확산되었는데, 이런 생각은 여러 계몽군주들의 손에 의하여 점차로 현실화되어 갔다. 독일에서는 보편교육제도와 의무교육이 법제화되고 프랑스에서도 자유 · 평등 · 박애를 표명한 프랑스의 혁명정부가 구상하였던 공립 무상교육제도가 1882년에는 공립 · 의무 · 무상의 보통교육제도로 확립되기에 이른다. 이렇듯 모든 국민의 복지를 위한 보편교육이 국가의 중요한 임무로 여겨지기 시작한 것은 국가가 단순히 한 개인(왕)이나 집단(귀족층)의 사유물이 아니고, 국가라는 단위사회에 속한 모든 사람들의 운명 공동체라는 의식이 생긴 것과 큰 연관성을 가지고 있다.

한편 같은 18세기에 대두된 자연주의(naturalism) 역시 교육의 목적, 내용, 방법을 많이 변경시켰다. 자연주의 교육사상은 실학주의의 계승인 동시에 심리학적 발달주의의 선구자가 되었다. 자연주의 교육은 자연의 여러 법칙을 발견하여 교육과정에 적용하고, 인간 발달의 자연법칙에 따라 교육을 해야 한다고 주장한다. 따라서 자연주의에서는 사회의 인공성과 형식성에서 아동을 구출하는 일이 교육의 사명이다. 극단적으로 교육의 목적이나 과정도 모두 아동의 성장 · 발달에 관한 연구를 토대로 해서 결정해야 한다고 생각하였다. 이러한 입장은 19세기에 이르러 심리학적 발달론자인 페스탈로치(Pestalozzi), 프뢰벨(Fröbel), 헤르바르트(Herbart) 등에 이르러서 발달주의 교육의 꽃을 피우게 되며 후일 진보주의 교육운동과 그 일환인 아동중심 교육과정운동으로 이어졌다.

(5) 19세기 국가주의와 발달주의 교육

19세기의 민족주의 운동의 전개와 그 후 각국에서 진행된 산업화의 거센 물결은 교육을 국가적 부강의 수단으로서 매우 중요하게 다루도록 하였다. 이 시대는 교육 발전의 수준을 국가 발전의 척도처럼 여기게 되었으며, 한편으로 교육은 개인들에게 사회적 계층 상승의 거의 유일한 길로 생각되었다. 이러한 추세는 20세기 후반에 들어와서 더 뚜렷해졌고, 보다 길고 보다 좋은 교육을 위한 경쟁은 하나의 사회적 문제로까지 대두되게 되었다. 19세기에 많은 영향을 미친 교육이론으로는 국가주의(nationalism)와 발달주의(developmentalism)를 들 수 있는데, 국가주의는 주로 교육제도에, 발달주의는 교육 내용 및 방법에 영향을 끼쳤다.

프랑스 시민혁명을 목격한 다른 절대주의 군주국가들은 이 혁명사상이 자국에 침투되는 것을 두려워하여 여러 나라가 연합하여 프랑스에 무력으로 간섭하였다. 부당한 외국의 간섭을 받게 된 프랑스에서는 자유와 평등을 침해하는 자에게는 무력으로 대항하고, 결사적으로 이를 물리치지 않으면 안 된다는 애국주의, 국가주의 사상이 고취되었고 나폴레옹(Napoleon)은 이러한 사상을 이용하여 침략전쟁을 일으키게 되었다. 이 전쟁에 참가한 각국들도 프랑스의 애국주의, 국가주의 사상을 모방하여 이를 고취하는 데 전력을 다하였다. 특히 가장 큰 타격을 받은 독일은 국력을 만회하고 국가를 존속 · 번영시키기 위하여 극단적인 국가주의를 채택하였다.

이리하여 각국은 국민들에게 국가에 대한 충성심을 고취시키기 위하여 교육을 이용하였다. 공교육제도를 확립하는 방향으로 국책을 수립하고 근대적인 국민 보통교육의 실시를 위하여 노력하였다. 교육과정도 국어, 국사, 지리, 건국신화, 애국가, 군가 등을 중요한 교육내용으로 삼아 편성하였다. 따라서 종교단체나 개인이 지배 · 경영해 왔던 학교교육을 정부가 관리 및 통제하는 공교육 제도로 발전시켰다.

공교육 제도는 국민교육제도로서 다음 다섯 가지의 특징을 가지고 있다(황정규 외, 2003 : 132-133).

- 사람을 국민으로 인식한다. 즉, 개인 이전에 국가의 구성원임을 강조한다.
- 사람들은 태어날 때부터 특정 국가의 국민으로서의 속성을 가지고 태어나는 것이 아니므로, '국민'으로 만들기 위하여 교육해야 한다.
- 국가가 국민을 교육할 권리를 확보하고 정당화한다.
- 국가는 국민교육의 실천을 위하여 공교육 제도를 수립하고, 공교육 제도의 핵심으로 학교를 설립 · 운영한다. 사립학교도 공교육 제도에 편입시켜 관리한다.
- 일정 기간의 필수적 국민교육을 국가가 정하고, 국민들에게 취학을 의무화한다. 의무교육은 원칙적으로 무상이나, 교육비를 학습자가 부담하는 경우도 있다.

한편 국가주의자들이 국가적 이상을 실현하기 위한 교육기관의 조직에 관심을 쏟고 있는 동안에 학자들은 인간발달의 원리에 일치하도록 교육과정 그 자체를 개혁하는 데 헌신하고 있었다. 이런 운동은 주로 인간정신의 본질과 그 작용에 중점을 두었고 교육은 아동 내부의 계발을 지도해야 한다는 신념에 바탕을 두었기 때문에 이 운동을 발달주의(developmentalism)라고 부른다. 심리학자들은 아동발달 연구에 깊은 관심을 가졌으므로 발달주의는 초등교육에 가장 큰 영향을 미쳤다.

발달주의의 중요한 특징의 하나는 관찰과 실험에 의해 교육방법의 근거가 되는 심리학적 원칙을 발견할 수 있다고 확신하는 점이다. 19세기 후반 과학적 결정론자들이 모든 교육방법의 기초는 마음을 면밀하게 과학적으로 연구하는 데 두어야 한다고 주장하였는데, 이는 발달주의와 일맥상통하는 점이다.

(6) 20세기 이후 현대의 교육

한국 교육사나 서양 교육사나 학교중심의 현대교육제도가 등장하기 전에는 동서양을 막론하고 피지배 계급에 대해서는 교육받을 기회를 철저히 제한하였던 것을 볼 수 있다. 그러나 서양의 대륙들은 다양하고 복잡한 사회조직을 가진 국가들로 구성되어 인종이 다양하고 문화의 특색 또한 상이하기 때문에 교육을 통해서 자국의 문제점을 해결하려 하는 점에 있어 국가별로 특색을 나타내기도 한다.

20세기에 들어 학교교육에 대한 비판이 고개를 들기 시작한다. 세계대전 이후 불안한 세계정세, 어려운 경제상황 등이 겹치면서 1960년대부터는 학교교육 비판이 힘을 얻게 된다. 1971년에는 일리치(Ivan Illich)의 『탈학교 사회(Deschooling Society)』와 라이머(E. Reimer)의 『학교는 죽었다(School is Dead)』가 나란히 출판되면서 학교제도 대신 새로운 교육의 필요성이 대두되었다. 이러한 접근은 기본적으로 학교가 사회제도를 유지하고 확대하는 데 기여하면서 빈부격차는 더욱 커지고 독재국가 등에서는 국민 탄압의 도구로서 기능하는 등의 문제를 해결하기 위해서 새로운 대안을 찾아야 한다는 것이다.

이렇게 대안 중 하나는 학교개혁 운동으로, 탈학교처럼 극단적인 주장은 아니지만 교육개혁이 필요하다는 것이었다. 개혁해야 하는 학교의 교육적 한계는 다음의 다섯 가지이다(황정규 외, 2003). 첫째는 장소의 한계로 학교라는 특정 물리적 공간을 교육 공간으로 제한함으로써 지역사회에 있는 다양한 장소에서 일어날 수 있는 학습과 연계하지 못하는 한계를 지적했다. 둘째, 시간의 제한으로 학교에서 활동하는 시간을 구획함으로써 학습과 실생활을 격리시키며 생계를 위하여 일을 해야 하는 경제적 소외계층의 교육기회를 박탈함으로써 불평등을 초래한다. 셋째, 교육대상의 제한으로 능력주의에 의한 엄격한 선발로 인하여 직장인과 저소득층 등이 교육기회를 얻지 못하게 되었다. 넷째, 교육내용이 제한적이어서 실제적 경험보다 암기 위주의 교육이 되고 많은 학습자의 다양한 요구에 유연하게 대처하지 못하면서 제도적 경직성과 획일성을 갖게 된다. 다섯째, 학교제도의 비민주성으로 국가가 주체이고 학생은 수동적 학습자로 규정됨으로써 교사 역시 주체적이고 창의적인 수업을 진행하는 대신 제도에 순응해야 하는 시스템이 완성된다. 결국 이러한 상황에서 학습자와 교육자의 관계는 수직적이고 경직된 관계가 되고 마는 것으로 이러한 문제에 변화를 일으키고자 하는 것이 학교개혁 운동이었다.

제3장 활동

1. 우리나라 여성교육의 역사를 조사하고 이 역사가 현재의 교육에 미치고 있는 영향력에 대해서 조별로 토의하고 발표해 보자.

2. 우리나라의 학제를 검토하고 조별로 초등교육, 중등교육, 그리고 고등교육으로 나누어 현행 학제가 가지고 있는 문제점을 논의한 후 발표해 보자.

3. 한국의 교육열에 대해 고찰해 보고 한국교육의 경험자로서 동의하는 의견과 비판하는 의견으로 나누어 토론해 보자.

04 CHAPTER 교육의 심리학적 기초

1. 교육심리학의 개념
2. 학습이론
3. 발달과 개인차

|개요|

교육심리학은 교사가 매일 대하는 학생, 즉 학습자의 인지, 심리, 행동 등에 대한 이해를 목적으로 하는 학문이다. 특히 학습자가 어떤 과정을 거쳐 학습하는가에 대한 학습이론에는 여러 시각이 있는데 이를 이해하는 것이 학습자의 학습과정을 이해하는 데 도움이 된다.

학생들이 시간의 흐름에 따라 능력, 사고, 행동이 발달하고 성숙해 가는 존재임을 생각할 때, 그리고 특히 발달이 주로 인생의 초년기에 집중되어 있음을 생각할 때 교사들은 이들의 인지능력, 성격, 지능, 창의성 등이 어떻게 전반적으로 발달하는가를 이해하고 이를 교수활동에 반영해야 학습자에게 최적의 교육을 할 수 있다. 동시에 학생 하나하나가 다양한 개인차를 보이는 존재이므로 개인차에 대한 이해와 대처가 필요하다.

Chapter 04 교육의 심리학적 기초

1. 교육심리학의 개념

1) 교육심리학의 정의

심리학(心理學, psychology)이 인간의 행동과 심리과정을 과학적으로 연구하는 경험과학의 한 분야[1])를 뜻한다면, 교육심리학은 인간이 어떻게 학습하는가에 관한 과학적 질문들을 다루는 학문이다. 즉, 교육심리학은 학습자로서의 인간을 과학적으로 연구하는 학문이다. 교육의 목표를 효과적으로 달성하기 위하여 '학습자가 어떻게 학습하는가'를 알아야 교육의 과정, 방법 등을 학습자에게 효율적인 방법으로 결정할 수 있기 때문에 교육심리학은 교사가 교육의 현장에서 적용하는 데 직접적인 도움을 주는, 매력적인 학문이 아닐 수 없다.

그간 교육심리학은 주로 어린이와 청소년의 발달과정과 이와 관계된 인지적 발달과 관련된 학습문제를 다루어 왔다. 그러나 최근에는 어린이와 청소년에 그 대상을 한정하지 않고 인생주기 전체에 걸쳐서 학습자의 발달과정을 다루며, 인지적 발달에만 치우지지 않고 성격, 사회적 관계, 정서 등 많은 영역을 다루고 있다.

1) [네이버 지식백과] 심리학[Psychology](학문명백과 : 사회과학, 형설출판사)

2) 교육심리학의 핵심 개념

교육심리학에서 다루는 핵심 개념들은 다음과 같다.

첫째, 교육심리학은 인간이 학습하는 과정에 대한 과학적인 규명을 학문의 목적으로 삼기 때문에 '학습(learning)'이 핵심 개념이 된다. 많은 심리학자와 교육심리학자들이 학습에 대해 다양한 의견을 내어놓고 이런 의견들은 오랜 시간에 걸쳐 검증되고 규명되어 오면서 학습이론을 형성해 왔다. 여기에서는 학습이론에 대해 두 가지의 대비되는 시각, 즉 학습을 행동의 변화로 보는 행동주의 학습이론(behaviorism)과 학습을 인지과정의 변화로 보는 인지주의 학습이론(cognitivism)으로 나누어서 살펴본다.

둘째, '발달(development)' 역시 교육심리학이 중요하게 다루어 온 핵심 개념 중 하나이다. 태어나서 청소년기에 이르기까지 급속도로 진행되는 인지 및 지능 발달, 생애 초반기 경험이 중요하게 작용하는 도덕성, 성격 및 창의성 발달 등에 대한 이해는 교사로 하여금 학생의 개인차를 고려하여 지도할 수 있게 한다.

2. 학습이론

학습의 과정에 대한 교육심리학자들의 다양한 접근방법은 20세기 이후 몇 가지 학습이론으로 분류되었는데 여기에서는 그중에서도 가장 대표적인 행동주의적 학습이론과 인지주의적 학습이론을 살펴본다.

행동주의 학습이론(behaviorism)은 행동주의 심리학(behavioristic psychology)에 토대를 두고 있으며 인간을 자극에 반응하는 존재로 본다. 학습도 이런 의미에서 인간의 행동을 '자극(stimulus)'과 '반응(response)'에 근거하여 형성하거나 제거할 수 있다고 본다. 주로 동물에 대한 실험을 인간의 교수－학습과정에 적용하려고 했다는 점에서 비판도 많이 받고 있지만 인간의 학습을 설명하는 중요한 이론임에는 틀림없다.

이와 달리 인지주의 학습이론(cognitivism)은 학습을 인지과정에서의 처리로 보는 입장이다. 형태주의 심리학(gestalt psychology)에 토대를 두고 있으며 인간을 자극에 반응하는 수동적인 존재가 아니라 능동적인 학습자, 더 나아가서 지식을 스스로 구성하는 존재로 본다. 따라서 교사는 인지구조의 변화를 꾀하여 학습자의 행동을 변화시킬 수 있다고 본다.

1) 행동주의 학습이론

학습에 대한 행동주의적 접근은 인간을 외부의 자극에 대하여 수동적으로 반응하는 존재로 본다. 따라서 인간 내부에 어떤 변화가 일어나는가 하는 정신과정에 대해 관심을 두지 않았다. 이렇듯 행동주의 학습이론을 지지하는 사람들은 "볼 수 없는 것은 과학이 아니다"라는 말에 무게를 두고 눈에 보이는 행동의 변화에 관심을 둔다.

1900년대 미국 심리학자 왓슨(Watson, 1878~1958)은 모든 사람이 객관적으로 관찰할 수 있는 행동을 연구해야만 심리학이 과학적인 학문이 될 수 있다고 주장하였다. 그의 입장은 이후 '행동주의(behaviorism)'라고 불렸으며 20세기 전반부 동안 심리학의 주도 세력이 되었다.

이런 행동주의적 접근은 종종 '자극-반응 심리학'이라고 부르는데 그 이유는 인간의 행동을 설명하는 과정에서 인간의 내부에 있는 심리과정이나 신경 생리적 과정에 대한 관심을 배제하고 행동을 유발하는 외적 자극과 그에 대응하는 반응만 가지고 심리학의 체계를 정립시켰기 때문이다. 자극-반응 심리학은 인간의 행동이란 인과관계에 의하여 결정된다고 본다. 인간의 내부에서 무엇이 진행되는가에는 관심이 없다. 이들은 비록 외적 자극에 의하여 인간의 내부에서 어떤 활동(대뇌활동)이 일어난다 하더라도 과학으로서의 심리학은 그것들에 관심을 가질 필요가 없이 인간이라는 '검은 상자' 속에 무엇이 들어가고(자극), 무엇이 나오는가(반응)만 가지고 구축될 수 있다고 주장한다. 그러므로 인간행동은 복잡하기는 하나 원칙적으로 예측이 가능하다고 보는 것이다.

이와 같은 입장에서는 인간은 동물 등 다른 모든 유기체와 다를 바 없이 자연의 모든 환경적 조건에 반응하는 반응체로 보고 있다. 그리하여 행동주의적 접근에서는 쥐나 비둘기 등, 동물에 대해 행해진 실험이 거의 그대로 적용되는 경우를 흔히 볼 수 있다. 다만, 하등동물에 비하여 인간의 행동은 복잡하기 때문에 특별한 개념 설정이 필요하다는 것이 다른 점이라면 다른 점이다.

(1) 파블로프(Pavlov)

러시아의 생리학자인 파블로프(Pavlov)가 행한 고전적 조건화(classical conditioning)에 관한 실험은 행동주의 학습이론을 이야기할 때 흔히 예시로 설명된다. 그는 어떠한 조건을 형성함으로써 반응을 유도해 내는 조건형성을 통한 학습, 즉 고전적 조건화를 강조하였다. 조건화(conditioning)란 특정 행동을 유발 또는 변화시키기 위해 특정 조건을 부여하는 것을 말하는데, 고전적 조건화는 특정 행동을 유발하기 위해 자극을 조절한다. 즉, 자연적 상태에서는 어떤 특정 반응을 끌어내지 못하던 중성자극이 무조건 자극과 반복적으로 연합 · 제시되는 조건형성 과정을 통해 특정 반응을 유도한다.

개를 대상으로 소화액에 대해 연구하던 파블로프는 개가 먹이에 대해서뿐만 아니라 먹이를 줄 때 울리는 종소리만 들어도 침을 흘리는 점에 착안, 종소리에 침을 분비하도록 하기 위해 먹이를 주기 직전 종소리를 들려주는 실험을 반복한 결과 나중에는 먹이 없이 종소리만 들어도 침을 흘리게 되었다. 여기에서 개가 먹이에 대해 침을 흘리는 행동은 생득적 반사행동이지만 종소리에 대해 침을 흘리는 것은 학습된 행동이다(한상길 외, 2012).

| 그림 4-1 | 파블로프의 고전적 조건화 형성과정

(2) 손다이크(Thorndike)

손다이크(Thorndike)는 학습의 가장 전형적인 형태로서 반복적인 시행착오를 통한 학습을 강조하였는데, 이를 시행착오설(試行錯誤說, trial and error theory)이라고 한다.

그는 고양이를 상자에 가둬두고 고양이가 상자를 어떻게 빠져나와 상자 밖의 생선을 손에 넣는지에 대한 실험을 했다. 고양이의 반복된 실패를 관찰하던 중 고양이가 우연히 상자를 가로막고 있는 막대를 치우고 나오는 것을 보게 되었다. 다시 고양이를 상자에 가두었더니 고양이는 이후 몇 번 더 그러한 시행착오의 과정을 거듭하면서 종국에는 빠르게 막대를 치우고 밖으로 나오게 되었다.

| 그림 4-2 | 손다이크의 고양이 상자

이처럼 모든 생물체는 시행착오의 과정을 반복하는 가운데 어떤 자극 또는 행동이 결과적으로 즐거움을 초래할 경우 다음에 비슷한 상황에 놓일 경우 그 반응이 일어나기 쉽다는 것이다. 즉, 실패하는 쪽으로의 반응은 줄어들고, 성공하는 쪽으로의 반응은 강화되는 쪽으로 학습된다는 것인데 이를 효과의 법칙(law of effect)이라고 한다.

(3) 왓슨(Watson)

미국의 심리학자 왓슨(Watson)은 행동주의 심리학의 주창자로 불린다. 왓슨은 불안이나 공포와 같은 감정도 학습될 수 있는 것임을 증명하기 위해 9개월 된 아이에게 흰 쥐를 보여줄 때마다 찢어지는 듯한 큰 소리를 들려주어 아이가 흰 쥐에 대한 공포반응을 일으키는 것을 관찰한 후, 인간의 행동뿐만 아니라 감정도 조건 형성될 수 있다고 주장하였다.

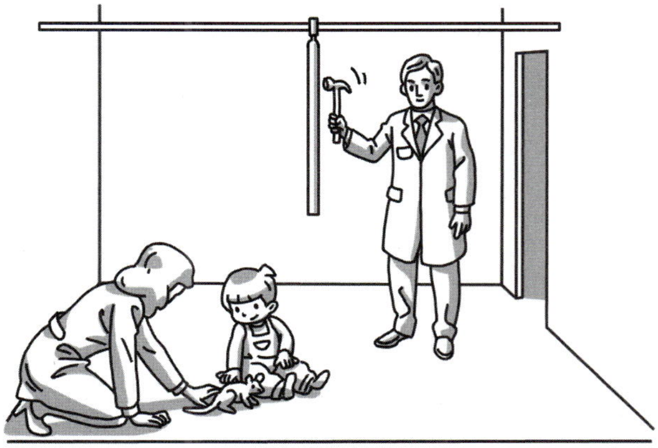

| 그림 4-3 | 왓슨의 "어린 앨버트 실험(Little Albert Experiment)" 장면

왓슨의 주장 중 가장 유명한 주장은 아마 "나에게 12명의 건강한 아이들을 맡기고, 그 아이들을 양육할 환경이 만들어진다면 난 그 아이들을 무슨 직업이든 가질 수 있게 만들 수 있다. 심지어 거지나 도둑으로 만들 수도 있다"라는 말일 것이다. 이런 주장을 통해 왓슨은 인간이 태어나서 어떤 자극, 즉 경험을 갖는가가 어떤 아이로 성장하는가에 가장 중요한 조건이며, 이를 학습에 적용한다면 어떤 아이로도 만들어 낼 수 있다는 것을 주장하였다.

(4) 스키너(Skinner)

미국의 대표적 행동주의 심리학자인 스키너(Skinner)는 일명 스키너 상자(Skinner box)를 고안하여 "모든 행동은 예측할 수 있다"는 점을 입증하려 하였다. 그는 쥐를 상자 안에 가두고 쥐의 행동을 관찰하였는데, 쥐는 시행착오를 거듭하다가 결국 상자 안쪽의 지렛대를 누르면 저절로 먹이가 나오게 되어 있는 원리를 학습하게 되고 먹이가 필요할 때 지렛대를 반복적으로 누르게 되었다. 이는 동물의 행동이 먹이에 의해 강화되는 구체적인 사례이다.

| 그림 4-4 | 스키너 박스(Skinner box) 안의 쥐

스키너는 이렇듯 고전적 조건형성과는 달리 유기체는 주어진 자극에 단순히 기계적으로 반응하는 것이 아니라 능동적·적극적으로 반응하는 자발적 존재임을 가정하고 유기체의 능동적인 반응과 그 결과에 강조점을 두었는데 이를 조작적 조건형성(operant conditioning)이라고 한다.

그는 인간 학습자에게 이 원리를 적용하면 학습과정에서 바람직한 행동을 할 때 학습자가 원하는 것을 제공하면 바람직한 행동이 늘어나게 될 것이라고 예측하였다. 즉, 학습자의 반응에 대해 강화(reinforcement)함으로써 반응의 빈도를 높일 수 있다고 주장하면서 학습에 있어서 강화의 중요성을 강조하였다. 그러나 학습자의 바람직한 행동에 대해 외재적 강화를 남용하기보다는 학습자의 특성, 수준, 상황 등을 고려하여 강화를 계획하고 조정할 필요가 있다. 같은 맥락에서 '벌(罰, punishment)'의 개념도 사용된다. 벌은 강화의 반대로 어떤 반응을 약하게 하거나 제거하는 데 사용된다.

다양한 연구결과를 통해 벌을 주는 것보다는 강화가 훨씬 효과적임이 입증되고 있고, 벌의 비(非)교육적 영향에 대한 논란이 가중되고 있음에 비추어 가능한 한 벌보다는 강화를 적절히 이용하는 것이 좋다. 조작적 조건형성원리는 실제 교육 현장과 임상장면 등에서 많이 활용되고 있는데 행동수정,[2] 프로그램 학습[3] 등을 예로 들 수 있다.

2) 행동주의 학습이론에 근거하여 이상행동을 교정하고 수정하는 과학적 치료 방법으로 20세기에 미국을 중심으로 크게 발전하였다.

3) 행동주의적 학습이론을 교육의 실천분야에 응용하여 하나의 학습과제의 내용을 작은 단위로 나누어 학습자가 단계적으로 학습할 수 있도록 함으로써, 누구나 학습목표에 쉽게 도달할 수 있도록 제작한 개별학습의 한 형태이다.

2) 인지주의 학습이론

인지주의 학습이론은 인간은 외부에서 주어지는 정보를 취사선택·저장하고 처리하며, 계획을 세우고 의사를 결정할 수 있는 존재라는 점과 이 정보의 처리과정을 설명하려는 학습이론이다. 마음의 상태가 변화하는 것을 눈으로 볼 수 없기에 행동주의 학습이론은 눈으로 보이는 행동의 변화에 관심을 두었다. 이와는 반대로 마음의 상태에 관심을 둔 학자들은 학습에 대한 인지적인 접근을 주장하였다.

인지(cognition)란 외부에서 주어지는 감각자극을 여러 가지 양식으로 전환시키고, 부호화하고, 기억 속에 저장하며, 뒤에 가서 상기해 내는 일련의 정신과정을 말한다. 인지에 대한 연구는 행동주의의 협소성에 대한 반발에서 나타났다. 인간의 행동을 단지 자극입력과 반응산출로 보는 것은 단순한 행동에는 적절할 수 있으나 인간기능의 여러 가지 흥미 있는 측면을 무시한다고 주장하여 행동주의와는 상반된 주장을 내세웠다.

(1) 형태주의 심리학

인지심리학적 접근은 형태주의 심리학(gestalt psychology)에서부터 시작되었다. 1900년대 초에 독일에서 등장한 형태주의 심리학은 지각에 미치는 의식작용에 관심을 가져, 단순한 기하학적 도형으로부터 어떻게 천사나 악마와 같은 의미 있는 형태로 지각하는가에 관심을 두었다. 이들은 인간의 지각을 원자론적 요소들의 연합이 아니라 지각하게 되는 모든 것들의 관계 속에서 전체적이고 상대적인 것으로 보았다.

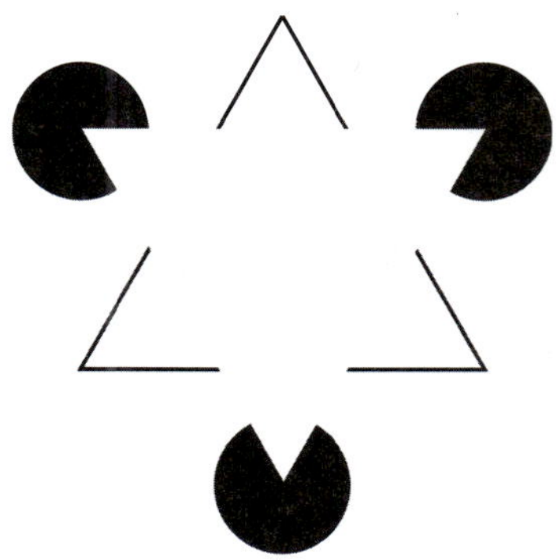

| 그림 4-5 | 형태주의 심리학의 예

도형을 이렇게 배열해 놓으면 존재하지 않는 흰 삼각형의 모습이 보인다.

독일어의 '게슈탈트(gestalt)'라는 말은 '형태'로 번역되고 있으나, 원래 이것은 '조직된 전체'라는 뜻이다. 여기에서의 전체는 부분들의 단순한 산술적 종합이 아니라 그 이상의 것이며, 부분들은 전체 내에서 관계를 가질 때 의미를 가지게 된다고 본다. 그렇기 때문에 형태주의 심리학자들은 자극의 능동적 처리자로서의 정신과정이나 구조를 인정하였다.

| 그림 4-6 | 형태주의 심리학의 예

루빈의 화병(Rubin's Vase)이라는 그림으로, 그림의 검은 부분을 먼저 지각하는가, 흰 부분을 먼저 지각하는가에 따라 사람의 옆모습도 보이고 꽃병도 보이게 된다.

(2) 통찰학습

형태주의 심리학자들은 학습자가 정보를 이해하기 위해 자료를 능동적으로 재구조화하며 상호관계의 맥락 속에서 전체를 지각한다고 주장한다. 이를 연결한 이론이 통찰학습이론(insight learning theory)이다. 앞서 행동주의 학습이론에서 보면 행동은 무수한 시행착오나 강화에 의한 결과라고 하지만 통찰학습이론에 의하면 인간의 어떤 행동은 그가 통찰한 결과이다. 학습자가 문제 상황에 처하게 되면 문제해결을 위한 다양한 요소와 방법들을 먼저 생각해 보고 문제해결을 시도하게 되는데, 이러한 인지적 시행착오를 거쳐 통찰(insight)을 얻게 되고 결국 문제해결은 통찰에 의해 이루어진다는 것이다.

통찰학습이론을 설명하는 데에는 쾰러(Köhler)의 침팬지 실험이 대표적이다. 쾰러는 행동주의 심리학에 대한 수용을 거부하면서 침팬지를 연구하면서 시간을 보내던 중, 침팬지가 통찰을 이용하여 문제를 해결한다는 것을 발견하였다. 높은 곳에 과일을 매달아 놓았더니 많은 침팬지들이 손을 뻗어 과일을 잡으려 몇 번 시도하다가 실패하자 주변을 둘러보고는 사용할 수 있는 막대기를 발견하고 이를 사용해서 과일을 손에 넣었다. 시행착오를 별로 거치지 않고 바로 문제를 해결하는 점, 주변에 이용할 대상이 있는지 둘러보고 '생각'하는 점 등을 보고 쾰러는 학습은 항상 시행착오에 의해 이루어지는 것이 아니라 과거에 학습한 적이 없는 새로운 관계를 지각의 재구조화를 통한 인지구조의 전환과정, 즉 통찰에 의해 파악이 가능하다고 설명하였다.

이런 통찰이란 '아하 경험(aha experience)'이라고도 한다. 마치 고대 그리스의 아르키메데스(Archimedes)가 왕이 명령한 문제를 풀기 위해 고민하다가 탕 속에 들어가서 물이 밖으로 넘치자 너무 기쁜 나머지 뛰어나와 '유레카(Eureka)'라고 외쳤다는 것과 비슷하다.[4] 인간의 학습은 이처럼 문제의 파악 → 숙고과정 → 통찰 → 해법의 과정을 거치게 된다.

| 그림 4-7 | 아르키메데스가 문제의 해법을 발견하는 순간

4) 유레카(Eureka)란 "깨달았다"라는 의미로 아르키메데스가 문제의 해법을 발견하고 기쁨에 겨워 한 말로 알려져 있다. 그는 왕으로부터 새로 만든 왕관이 순금인지, 은이 섞였는지를 밝혀내라는 명을 받고 자신이 욕조에 들어갔을 때 물이 자기 몸의 부피만큼 밖으로 넘치는 것을 보고 부력의 원리를 깨달았다. 왕관의 무게와 똑같은 금덩어리와 은덩어리를 만들고 각각을 물에 넣었더니 은덩어리를 넣었을 때 금덩어리를 넣었을 때보다 많은 양의 물이 넘치는 것을 보여준 후 왕관을 물에 넣자, 은덩어리를 넣었을 때와 비슷하게 많은 양의 물이 넘쳐흐르는 것을 보여주며 왕관이 순금이 아니라 은을 섞어 만든 가짜였음을 증명하였다.

통찰학습이론을 지지하는 학자들은 학습은 전체적으로 학습자에게 의미가 있어야 한다고 강조하면서 단순하게 기계적으로 암기하는 것은 금방 잊히고 새로운 상황에 전이가 불가능한 반면, 전체적인 구조에 대한 이해를 통한 문제해결은 쉽게 잊히지 않을 뿐더러 전이가 가능하다고 주장하였다.

(3) 정보처리이론

정보처리이론(information processing theory)은 인간이 얻은 정보를 어떻게 지각하고 이해하여 기억하는가를 컴퓨터의 정보처리 과정에 비유하여 설명하는 이론이다. 학습자의 두뇌에 들어온 정보는 인지체계(cognitive system) 내에서 우선 감각등록기(sensory register)라는 곳에 최초로 저장되며 이 정보가 처리되지 않으면 곧바로 잊힌다. 감각등록기에 들어온 정보 중 선택적으로 집중해서 기억하고자 한 것은 단기기억(short-term memory)으로 이동하는데 여기에서는 정보의 저장과 처리가 동시에 이루어진다. 이 중 또 일부의 기억만이 장기기억(long-term memory)으로 이동하는데 장기기억의 용량은 무제한이고 언제든 인출이 가능하지만 정보가 장기기억으로 이동하는 데 모종의 인지전략(cognitive strategies)이 필요하다는 점이 관건이다. 이러한 정보처리의 진행과정을 도식으로 나타내면 다음의 그림과 같다.

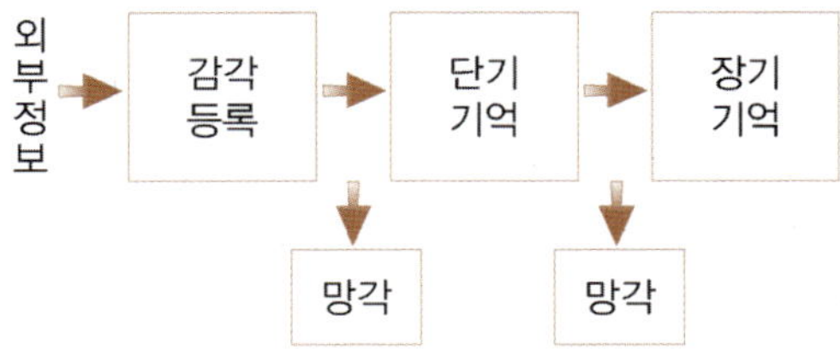

| 그림 4-8 | 정보처리과정

단기기억에서 장기기억으로 이행되도록 사용할 수 있는 인지전략 중 몇 가지를 소개한다.

- **묶기**(chunking) : 정보 항목들을 유의미하고 큰 단위로 결합한다.

- **부호화**(encoding) : 정교화,[5] 심상[6] 등으로 기존의 정보에 새로운 정보를 연결하여 정보를 유의미하게 한다.
- **시연**(rehearsal) : 정보를 소리 내어 읽든지 되풀이하여 반복한다.

이런 전략은 교사로 하여금 그가 학습자에게 유의미하게 제시하는 정보, 즉 학습내용을 학습자가 장기기억으로 저장하도록 하는 방법을 고안하는 데 시사점을 준다.

3. 발달과 개인차

교육의 대상인 인간은 수정란에서 새 생명이 시작되는 순간부터 사망에 이르기까지 연령의 증가와 더불어 신체의 크기, 외모, 기능 등이 변화해 가며 동시에 흥미, 태도, 행동양식, 신념 등도 계속 변화해 간다. 이런 발달적 변화(developmental change)는 작은 것에서 큰 것으로 진행하는 양적인 변화과정과 낮은 수준에서 성숙하고 높은 수준으로 진행하는 질적인 변화과정을 모두 포함한다. 모든 발달적 변화가 연령과 비례하는 것은 아니다. 이 장에서는 인지, 성격, 도덕성, 지능, 창의성의 발달에 대해서 다룬다.

1) 인지발달

(1) 피아제의 인지발달이론

피아제(Piaget)는 스위스의 심리학자로서 자기의 자녀들을 대상으로 하여 그들의 성장과정을 면밀히 관찰하고 분석하여 유아기에서부터 청년기에 이르기까지 망라할 수 있는 하나의 인지발달이론을 정립하였는데, 이는 도덕성, 언어 등 다른 영역의 발달에 관한 연구에도 중요한 영향을 미쳤다.

피아제의 이론에 따르면 인지능력의 발달은 아동과 그를 둘러싼 환경 간의 상호작용

5) 어떤 정보에 조작을 가하여 정보가 갖는 깊이와 폭을 심화시키는 전략이다.
6) 정보를 시각적 이미지로 만들어 기억하는 전략이다.

에 의해 단계적으로 성취되며, 발달단계의 순서는 변하지 않는다. 그가 인간의 인지발달을 설명하기 위해 사용한 개념을 몇 가지만 살펴보면 다음과 같다.

- **평형화**(equilibrium) : 인간이 생존하기 위하여 자신의 내부구조를 일정하게 유지하려는 본능적인 경향성으로 인간의 인지발달은 평형화 기제를 따른다.
- **도식**(scheme) : 정보를 받아들이고 적절히 반응하기 위하여 사용되는 지식의 틀, 또는 인지구조를 의미한다.
- **적응**(adaptation) : 주어진 자극에 대해 적합한 반응을 하는 것을 말한다. 적응에는 두 가지 하위과정, 즉 동화(assimilation)와 조절(accommodation)이 포함된다.
  - **동화** : 이전에 이미 확립된 도식(또는 인지구조)의 틀에 의거하여 현재의 대상이나 사건을 해석 · 이해하는 과정이다. 이전의 도식이 새로운 외부 정보를 받아들이기에 충분할 때에 동화가 일어난다.
  - **조절** : 기존의 정신체계, 즉 이전의 도식으로는 이해하기 충분치 못할 때에는 이전의 정신체계를 변형시켜 정보를 받아들일 수 있도록 하는 과정이다.

피아제가 주장하는 인지발달의 각 단계를 살펴보면 다음과 같다.

① 감각운동기(Sensory-motor Stage)

감각운동기는 출생에서부터 약 2세 사이로서 유아가 자신과 주위의 세계를 잘 구별하지 못하는 시기이다. 주된 인지활동은 반사행동이며, 이 반사행동을 지속하고 통합함으로써 의도적 행동이 가능해지는데 이때 초보적인 기억이나 기대감도 보인다. 이 시기가 끝날 쯤에는 자아개념이 나타나고 내면화된 감각운동 도식에 의해서 세계를 상징적으로 조작할 수 있는 능력을 가지게 된다.

감각운동기에 나타나는 가장 중요한 개념은 외부 대상물에 대한 대상영속성(object permanence) 개념이다. 이는 어떤 대상이 감각의 범위에서 없어진다고 하더라도 그 대상이 계속 존재한다는 것을 유아가 안다는 것이다. 예를 들어, 출생 후 4개월 된 유아는 손닿는 곳에 있던 장난감을 찾으려 하지도 않으며 마치 대상이 없어져버린 것처럼 포기해 버리지만 10개월 정도의 유아는 시야에서 사라진 대상의 존재를 알고 있으며 찾으려고 하고, 또 어떤 물건이었는지 기억하기도 한다. 또한 자신의 눈앞에서 보고 있던 장난감을 누가 다른 곳에 치워버리면 새로 옮긴 곳에서 장난감을 찾지 않고 이전에 그것이 있던 곳에서 사물을 찾으려고 한다. 그러나 생후 만 1년 정도가 경과하면 조금 전에 옮겨 새로 감추어 둔 곳에서 장난감을 찾을 수 있게 된다.

② **전조작기**(Preoperational Stage)

이 시기는 2~7세에 해당되며 외부대상의 이론적 조작능력이 없거나 충분히 발달되지 못한 시기이다. 눈에 보이는 외부사물의 지각적 속성에만 의존하고 규칙이나 법칙을 조작하지 못한다. 피아제는 이러한 사실의 존재를 보존개념(conservation)의 발달에 관한 실험을 통해서 설명했다. 보존개념이란 사물의 양은 그 모양이 변하거나 여러 다른 형태로 바뀌어도 전체 양은 변하지 않는다는 것으로, 예를 들면 일정량의 물을 담은 용기가 바뀌어도 물의 양은 바뀌지 않는다는 것이다(그림 4−9 참조). 이 시기의 어린이들은 주로 시각적 인상에만 의존하기 때문에 보존개념이 형성되지 못한 때이다. 보존개념에는 양 보존 개념, 무게 보존 개념 등이 있으며 양 보존 개념이 먼저 형성된다.

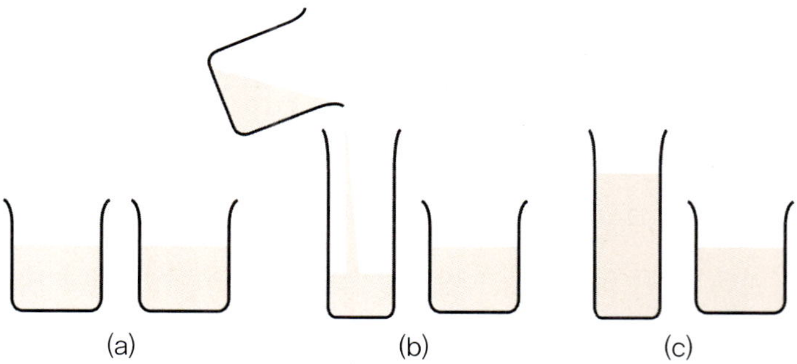

| 그림 4-9 | 양 보존 개념

전조작기의 또 다른 특성은 자아중심성(egocentrism)과 물활론적 사고(animism)이다. 자아중심성은 유아가 타인의 관점을 이해하지 못하고 외부대상에 대한 자기의 개념만을 인정하고 타인의 사고도 자기와 같다고 생각하는 것이다. 즉, 자기만 좋으면 되고 남은 생각할 필요가 없다고 보는 견해이다. 물활론적 사고는 모든 사물이 자신처럼 살아 있고 생각하며 느낀다는 견해로, 예를 들면 장난감을 때리면 아파할 것으로 믿는 것이다.

③ 구체적 조작기(Concrete Operational Stage)

이 시기는 7~12세에 해당하는 연령으로 보존개념들을 이해하게 되고 다른 논리적 조작도 하기 시작한다. 일련의 연속된 행위를 마음속에 표상할 수 있으며 물체를 높이나 무게에 따라 순서대로 나열할 수도 있다. 그리고 이때는 자아중심성이나 물활론적 사고와 같이 전조작적 사고 특징도 점차 사라지고 보다 어른스러운 사고를 하기 시작한다. 그러나 아직도 대상에 대해 구체적 조작에 의해서만 사고가 가능하고 구체적 대상이 없는 상상적 사고는 아직도 미숙하다.

④ 형식적 조작기(Formal Operational Stage)

이 시기는 12세 이상에 해당되며 이 시기에 이르러서야 어린이는 비로소 상징적 용어로 추론할 수 있게 된다. 어떤 실험을 위하여 가설을 설정하고 설정된 가설에 따라 검증하며 추상적인 개념을 사용하여 한 상황으로부터 다른 상황으로 일반화하고 추상적, 논리적, 비판적으로 사고하게 된다. 그리하여 형식적 조작기에는 조합적 사고(combinational thinking)가 가능하여 어떤 문제에 직면했을 때 가능한 해결책을 모두 다 고려해 본다. 아울러 이때는 연역적 사고(deductive thinking)도 가능하다.

(2) 비고츠키의 인지발달이론

비고츠키(Vygotsky)의 인지발달이론은 인지발달에 대한 사회-문화적 접근(socio-cultural approach)이라고도 한다. 피아제의 인지발달이론이 개인적이고 보편적이고 가치중립적인 데 비해 비고츠키의 인지발달이론은 아동의 학습능력 향상을 위한 교사의 역할에 보다 초점을 맞추고 있다.

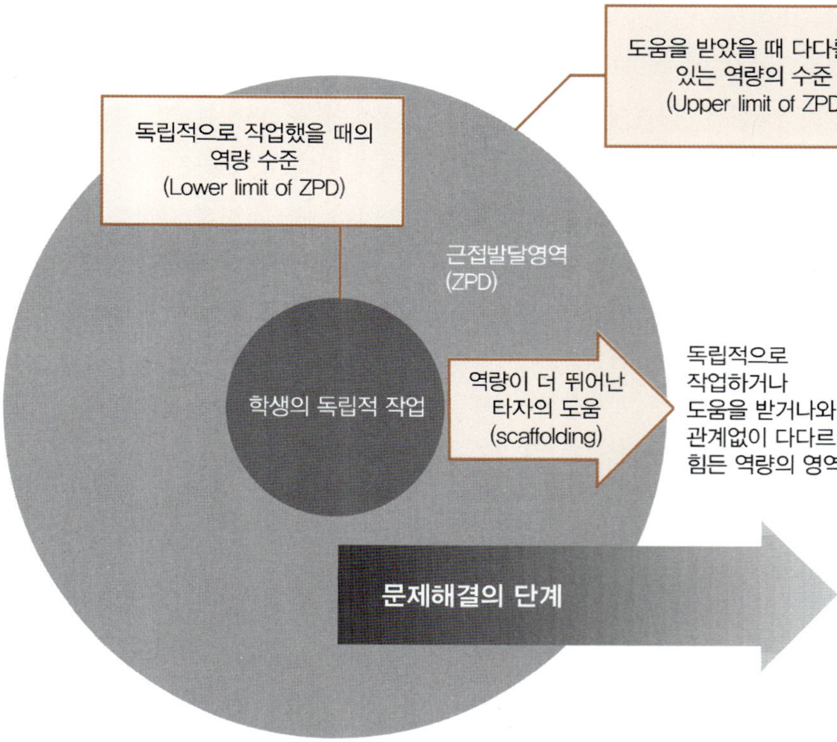

| 그림 4-10 | 비고츠키가 설명한 근접발달영역(Zone of Proximal Development : ZPD)

출처 : http://ictlogy.net

그중 대표적인 개념이 근접발달영역(Zone of Proximal Development: ZPD)이다. 근접발달영역이란 아동의 실제적 발달수준과 잠재적 발달수준의 거리로서 아동의 실제적 발달수준이 아동이 독립적으로 문제해결에 의해 결정되는 것이라면 잠재적 발달수준은 성인 또는 자신보다 능력 있는 동료의 안내나 협동에 의해 발달될 수 있는 능력수준이라고 본다. 그리고 학습자가 잠재적 발달수준에 닿을 수 있도록 조력하되 서서히 도움을 줄이면서 학습자가 스스로 달성하도록 하는 과정을 비계설정(scaffolding)이라고 한다.

비고츠키는 인지발달을 개인적으로만 설명하였던 피아제에 비해 인지발달이 개인과 사회의 상호작용에 의해서도 일어난다고 설명하였다. 즉, 인간의 인지발달은 그의 개인적인 내면적 측면(intra-psychological)과 상호작용에 의해서 이루어지는 사회적 측면(inter-psychological)을 다 가지고 있다는 것이다.

인지발달에 관한 사회적 측면은 어떤 사회가 능력을 무엇이라고 정의하는가에 따라 인지발달의 관심영역이나 수준이 달라질 수 있다는 논리를 포함한다. 즉, 학습능력은 사회와 인간과의 관계를 보는 눈에 따라 달라질 수 있다. 즉, 학습자가 지닌 능력은 그가 살고 있는 사회에 의해 '구성'되는 것이다. 능력, 성실성, 심지어는 장애의 유무까지 개인의 문제가 아니라 사회가 이에 대해 어떤 시각을 가지고 있는가가 문제인 것이다. 그래서 비고츠키의 인지발달이론은 '인지발달에 대한 사회-문화적 접근'이라는 이름을 얻은 것이다.[7]

이런 비고츠키의 이론적 시각은 교사들이 수업을 구성하는 데 실천적인 도움을 줄 수 있다. 학습자가 현재 발달수준에 안주하거나 계속 남의 도움을 받아 해결하도록 놔두지 않고 학습자의 인지를 발달시킬 수 있도록 비계(飛階)[8]를 설정하고, 상호작용을 포함한 정교한 교수-학습을 계획하고 실천한다면 학습자의 인지수준을 높일 수 있다. 그러려면 학습자가 가지고 있는 기존 경험에 기반을 두어 수업을 조직하는 한편, 학습자가 교사나 능력 있는 동료(capable peer)의 도움으로 자신이 발휘할 수 있는 능력의 최대치를 낼 수 있도록 수업을 조직해야 할 것이다.

2) 성격발달

(1) 프로이트의 성격발달이론

프로이트(Freud)는 오스트리아의 정신과 의사로서 환자에 대한 치료경험을 토대로 인간의 정신구조와 역동, 그리고 발달과정을 과학적으로 체계화하려 했다. 그의 정신분석학(psychoanalysis)은 이후 심리학 전반에 큰 영향을 미쳤다.

그는 인간의 마음을 하나의 '빙산(iceberg)'으로 비유하였다. 즉, 인간의 의식은 수면 위에 드러난 조그만 부분에 불과하며, 무의식(unconsciousness)은 수면 밑에 잠겨 있는 커다란 부분과 같다고 보았다. 따라서 인간의 수많은 행동, 느낌, 생각들을 이해하려면 무의식의 세계를 알아야만 한다. 정신분석을 통한 그의 치료는 환자가 의식하지 못하고

7) 피아제의 인지발달이론을 개인적 구성주의(individual constructivism), 그리고 비고츠키의 인지발달이론을 사회적 구성주의(social constructivism)라고 부르기도 한다.

8) 건물을 지을 때 임시로 설치하여 작업할 수 있도록 하는 발판 또는 가설물을 의미한다.

있는 무의식적인 원인들을 의식 속으로 끌어들여 이를 약화시키거나 제거함으로써 정신 병리적인 증상들을 해소시키는 것이었다.

| 그림 4-11 | 프로이트에 의해 물에 잠긴 부분의 빙산으로 제시된 무의식

한편 프로이트는 인간의 성격이 원본능(id), 자아(ego), 초자아(super-ego)라고 불리는 서로 상이한 역할과 기능을 가지고 있다고 하였고 이들을 형성하고 움직이게 하는 것을 생득적인 본능 에너지이자 성적 에너지인 리비도(libido)라고 하였다. 각각을 설명하면 다음과 같다(한상길 외, 2012).

- **원본능** : 원초적인 욕망으로 모든 정신 에너지의 저장소이다. 이곳으로부터 자아와 초자아가 분화되어 나온다. 원본능은 당장의 욕구 충족을 추구하는 본능에 충실한 쾌락의 원리(pleasure principle)를 따르며 원시적 · 무의식적 · 비합리적이다.
- **자아** : 현실의 검증자, 성격의 집행 및 통제자로서 원본능의 충동을 억제하고 도덕적인 성격의 초자아 사이에서 조정자 역할을 한다. 만일 자아가 약하면 세 체계 간의 조절기능을 수행하지 못해 합리적으로 대처하지 못하고 비현실적인 방법으로 긴장이나 불안감을 제거하려 하며, 자기보호를 위해 무의식적 · 심리적 기제인 방어

기제(defense mechanism)[9]를 사용하기도 한다.

- **초자아** : 자아로부터 발달하며 도덕적 이상, 양심, 완벽을 추구한다. 초자아는 사회문화적 규범이 내면화된 것으로 원본능의 충동을 억제하고 자아의 목표를 현실적인 것으로부터 도덕적인 것으로 유도한다.

인간은 일생을 통하여 정해진 일정한 순서에 따라 상이한 신체 부위에 리비도가 집중되는데 이렇게 리비도가 집중적으로 모이는 신체 부위를 성감대(erogenous zone)라고 하며, 이러한 성감대가 연령에 따라 옮겨가는 변화에 따라 성격의 발달단계를 기술하고 있다. 중요한 것은 각 단계에서 추구하는 성적 쾌감이 충분히 만족되지 않을 경우 다음 단계로의 발달이 순조롭게 진행되지 못하고, 이는 개인의 성격발달에 부정적이고 지속적인 영향을 미친다는 점이다. 각각의 단계를 살펴보면 다음과 같다.

① 구강기(Oral Stage : 출생~1세)

생존을 전적으로 타인에 의존하는 기간으로 리비도가 구강에 집중된다. 따라서 음식이든 장난감이든 거의 모든 것을 물고 빨고 삼키려 한다. 구강기의 충족감이 부족하게 되면 성인이 되어서도 좌절되었던 욕구를 늦게나마 충족하려고 손가락 빨기, 손톱 깨물기, 수다, 흡연, 음주, 과식 등의 습관을 갖게 될 수 있다. 또한 이 시기에 충분한 사랑을 받지 못하면 의존성이 강한 성격이 되고 이는 흡연, 음주, 약물 등에의 의존으로 이어질 수 있다.

② 항문기(Anal Stage : 1~3세)

리비도가 항문 주변에 집중되는 시기로 대소변을 참았다가 배설하는 행위에서 쾌감을 얻는다. 이 시기의 배변 훈련에서 부모가 너무 엄격하면 성인이 되어 항문기적 성격을 가진 성인, 즉 강박성, 완벽주의, 죄책감 등의 특성을 보일 수 있고, 배설의 쾌감에 고착될 경우 난폭하거나 가학적(sadistic) 또는 피학적 성격(masochistic tendency)을 보일 수도 있다.

9) 방어기제의 종류로는 합리화(rationalization), 억압(repression), 승화(sublimation), 투사(projection), 퇴행(regression), 백일몽(day dream), 반동형성(reaction formation), 부정(denial), 동일시(identification), 보상(compensation), 고립(isolation) 등이 있다.

③ 남근기(Phallic Stage : 3~5세)

성감대가 성기로 옮겨가는 시기로서 성기를 만지거나 자극함으로써 쾌감을 얻는다. 남아는 자신의 성기를 힘과 우월성의 상징으로 보고 여아는 남근선망(penis envy)과 더불어 열등감을 가질 수 있다. 이 시기의 특징 중 하나인 오이디푸스 콤플렉스(Oedipus complex)는 남아가 어머니에 대하여 강한 성적 매력을 느끼지만 아버지에 대해서는 애정의 경쟁자로 생각하여 적대감을 느끼는 현상이다. 한편 여아는 아버지에게 성적 매력을 느끼고 어머니를 경쟁자로 여겨 적대감을 느끼는데, 이런 현상을 남아의 상황과 구별하는 의미에서 과거에는 엘렉트라 콤플렉스(Electra complex)로 불렀지만 지금에 와서는 모두 오이디푸스 콤플렉스라고 통일해서 쓴다.

④ 잠복기(Latency Stage : 6~12세)

성적 충동이 억압되어 평온한 상태를 유지하는 시기이다. 성적 욕구가 무의식 속에 잠복되고 동성에의 관심이 생기며 사회적으로 인정되는 지적 활동이나 운동 등 육체활동에 많은 관심을 보이며 열중한다. 또한 관심이 가족에서 확장하여 친구나 교사, 기타 성인에게로 확대되어 이들과 긴밀한 관계를 형성한다. 잠복기에 고착되면 나중에 이성과 있을 때 안정감을 느끼지 못하는 등 이성관계의 어려움을 겪을 수 있다.

⑤ 성기기(Genital Stage : 12세~)

발달단계의 마지막 시기로서 이 시기 이후로는 이성과의 신체적 · 정신적 교류가 가능하다. 이 시기에 생기는 호르몬의 변화로 급격한 신체적 변화를 경험하게 되며, 이런 변화에 따라 그간 잠복해 있던 리비도가 성기에 집중되면서 이성과의 성행위를 추구한다.

프로이트의 성격발달 이론은 초기 경험의 중요성, 특히 다섯 살까지의 경험이 성격발달에 결정적 영향을 준다고 주장함으로써 성격의 기초를 형성하는 데 있어서 부모의 양육태도가 무엇보다도 중요하다는 교육적 시사점을 제공하였다. 또한 인간행동의 무의식적 결정요인을 강조함으로써 성격 연구에 획기적인 전기를 마련해 주었으며 그의 견해는 심리학, 심리치료, 유아교육 등의 분야에서 널리 활용되어 왔다.

그러나 성격발달에 있어서 사회문화적 영향을 간과한 점, 성격발달에 있어서 성적 욕구만을 지나치게 강조한 점, 성격발달의 결정적 시기로서 5세까지의 초기 과정만을 지나치게 강조하고 청소년기나 성인 이후의 성격발달 가능성을 간과하였다는 점 등에서 비판을 받고 있다(한상길 외, 2012).

(2) 에릭슨의 심리사회적 발달이론

에릭슨(Erikson)은 프로이트의 딸이자 정신분석학자였던 안나 프로이트로부터 정신분석 훈련을 받으며 프로이트의 영향을 받게 되고 이를 자신의 성격발달이론에 반영하였다. 그러면서도 자신의 성격이론을 학습과 사회적 상호작용에 바탕을 두어 생물적 성향에 이론의 바탕을 둔 프로이트와는 차별성을 가진다. 즉, 에릭슨은 인간이 출생해서 사망하기까지의 생활단계가 어떤 선천적 자질을 가진 개인과 그가 속한 사회의 상호작용으로 이루어진다는 것을 강조하였다. 이런 점에서 에릭슨의 성격발달이론을 심리사회적 발달이론(psychosocial developmental theory)[10]라고 부른다.

프로이트 성격이론과의 대표적인 유사점은 발달단계의 보편성을 지지한 측면이다. 에릭슨의 심리사회적 발달이론은 프로이트의 성격발달이론과 마찬가지로 문화에 관계없이 보편적이며 단계의 순서가 고정되어 있다고 설명한다. 즉, 선천적 자질과 환경의 영향에 따라서 개성의 차이가 있기는 하지만 대체로 사람마다 거쳐야만 하는 공통된 단계가 있다고 가정한 것이다. 각 단계에는 개인이 해결해야 할 문제들이 도사리고 있어서 그것이 성공적으로 해결이 되면 좋은 인품의 소유자로 성장하고, 잘 안 되면 반대 현상이 나타난다는 것이 그의 주장이다.

따라서 그의 이론의 특성은 각 단계에서 인간이 겪어야만 하고 겪을 수밖에 없는 위기를 서로 대립되는 양극(polarity) 개념으로 설명한다는 점이다. 즉, 각 단계마다 어떤 특정 과업을 설정하고 그것을 이루어 내느냐 그렇지 못하느냐에 따라 발달의 정상적인 측면과 비정상적인 측면을 대비시켜 설명하고 있다. 그리하여 발달단계에서 부정적이거나 비정상적인 면이 더 부각될 때 건전한 발달에 어려움이 나타난다는 것이다.

---

10) 에릭슨은 8개의 발달단계를 제시했는데 개인은 자신만의 예정표가 있기 때문에 각 단계를 엄격한 시기로 규정하는 것은 잘못이라고 하였다. 그리고 각 단계는 완전히 끝나버리는 것이 아니라 전 단계는 다음 단계에 영향을 미친다고 설명하였다.

〈표 4-1〉 에릭슨의 성격발달단계

발달단계	결정적 시기	주요 관계 대상	주요 발달과업과 사회문화적 역할	긍정적 해결 시	부정적 해결 시
기본적 신뢰감 대 불신감 (basic trust vs. mistrust)	출생~1년	어머니, 주 양육자	• 신체적·심리적 욕구 충족 • 일관성 있는 양육태도, 보호와 애정 및 관심	신뢰감, 낙천성, 희망	불신감, 두려움
자율성 대 수치심 및 회의감 (autonomy vs. shame & doubt)	2~3세	부모	• 배변 훈련, 걷기, 언어발달 • 자율적 행동을 격려하고 적절한 도움	자율성, 의지력	수치심, 회의감
주도성 대 죄책감 (initiative vs. guilty)	4~5세	가족	• 목표지향적 행동, 도덕의식의 발달 • 주도성을 발휘할 기회와 자유를 제공하고 칭찬, 격려	주도성, 솔선성	죄책감, 무가치감
근면성 대 열등감 (industry vs. inferiority)	6~11세	이웃, 학교	• 인지적·사회적 기술 습득 • 성공 경험, 긍정적 기대, 성취 기회의 제공과 격려, 인정	근면성, 지적·사회적 능력	열등감, 무능감
정체감 대 역할혼미 (identity vs. role confusion)	12~18세	또래, 교사, 영향력 있는 타인	• 자아정체감의 확립 • 정서적 안정과 바람직한 성역할 모델 및 정보 제공, 조언	자아정체감 성실성	역할혼미, 갈등, 불확실성
친밀감 대 고립감 (intimacy vs. isolation)	19~24세	친구, 배우자	• 원만한 인간관계 및 공유된 정체감 형성, 배우자 선택 • 자신과 타인에 대한 이해, 타인과의 친밀한 관계 유지	친밀감, 사랑, 우정	고립감, 두려움, 소외
생산성 대 침체성 (generativity vs. stagnation)	25~54세	직장 동료, 자녀	• 자녀 양육 및 후세대 양성 • 직업적·학문적·예술적 성취, 사회봉사	생산성, 보호, 배려	침체성, 이기주의
통합 대 절망감 (integrity vs. despair)	55세 이상	인류	• 인생의 음미 • 자기완성을 위한 노력 및 성취	충만함, 지혜, 만족	절망, 초조 공허함, 무의미감

출처 : 한상길 외(2012). 교육학개론. 경기 : 공동체.

에릭슨은 그가 1960년대 처음으로 심리사회적 발달이론을 주장했을 때는 이렇게 8단계로 성격발달 과정을 구분했으나 당시 평균수명인 60대를 기준으로 설정함에 따라 평균수명이 늘어난 현대사회에서의 노년기 발달 과정을 설명하는 데 한계가 있음을 후에 인정했다. 이에 따라 9번째 단계인 노년초월(gerotranscendence) 단계를 추가했다(Erikson & Erikson, 1998). 이 단계에서는 전 생애 동안 각 단계별로 긍정적인 쪽으로 잘 성취하였더라도 모든 단계에서 부정적인 쪽의 갈등을 경험할 수 있다고 설명했다. 8단계까지는 긍정적인 쪽을 앞에, 그리고 부정적인 쪽을 뒤에 제시했는데, 새로이 추가한 9단계에서는 이전의 모든 단계의 부정적 요소를 앞에 제시하며 이런 요소들을 수용하게 될 때 비로소 노년의 초월에 이르게 된다고 본다. 9단계에 이르러 물질적이고 이성적인 가치관에서 우주적이고 초월적인 상위관점의 시각으로 전환을 이루게 됨을 의미하는 것이 바로 노년초월이다.

에릭슨은 성격발달에 있어서 사회문화적 요인이 영향을 미치는 방식을 설명함으로써 성격발달이론에 새로운 전기를 가져왔다. 그러나 에릭슨이 주장한 것처럼 성격발달에 결정적 시기가 존재하는가에 대한 논란, 성격발달이 이처럼 고정된 순서로 일어나며 보편적인 것인지에 대한 비판 등도 제기되어 왔다(한상길 외, 2012).

3) 도덕성 발달

(1) 콜버그의 도덕성 발달이론

도덕성의 발달단계에 대해서는 콜버그(Kohlberg)의 도덕성 발달이론이 대표적으로 거론된다. 그는 도덕성의 발달도 인지발달단계처럼 단계적으로 발달해 간다고 보았다. 특별히 어떤 연령시기를 기준으로 발달단계를 설정하지는 않았으나 한 단계를 뛰어넘고 그 다음 단계로 도약할 수 없다는 점을 내세우며 한 단계 한 단계씩 발전해 나가며, 한 수준 높은 단계는 그 아래 수준의 도덕적 수준을 포괄한다고 보았다.

콜버그가 3수준 6단계의 도덕성 발달단계를 설정할 수 있었던 것은 모든 연령시기의 많은 사람들을 대상으로 한 연구의 결과였다. 콜버그는 여러 가지 도덕적으로 딜레마에 빠질 수 있는 상황을 설정해 놓고 사람들에게 어떤 행동을 취하겠는가에 대해 질문하였다. 그 질문 중 대표적인 것이 '하인즈(Heinz)의 딜레마'이다.

하인즈의 부인이 병에 걸려 죽어가고 있었다. 그 동네의 약사는 이 병에 특효약을 발명하였는데 무척 비싼 값을 요구하였기 때문에 하인즈는 그 약을 살 수가 없었다. 하인즈는 모아 놓은 돈을 모두 들고 약사를 찾아가 나중에 갚겠노라고 간청하였으나 약사는 들어주지 않았다. 그날 밤 하인즈는 약국에 침입하여 약을 훔쳤다.

이 질문을 던지며 콜버그는 '하인즈는 벌을 받아야 하는가?'라는 질문을 던졌고 사람들은 각기 다른 대답을 내놓았다(Kohlberg, 1958). 콜버그는 이런 사람들의 답변을 바탕으로 하여 그의 도덕성 발달단계를 체계화하였다. 콜버그의 도덕성 발달단계를 요약하면 다음의 〈표 4-2〉와 같다.

〈표 4-2〉 콜버그의 도덕성 발달단계

수 준	단 계	특 징
전인습적 수준 (pre-conventional level) (전도덕성)	1단계 : 처벌-복종 지향 약 3~7세	도덕성에 대한 개념이 있다고 보기보다는 처벌이나 보상과 같은 물리적 결과를 가지고 판단한다.
	2단계 : 개인적 보상 지향 약 8~11세	자신의 욕구 충족이 도덕 판단의 기준이며 타인도 자신과 같을 것이라고 생각한다.
인습 수준 (conventional level) (타율적 도덕성)	3단계 : 대인관계 지향 약 12~17세	타인이 어떻게 생각할지가 판단의 중요한 준거가 된다.
	4단계 : 법과 질서 지향 약 18세 이상	법, 규칙, 사회 질서에 근거한 도덕적 판단이 가능하다.
후인습적 수준 (post-conventional level) (자율적 도덕성)	5단계 : 사회계약 지향 (일반화)	사회 구성원의 합의가 중요하며 자유, 정의, 행복추구 등의 가치가 법보다 상위에 있다고 생각한다.
	6단계 : 보편적 원칙 지향	법과 제도 이전에 자신이 스스로 선택한 도덕원리, 양심의 결단에 따른 행위가 올바른 행위라고 인식한다.

교사들이 콜버그의 도덕성 발달단계에서 받을 수 있는 시사점은 5단계 이전에는 도덕성 발달단계에 일정 연령을 제시한 점이다. 즉, 해당 연령의 학생을 지도하고 있는 교사들이 연령에 따라 어떻게 도덕성 교육을 할 것인가에 대하여 생각해 볼 수 있다.

이렇듯 콜버그는 인간의 도덕성 발달에 관해 구체적인 발달단계를 제시하고 도덕성 교육에도 시사점을 제공하는 등의 공헌을 인정받고 있지만 도덕적 판단과 실제 도덕적 행위 간에 차이가 있을 수 있음을 간과한 점, 남성중심의 연구 자료에 근거하여 여성의 도덕성 발달에는 들어맞지 않는 측면도 있는 점 등에 있어 비판을 받고 있다(한상길 외, 2012).

(2) 길리건의 여성 도덕성 발달이론

콜버그와 같은 하버드 대학교의 교수였던 길리건(Carol Gilligan)은 콜버그의 도덕성 발달단계가 주로 남성의 입장에서 제시되어 있다고 지적하였다. 즉, 남성이 '정의'와 '권리'의 측면에서 도덕적 판단을 내리는 반면, 여성은 공동체적 '관계'와 타인에 대한 '배려' 또는 '책임'이라는 관점에서 도덕적 판단을 내리며, 이는 그저 서로 '다른' 것이지 어느 쪽이 어느 쪽보다 우위에 있다고 할 수 없다고 주장하였다.

길리건이 제시한 여성의 도덕성 발달단계는 전인습적(pre-conventional), 인습적(conventional), 탈인습적(post-conventional)이라는 3개의 단계로 나누어지며 그 사이에 과도기(transition)가 있다. 전인습적 단계는 개인 생존(individual survival)을 지향하는 단계로 자기 자신을 돌보는 것에 몰두하며 자신의 필요와 타인의 필요가 상충할 때는 자신의 필요를 선택한다. 제1과도기는 이기심에서 책임감으로 변화하는 단계로(from selfishness to responsibility) 처음으로 타인에 대한 책임감을 느끼고 자신과 타인의 연관성을 깨닫기 시작한다. 인습적 단계는 자기희생으로서의 선(goodness as self-sacrifice)을 추구하는 단계로 자기 자신보다는 타인을 향한 책임감에 집중하며 타인을 돕고 보호하는 것을 좋은 사회 구성원으로서의 역할로 여기며 자기를 희생해서 타인의 필요를 채우고자 한다. 제2과도기는 선에서 진실로 가는 단계로(from goodness to truth) 타인의 요구와 자신의 요구 사이에 균형을 맞춰야 함을 깨닫는다. 사회에서 요구하는 타인에 대한 책임감이 아니라 여성 스스로 가진 진실한 욕구로서의 진실을 추구하며 변화하기 시작하는 과도기이다.

마지막 탈인습적 단계는 비폭력의 도덕성(morality of nonviolence)으로 자신의 필요와 타인의 필요 사이에서 상호의존적인 관계를 인지하고 균형을 맞출 수 있는 단계로, 모든 사람들이 도달할 수 있는 단계는 아니다.

4) 지능발달

지능(intelligence)은 일반인들에게도 친숙한 인간의 심리적 특성의 하나이다. 인간의 심리적 특성을 수량화하기 위한 심리학자들의 노력이 가장 잘 드러난 영역이 바로 지능이다. 그러나 아직도 '지능'이 무엇을 의미하는가에 대한 학자들의 입장은 일치하지 않으며 많은 연구가 여전히 진행 중이다. 여기서는 지능검사로 대표되는 기존 지능이론과 최근 주목을 받고 있는 다중지능이론에 대해서 알아본다.

(1) 기존 지능이론

지능에 대해서 가장 많이 알려져 있는 것은 지능검사이다. 교육과 관련을 맺고 있는 많은 사람들이 현재 개발되어 있는 지능검사의 결과를 학교에서의 학업성취 가능성을 측정하는 도구로 인정하고 있다.

지능검사에서 다루는 정신적 능력들은 다양하지만 주로 추상적 사고력, 판단력, 추리력, 통찰력 등의 고등정신능력이 주를 이룬다. 서스톤(Thurstone)은 인간의 지능을 언어 이해력, 언어 유창성, 수리력, 공간 지각, 기억, 추론, 지각 속도로 구성되어 있다고 했는데 이는 현행 지능검사가 측정하고 있는 요인과 비슷하다.

여기에 학습능력이나 문제해결력 등까지 포함하는 학자도 있다. 카텔(Cattel)이 제시한 유동성 지능(fluid intelligence)과 결정성 지능(crystallized intelligence)의 분류가 대표적이다. 유동성 지능은 주로 청소년기까지 지속적으로 확장되며 결정성 지능은 학습이나 경험을 통해 습득하는 문제해결력으로서 나이가 들어서도 계속적으로 발달할 수 있는 가능성이 있다.

지능검사는 주로 IQ(Intelligence Quotient)라는 단어로 우리의 삶에 영향을 미치고 있다. 마치 IQ가 지능의 대명사인 것으로 알려져 있는 것이다. 그러나 원래 IQ는 약 100년

전 프랑스의 교육학자 비네(Binet)가 의무교육을 성공적으로 받을 수 있는 아동과 그렇지 못한 아동을 구분하기 위해 개발한 것에서 시작된 것으로서, 한 아이가 자기 또래의 평균치에 비해 얼마나 앞섰나, 뒤처졌나를 통계치로 적은 수치일 뿐 총체적인 두뇌능력을 알려주는 데에는 한계가 있다. 또한 비슷한 IQ 검사를 계속 응시하면 점수가 높아질 수 있고, 또는 아동에 따라 어릴 때는 IQ 점수로는 두각을 나타내지 않다가 늦게 꽃피는 '대기만성형'도 있을 수 있다. 따라서 IQ는 두뇌의 총체적 능력을 측정하는 개념과는 거리가 멀다는 측면을 이해할 필요가 있다.[11]

(2) 다중지능이론

20세기 후반에 접어들면서 지능을 보다 다원적인 실체로 이해해야 한다는 주장이 일어났는데 그중 하나가 다중지능이론(Theory of Multiple Intelligence)이다. 다중지능이론은 가드너(Gardner)에 의해 제시된 이론이며, 인간은 여러 개의 얼굴을 가지고 있다는 전제에서 출발하고 있다. 그는 지능이 높은 아동은 모든 영역에서 뛰어나다는 종래의 이론을 비판하고, 인간의 지적 능력은 서로 독립적이며 서로 다른 유형의 능력으로 구성된다고 주장하였다. 또한 어느 특정 문화권에서 가치 있고 의미 있는 문제를 해결하고 산물을 창조해 내는 능력이 있다면 이것이 바로 지능이며, 이는 지능이 보편적인 것이 아니라 문화 의존적, 상황 의존적인 성질을 가진다는 점을 강조하였다.

그는 지능을 언어적(verbal/ linguistic) 지능, 논리－수학적(logical/ mathematical) 지능, 공간적(visual/ spatial) 지능, 음악적(musical/ rhythmic) 지능, 신체－운동적(bodily/ kinesthetic) 지능, 개인 간(interpersonal) 지능, 개인 내(intrapersonal) 지능, 자연탐구(naturalist) 지능의 8가지 종류로 분류하고 있다. 예를 들어, 피겨선수 김연아나 수영선수 박태환에게 뛰어난 지능은 무엇보다도 신체－운동적 지능일 것이며, 피아니스트 임윤찬에게서 가장 높은 지능은 음악적 지능일 것이다. 이처럼 학생들이 어떤 분야에서 다른 분야의 지능보다 높은 수준을 보일 경우 교사들은 개별적 또는 집단적 지도활동을 통해 도움을 줄 수 있다(Glanz, 2009 : 67-68).

11) 조벽, 새시대교수법 17호.

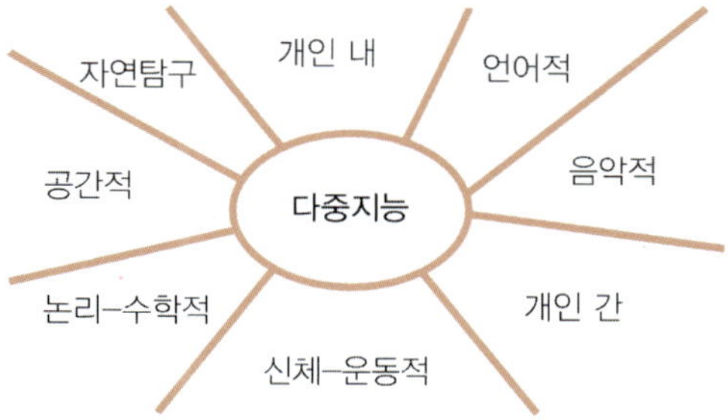

| 그림 4-12 | 8가지 다중지능

출처 : https://www.explorepsychology.com/multiple-intelligences/

- 언어적 지능이 높은 학생들에게는 언어를 다양하게 사용할 수 있는 기회를 부여한다. 예를 들어, 교사가 일기쓰기, 기록하기, 작문, 에세이, 단어게임을 실시하거나 독서에 대한 지도를 한다면 장래 기자, 작가, 시인, 법조인으로 크는 데 도움이 될 것이다.
- 논리-수학적 지능이 뛰어난 학생들은 추론을 잘하고 인과관계를 쉽게 설명하며 숫자에 강하므로 실험, 숫자게임, 비판적 사고의 기회를 마련한다면 이들은 미래 수학자, 과학자, 회계사 또는 컴퓨터 프로그래머로 자랄 것이다.
- 공간적 지능이 뛰어난 학생들은 그림이나 이미지로부터 사고하므로 예술적 활동이나 문제해결 활동을 수업에 도입하고 상상력 게임, 지도, 동영상 등을 수업에 활용한다면 이들이 미래 건축가, 사진작가, 예술가, 조종사, 또는 엔지니어로 성장할 것이다.
- 음악적 지능이 뛰어난 학생들은 음의 높낮이나 선율, 리듬, 음색 등에 민감하므로 이들에게 노래 부르기, 음악 감상, 음악적 게임, 청각적 자료, 악기를 다루는 활동을 제공하는 것은 이들이 장래 음악에 관련된 직업에 종사할 수 있도록 돕는 일이 된다.
- 신체-운동적 지능이 뛰어난 학생들은 자신의 신체나 사물을 다루는 데 뛰어나므로 다양한 체육활동, 드라마나 연극 활동, 그리고 사물을 직접적으로 다루는 활동들은 이들을 미래 체육인, 공예가, 의사 혹은 기계를 다루는 직업인으로 성장하도록 도움을 줄 수 있다.

- 개인 간 지능이 뛰어난 학생들의 관계중심 성향을 협력학습활동, 롤플레잉, 시뮬레이션, 그리고 타인을 가르치는 활동 등으로 키워줄 수 있다. 이런 학생들은 장래 타인과의 소통이 요구되는 직업, 정치가, 판매 담당자, 교사로 성장할 수 있다.
- 개인 내 지능이 뛰어난 학생들은 자기 자신에 대한 이해가 뛰어나므로 마찬가지로 다른 이의 욕구나 감정을 마치 자신의 것인 양 읽어낼 수 있다. 이런 학생들은 개별화된 교수, 독립적 학습, 그리고 성찰적 활동을 즐기므로 가능한 한 이런 활동을 제공한다면 이들이 상담가, 사회복지 관련 직업인으로 성장할 수 있도록 도움을 줄 수 있다.
- 자연탐구 지능이 뛰어난 학생들은 자신을 둘러싼 세계에 이해가 뛰어나다. 이들은 주로 야외나 밭, 정원 등에서 식물 및 동물과 시간을 보내기를 좋아하는데 이런 활동을 교육 중에 제공하는 것은 이들을 미래의 정원사, 식물학자, 동물관리 관련 직업인으로 성장하는 데 도움을 준다.

5) 창의성 발달

창의성(creativity)은 인간의 고차원적인 정신활동이라고 볼 수 있다. 모든 유기체는 자신의 주위 환경에 적응하려는 특성을 지니고 있다. 그러나 인간의 경우 단순히 환경에 순응하는 것에 만족하지 않고 환경 그 자체를 변화시키거나 새로운 환경을 만들어 냄으로써 자기 자신의 욕구를 충족시키려는 시도를 하게 되는데, 이때 나타내 보이는 인간의 지적 능력을 창의성이라고 할 수 있다. 지능이 정답을 찾는 능력이라면 창의성은 비관습적(non-conventional)인 답을 만들어 내는 능력을 말한다.

창의성의 실체에 대해서는 많은 연구가 진행되고 있으나 초기에는 대부분 지능에 초점을 두었다. 그러나 지능이 어느 정도 필요하기는 하나 지능이 높다고 반드시 창의적이지는 않다는 것이 일반적인 의견이다. 여기에서는 최근 자주 거론되는 통합적 모형 중 하나인 우반(Urban)의 4PE 모형 등을 소개한다. 우반은 창의성을 해결해야 하는 문제(Problem), 문제를 산출물로 만들어 가는 과정(Process), 창의성의 결과인 산출물(Product), 창조적인 작업의 수행자로서의 사람(Person), 그리고 마지막으로 창의성이 나타나기에 필요한 외부적 조건으로서의 환경(Environment)의 약자로 4PE로 나타낸 바 있다. 이 다섯 가지 요소가 상호작용할 때 비로소 창의성이 나타난다고 하였다(Urban, 1995). 한편 월러스(Wallas)는 자신의 저서 『The Art of Thought(1926)』에서 기존에 실시된 연구를 바탕으로 준비 단계(preparation stage), 부화 단계(incubation stage), 발현 단계(illumination stage), 검증 단계(verification stage)로 구분된 4단계 창의적 사고 과정 모델을 제안했다. 준비 단계는 첫발을 내딛는 준비 단계로 문제를 정의하는 단계에 해당한다. 그 과정에서 자유롭게 사고하고, 자료를 수집하고, 다양한 의견을 들으면서 다각적으로 문제를 분석한다. 부화 단계는 병아리가 되기 위해 닭이 알을 품고 있는 기간처럼 창의적인 결과의 탄생을 위한 잠복기에 해당한다. 준비 단계에서 몰입했던 문제에 대한 생각을 잠시 멈춤으로써 새로운 시각을 발견하거나 기존에 놓치고 있던 것들을 발견하는 등 무의식적 사고를 하면서 새로운 방법을 찾을 수 있는 단계이다. 발현 단계는 갑자기 나타나는 직관이나 통찰로서 문제에 관한 어떠한 해결책이 떠오르는 단계이다. 발현 단계가 언제일지 알 수 없으나 충분한 부화 단계를 거쳐야 다다를 수 있다고 본다. 마지막으로 검증 단계는 발현 단계에서 발견한 해결책이 적절하고 실효성과 장래성이 있는지 확인하는 단계로, 검증을 마치면 온전한 창의적 생각으로 문제에 적용할 수 있게 된다.

학생들의 창의성을 높이려는 교사들은 우선 전 세계적으로 어떤 사람을 인재라고 여기는지에 대한 이해가 선행되어야 한다. 과거에는 학생들에게 요구되는 답의 기준은 얼마나 배운 것을 그대로, 최대한 정확하게, 똑같이 따라 하느냐였다. 그러나 오늘날에는 배운 것을 얼마나 자신의 언어로 다시 표현할 수 있느냐, 얼마나 영역 간의 융합적 사고가 가능한가를 우수함의 증거로 본다.[12)]

교실에서 창의성을 제고하는 교육방법으로는 브레인스토밍 기법 중 하나인 스캠퍼기법(SCAMPER)이 있다. 대체하기(Subsititute), 결합하기(Combine), 응용하기(Adapt), 수정하기/ 확대하기/ 축소하기(Modify/ Magnify/ Minify), 다른 용도로 사용하기(Put to other uses), 제거하기(Eliminate), 반전하기/ 재배치하기(Reverse/ Rearrange)로 구성되어 이를 활용하여 창의성을 유도하는 방법이다.

12) EBS 뉴스. 창의인재 실종보고서 4편. '미시간대에선 누가 A+를 받나.' 2014년 12월 25일자.

초등학생 때부터 많은 학생들이 하루 10시간 이상을 학교와 학원에서 지식을 주입받고 있는 최근의 현실은 창의적인 인재가 풍성한 미래를 바라볼 수 없게 만든다. '한국의 교육 제도는 산업화 시대의 인력을 만들어 내기 위한 것이다'[13]라는 미래학자 토플러(Toffler)의 날카로운 지적에 대해서 생각해 보고 수업에서 창의성을 제고할 수 있는 방법을 고려해 볼 필요가 있다.

13) http://www.brainmedia.co.kr/BrainEducation/14808

1. 초등학교에 입학하기 전 유아는 아직 도덕적 덕목이나 원리를 이해하기 어렵다. 이 시기의 유아에게 도덕성을 지도해야 하는 교사는 말보다는 행동으로 모범을 보여 지도해야 한다. 조별로 구체적인 유아 도덕성 교육 프로그램을 제시하고 설명해 보자.

2. 다양한 소질을 지닌 학생들이 자신의 능력을 키울 수 있는 교육이 현재 우리의 학교제도 안에서 이루어지고 있는가에 대한 비판적인 의견이 많다. 학교제도 내에서 학생들의 다양한 능력을 키우려면 어떻게 해야 하는지 토의해 보자.

3. '상자 밖에서 사고하라(Think outside the box)'라는 말은 창의성 교육을 이해하는 데 적합하다. 학생들에게 창의적 문제해결력을 길러주기 위해 학교 현장에서 할 수 있는 방법에 대해 조별로 브레인스토밍(brainstorming)하고 발표해 보자.

CHAPTER

05 교육의 사회학적 기초

1. 교육사회학의 개념
2. 교육을 바라보는 두 가지 사회학적 관점
3. 교사의 교육사회학적 이해

|개요|

교육사회학은 사회 속에서 이루어지는 교육에 관계된 다양한 개념들을 다루는 학문이다. 우선 교육의 기능에 대한 오랜 논쟁이 있는데, 학생들을 사회화시키고 사회의 필요한 자리에 배치한다는 긍정적인 측면과 계급의 재생산기제일 뿐이라는 부정적인 측면으로 나뉜다. 교사는 이런 논쟁을 이해하는 한편, 교육이 사회 속에서 가지는 다양한 기능을 여러 각도에서 이해하도록 노력해야 한다. 또한 학교 내에서 이루어지는 교사와 학생의 상호작용에는 사회의 각종 가치관들이 교사 자신을 통해 투영되기 마련이므로 교사들은 비판적인 시각을 가지고 이 과정을 성찰 및 분석해야 한다.

Chapter 05

교육의 사회학적 기초

1. 교육사회학의 개념

인간은 사회 안에서 태어나고 성장하므로 흔히 '사회적 동물'이라고 부른다. 교육은 인간이 사회 속에서 제대로 살아갈 수 있도록 하는 기능을 한다는 점에서 교육은 사회가 가지는 본질적 기능의 하나라고 할 수 있다.

교육사회학이란 사회학적 시각으로 교육이 갖는 사회적 기능을 분석하는 학문으로서 교사는 이 학문이 추구해 온 질문, 즉 교육이 갖는 사회적 기능 및 사회를 바라보는 관점 등에 대해 기본적인 이해가 필요하다.

1) 교육의 사회적 기능

교육이 갖는 사회적 기능은 사회화 기능, 사회 변화 및 혁신의 기능, 사회충원과 사회이동 기능 등이 있다.

(1) 사회화 기능

교육이 갖는 가장 중요한 사회기능 중 하나는 사회화(socialization)이다. 한 사회가 지속되려면 새로이 태어나는 세대가 그 사회에서 대대로 전해 내려온 '삶의 양식' 또는 '문화'를 전수받아야 한다. 어릴 때는 가정교육을 통해서 가장 기본적인 사회화가 일어나지만 어느 정도 성장하게 되면 사회화는 학교교육을 통해서 이루어진다. 학교에서 전수되는 '삶의 양식'이라는 것은 대체적으로 그 사회에서 일반적으로 합의된 것이다.

이런 의미에서 교육은 기존 사회를 유지하고 보존하며, 더 나아가서는 한 사회 속에서 바람직하고 공인된 행동을 권장하고, 비정상적인 행동에 대해서는 제재를 가하는 방식으로 한 사회를 유지 및 지속하도록 돕는 중요한 기능을 수행한다. 그러나 학교에서 어떤 것을 배워야 할 '삶의 양식' 또는 '문화'로 택하여 가르치는가에 따라 어떤 집단에 속한 학생들에게는 유리할 수도, 불리할 수도 있다.

(2) 사회 변화 및 혁신의 기능

교육은 한 사회의 유지를 위해서 새로운 구성원을 사회화시키고 문화를 전승하는 역할을 담당하기도 하지만, 다른 한편으로는 새로운 지식을 수용하며 한 사회를 변화시킬 수 있는 기반을 마련하기도 한다. 현대사회는 과거보다 더 자주 급격한 변화가 일어나므로 자라나는 세대는 현재 사회에 적응해야 할 어떤 것을 배우는 것보다는 앞으로 다가올 사회적 변화를 해결할 수 있는 문제해결력을 배울 필요가 늘어났다.

(3) 사회충원과 사회이동 기능

현대사회의 많은 직업들은 각각에 필요한 지식, 기술과 자질을 요구하며 한 사회 속에서 서로 다른 지위를 부여받는다. 그런데 이 지위의 부여에 학교교육이 긴밀하게 연관되어 있다.

오래전부터 학교교육은 인력의 선발 · 분류 · 배치 등의 기능을 담당해 왔다. 학교교육은 이러한 여러 가지 다른 요구에 맞게 학생의 능력, 적성, 흥미 등을 기초로 하여 인력을 선발하고 교육시켜 배치하는 기능을 가지는 것이다. 많은 직업들의 위세가 저마다 다르므로 교육은 학생들의 능력에 대한 평가를 통해 각 직업과 자리에 인원을 충원하게 된다.

또한 학교교육은 사회이동의 기능도 가진다. 학교교육을 통해 더 높은 사회적 계층과 지위로의 수직적 이동이 가능하다. 주의할 것은 학교교육을 통한 상향이동이 개인의 능력 때문인가 아니면 부모의 재력과 위세가 작용하는가에 대한 논란이다.

2) 교육사회학의 개념, 의의와 기능

앞서 본 것처럼 교육이 갖는 사회적 기능은 그 의미가 크다. 교육은 사회를 유지하는 하나의 굳건한 제도이자 사회를 발전시킬 수 있는 변화의 기폭제도 될 수 있으며 능력을 제대로 평가하여 개인과 집단의 상승이동까지 가능하게 한다.

교육사회학이란 사회학적 시각으로 교육이 갖는 사회적 기능을 분석하는 학문이다. 즉, 교육이 사회 속에서 이루어지는 구조, 과정, 실천을 분석하는 학문으로서 분석에 관련된 다양한 시각과 이론, 연구방법이 서로 경쟁하고 있다.

교육사회학의 시작은 그 명칭에서 알 수 있듯이 사회학적 근원을 가진다. 현대 사회학은 사회의 구조에 대해 관심을 갖는 것으로 출발하였다. 사회와 교육의 관계에 대해서 또는 사회에 대한 교육의 역할 등에 관심을 가지는 사회학자들이 생겨나면서 점차 교육사회학이라는 학문의 체계가 만들어졌다.

대체적으로 교육사회학자들은 학교와 교육이라는 체계를 거시적(巨視的) 또는 미시적(微視的)인 차원에서 이해한다. 학교와 교육을 거시적 관점에서 보는 방법과 미시적 관점에서 보는 두 관점은 차이점이 있지만 둘 다 학교와 교육의 발전을 추구한다는 점에서 공통점을 갖기도 한다. 거시적이고 사회학적인 관점에서 학교와 교육에 관한 문제를 사회학적으로 규명하는 순수 사회과학의 성격을 띤 쪽을 교육의 사회학(sociology of education), 그리고 사회학의 이론을 교육에 응용하여 교육현장에서의 정책 마련 등 실천을 강조하는 쪽을 교육적 사회학(educational sociology)으로 구분하여 부르기도 한다. 그러나 이 구별이 중요하다기보다는 둘 다 교육사회학이 관심을 가져야 할 분야라는 점이 더 중요하다. 즉, 존재하는 사회를 반영하는 학교사회에 대한 날카로운 분석도 필요하고 교육현장에서 정의(justice)와 평등(equality)을 실천하는 방법에 대한 고민 역시 교사들에게 유의미하다.

2. 교육을 바라보는 두 가지 사회학적 관점

교육사회학에서는 교육과 사회를 바라보는 시각은 대체로 두 가지이다. 하나는 교육으로 인해 기존 사회의 질서가 유지되고 있음을 긍정적으로 바라보는 쪽, 그리고 다른 하나는 교육이 불평등한 사회 속에서 불평등을 재생산하거나 심화시킨다고 보는 쪽이다. 앞의 시각을 구조기능주의(structural functionalism), 그리고 뒤의 시각을 갈등이론(conflict theory)이라고 부른다.

1) 구조기능주의

구조기능주의(structural functionalism)를 지지하는 사람들은 사회를 생물학적 유기체에 비유하여 각각의 부분이 전체의 생존을 위하여 필요한 기능을 수행한다고 설명한다. 예를 들어, 인간의 팔, 다리, 머리, 가슴 등이 각각 자신의 역할이 있으며 부분이 비정상적으로 작용할 때 정상으로 회복하려는 속성이 있는 것처럼 사회도 각 부분이 전체적인 안정을 유지하는 데 나름의 역할을 하며 어느 부분의 안정이 깨질 경우 이를 회복하려고 노력한다는 것이다.

따라서 구조기능주의를 지지하는 사람들은 한 사회를 '구조'와 '기능'이라는 측면에서 이해하려고 하며, 사회는 각 부분이 전체의 번영을 위하여 각자의 역할에 대한 합의(consensus)와 수행을 통해 전체의 안정 또는 통합(integration)을 추구한다(김병성, 1993). 이런 연유로 구조기능주의 이론을 질서유지이론, 균형이론, 그리고 합의이론이라고도 한다.

이런 관점에서 볼 때 교육의 역할은 한 사회의 문화를 유지 · 계승 · 발전하고 인재를 양성하여 사회 적재적소에 선발 · 배치하며 이 과정에서 자아실현과 계층상승의 기회를 제공하는 장치가 된다.

(1) 구조기능주의 이론의 이해

구조기능주의적 입장을 가진 사회학자 중 가장 대표적인 사람으로 뒤르케임(Durkheim)

을 꼽는다. 뒤르케임은 19세기 프랑스의 사회학자로 교육학과 학과장을 맡기도 하고 교육에 관한 저서[1]를 다수 저술하기도 하여 교육의 역할에 대해 큰 관심이 있었다. 그는 현대사회에서는 아노미(anomie) 현상[2]이 일어나기 쉽다고 하면서 교육이 프랑스 국민에게 공통된 기반을 가져다주는 기제로 작용하여 이런 아노미 현상을 막아줄 수 있다고 주장하였다. 뒤르케임 이후 그의 사상을 수용한 사회학자들에 의해 구조기능주의 이론이 정립되고 완성되었다.

구조기능주의자로서의 뒤르케임은 모든 사회가 해체되지 않고 지속되고 있는 이유는 사회질서 때문이라고 생각했고, 사회질서의 기초는 사회 구성원 간의 상호의존성과 합의에 있다고 하였다(Durkheim, 1956, 허정무 외, 2007 재인용). 그는 사회의 각종 기제들이 사회의 질서를 유지하는 데 각각 해야 할 역할에 대해서 관심이 있었다. 사회 내의 합의와 일치, 안정이 학교의 손에 달린 것으로 보면서 한편으로는 교육 내의 개인들의 이기심과 욕망들이 서로 다르므로 어느 정도 국가의 규제가 필요하다고 보았다.

미국의 사회학자 파슨스(Parsons) 역시 구조기능주의자로서 1940년대부터 1960년대까지 미국 사회학에 지배적인 영향을 미쳤다. 그는 학교의 긍정적인 기능을 주장한 대표적인 사람이다. 사회와 학교의 관계가 유기체적 성질을 지닌 것으로 보아 한 사회와 학교 사이에는 서로 연관성이 있는 동시에 독립성이 있다고 보았다. 그는 한 사회의 학교라는 제도가 사회화와 선발의 기능을 공식적으로 담당하기 때문에 한 사회가 유지되고 존속한다고 주장하였다.

학교가 담당한 사회화는 보편적 가치를 가르치며 인지적 측면과 인성적 측면을 모두 포함한다. 즉, 학생들은 지식과 기술에 관련된 인지적 측면과 존경심·협동·질서 등 인성적 측면의 성취도에 따라 계열이 분류되고 사회적 지위가 배분된다. 파슨스는 이런 선발과정에서 능력에 따라 사회적 지위를 배분하는 교육기회의 공정성을 강조하였다(김병희 외, 2010).

---

1) 그의 교육에 관한 저술 중 가장 영향력이 있는 책은 세 권으로, 『Education and Society』(1922), 『Moral Education』(1925), 그리고 『The Evolution of Educational Thought : Lectures on the Formation and Development of Secondary Education in France』(1938)이다.

2) 아노미(anomie) 현상이란 사회적 병리 현상의 하나로서 급격한 사회변동의 과정에서 종래의 규범(規範)이 약화 내지 쓸모없게 되고 아직 새로운 규범의 체계가 확립되지 않아서 규범이 혼란하거나 규범이 없는 상태로 된 사회 현상을 말한다. [네이버 지식백과] 아노미 현상[~現象, anomie phenomenon](이해하기 쉽게 쓴 행정학용어사전, 2010.11.23., 새정보미디어)

(2) 구조기능주의 이론 정리 및 분석

뒤르케임과 파슨스의 주장을 기초로 구조기능주의 이론을 요약 및 정리해 보면 교육과 학교는 꼭 필요할 뿐 아니라 정말 중요한 사회제도가 아닐 수 없다. 교육과 학교는 자라나는 세대를 사회화시키는 역할로 사회를 유지 · 존속시킬 뿐 아니라 장차 성인이 되어 담당하게 될 사회에서의 특정 역할을 위해 능력 있는 사람들을 선발 · 배치해 주기 때문이다. 즉, 교육이 사회라는 커다란 체제의 일부분이자 미래 세대를 키운다는 점에서 '사회발전의 원동력'이라는 긍정적 측면을 제시한다.

그러나 구조기능주의의 약점 또한 거론하지 않을 수 없다. 우선 사회 내의 개인과 집단 간의 대립과 갈등을 경시하고 통합성과 합의성을 지나치게 강조함으로써 변화와 개혁보다는 현상유지를 지지하여 학교교육을 규격화시켰다는 비판이다. 또한 교육의 선발 · 배치 기능이 정말 그들의 말대로 능력 본위로 공정하게 이루어지고 있는가에 대한 의문이 크다. 즉, 한 사회에서는 남들이 선망하는 직업이 있고 이 자리들을 채울 수 있는 능력을 가진 인원이 제한되어 있기 마련인데, 실제로는 교육을 통해 학생들이 자신의 능력을 공정하게 인정받고 좋은 직업의 획득으로 인한 계층 간 이동이 가능하게 되기보다는 부유한 사람들의 자녀들이 '교육'이라는 권위 있는 인정 기제를 통해 부모의 계층으로 진입하게 되는, 즉 계층 재생산(class reproduction)이 더 많이 이루어지고 있지 않은가 하는 것이다.

2) 갈등이론

갈등이론(conflict theory)의 출발점으로 여길 수 있는 학자가 바로 칼 마르크스(Karl Marx)이다. 마르크스 자신은 교육에 대해서 어떤 이론을 발전시키거나 제시하지는 않았으나 그의 이론 중 교육제도가 가지는 위상은 미루어 짐작할 수 있다. 그는 한 사회 내의 가장 중요한 기제는 경제이며 경제에 따라 사회 모든 다른 분야가 좌우된다는 입장을 취했다. 다시 말하면 사회의 다른 기제들은 약간의 결정력도 없다는 말이 되는데, 이런 견지에서 보면 교육은 경제적 재생산을 위한 시녀와 같은 역할을 하며 지배계층의 이익을 재생산할 뿐이다. 후일 마르크스의 이론을 계승한 학자들 중 다수는 이런 입장을 견지했으므로 이들의 이론을 일명 사회적 재생산이론(social reproduction theory)이라고도 한다.

갈등론적 관점의 이론들은 구조기능주의에서 제시하는 이상적인 교육, 즉 어떤 계층의 학생이든 학교에서의 학습을 통해 그 자신의 능력을 인정받아 원하는 직업을 성취하고 높은 사회계층으로의 진입이 가능하다는 주장이 왜 현실에서는 제대로 이루어지지 않는가에 주목한다. 즉, 같은 조건의 교육환경에서 같은 교육과정으로 교육을 받아도 왜 하류계층의 자녀는 성취도가 낮고 상류계층의 자녀는 성취도가 높은지에 대해서 의문을 제기한 것이다. 이런 결과는 교육이 지배계급이 소유한 제도이기 때문에 생긴다. 즉, 지배계급은 교육제도를 통해 학생들을 부모의 계급대로 '재생산(reproduction)'하며 이는 실제 학생들의 능력과는 크게 관계없다고 생각한 것이다.

갈등론자들은 이런 주장을 뒷받침하는 많은 증거들을 내어놓고 있는데 그중 하나를 예로 들자면 교육과정에 포함되어 있는 지식들이 대개 지배계급에 익숙한 지식들로 되어 있다는 것이다.

(1) 갈등이론의 이해

갈등이론을 주장한 학자들 중 우선 미국의 사회학자인 보울즈(Bowles)와 진티스(Gintis)를 꼽을 수 있다. 이들의 주장은 경제적 자본에 의한 경제적 재생산이론(economic reproduction theory)으로 불린다. 또한 프랑스의 사회학자인 부르디외(Bourdieu)는 문화적 자본에 의한 문화적 재생산이론(cultural reproduction theory)을 주장하였으며 영국의 사회학자 번스타인(Bernstein)도 비슷한 논리를 제시하였다.

① 경제적 재생산이론

보울즈와 진티스는 그들의 저서 『자본주의 미국사회에서의 학교교육(Schooling in Capitalist America, 1976)』을 통해 자본주의 사회체제 속 경제적 기제와 학교제도와의 관계에 주목하였다. 이들은 학교란 자본주의 경제체제의 모순을 은폐하고 심화할 뿐만 아니라 불평등한 사회구조를 존속시키고 심화시키는 기관이며, 자본주의 지배계급의 위치를 정당화시키는 도구라고 생각한다. 즉, 자본가 계급이 학교교육을 이용해서 자본주의 생산관계에서 필요한 지배-복종적 인간관계를 재생산한다고 주장한 것이다.

이들의 설명 중 대표적인 것이 대응원리(correspondence principle)이다. 보울즈와 진티스에 의하면 경제적 재생산과정은 학교와 작업장 사이의 대응관계를 통해서 자연스럽게 이루어진다. 대응관계(correspondence)라 함은 학생이 학교에서 배우는 대부분의 것들과 후에 이들이 자본주의 사회의 노동자로서의 역할에 필요한 지식 · 기술 · 태도가 서로 연결되어 있다는 것이다.

노동계급의 학생들은 학교에서의 거듭되는 실패를 통해 교육받은 기간이 짧은 경우가 많고 후일 육체노동이 기본이 되는 작업장으로 이동하는데, 그런 작업장에서는 권위에 순응하고 적극적으로 동기부여 되어 있는 노동력을 원한다. 따라서 초등학교에서는 권위에의 순응을 익히는 데 교육과정의 초점이 맞추어진다. 반대로 지배계급의 학생들은 적극적으로 고등교육을 희망함은 물론, 대다수가 좀 더 좋은 교육기관에서 수준 높은 교육을 받게 된다. 이 학생들은 남들을 감독하거나 지시하는 관리자의 위치에 서게 될 경우가 많은데, 높은 단계의 교육에서는 자율과 리더십을 강조하고 있으므로 이들은 고등교육 단계에서 이런 덕목을 익혀 직장으로 이동하게 된다는 것이다. 즉, 노동구조의 사회관계와 학교교육의 사회관계가 대응한다는 점에 주목하여 자본주의의 위계적 생산관계가 학교교육에 그대로 반영되어 있다고 본다.

② 문화적 재생산이론

보울즈와 진티스와는 좀 다른 방식으로 자본주의사회 교육의 재생산과정을 설명한 학자가 있다. 부르디외(Bourdieu)는 프랑스의 사회학자로서 그는 교육의 재생산과정을 좀 다르게 접근했다. 그는 계급 재생산을 위해서는 정치적 자본, 경제적 자본뿐만 아니라 좀 더 추상적이고 은밀한 기제가 필요하다고 보았다. 그는 이것을 문화적 자본(cultural capital)으로 보았다. 그는 인간은 일생 동안 교육 등을 통해서 문화적 자본을 축적하며 이를 통해 사회적으로 통용되는 권력을 구축한다고 생각했다. 즉, 교육제도를 인간이 문화적 자본을 구축하는 기제로 보았다.

신분사회였던 과거와는 달리 성취지위를 강조하는 현대사회에는 부모로부터 세습되는 신분이 존재하지 않는다. 그런데도 지배계층 또는 상류층은 좀처럼 바뀌지 않고 대를 이어 존재하는데, 그 이유는 이들은 다른 사람들이 좀처럼 따라오기 어려운 문화나 학문을 향유하고 이를 내세움으로써 '그들만의 리그(league of their own)'를 만들어 타인들을 배제하려 들기 때문이다. 부르디외는 이런 과정에 사용되는 문화적 자본을 아비투스(habitus)[3]라고 불렀다. 그런데 이런 문화적 자본의 전수가 교육을 통해 은밀하게 진행된다는 것이다. 부르디외는 서로 다른 계층의 학생들이 학교에서 서로 다른 결과를 가져오는 것은 단순히 그들의 개인 능력의 차이 때문이 아니라 그들이 소유한 문화적 자본이 다르기 때문이며, 학교는 지배계층의 문화를 교육과정에 그대로 반영함으로써 지배계층의 자녀에게 훨씬 유리하게 작용하여 재생산 통로가 된다고 하였다.

지배계층의 이런 아비투스가 학교교육으로 재생산되고 있는 점을 쉽게 찾아볼 수 있다. 예를 들어, 부르디외는 음악적 취향이야말로 자신을 타인과 구별 짓는 아비투스를 잘 보여준다고 생각했는데, 초등학교나 중학교의 음악시간을 떠올려 보면 이를 잘 이해할 수 있다. 클래식 음악이나 서양 악기에 대해서 수준 높은 지식을 가지고 있는 학생들은 대체로 잘 사는 집안의 자녀일 경우가 많은데, 학교에서 가르치는 음악 교과서들에는 대개 이런 것들을 중요한 지식으로 간주하고 있음을 볼 수 있다. 학교에서는 이런 분야에 대해서 힘들여 가르칠 시간과 자원이 부족하므로 결국 자신의 문화적 자본으로 이 분야의 성취를 거두는 학생들은 전체적으로 좋은 성적을 거두고 그렇지 않은 학생들은 낮은 성적을 얻는다. 이들의 성적은 성취지위로 연결되어 그대로 계급과 계층을 재생산하게 되는 것이다.

한편 영국의 사회학자 번스타인(Bernstein)은 사람들이 사용하는 언어와 계급에 주목했다. 영국의 중산층(middle-class)은 보다 분석적이고 추상적이며 논리적인 정교한 어법(elaborated code)을 사용하는 반면, 노동계층(working class)은 즉흥적이고 감정적이며 단순한 제한적 어법(restricted code)을 사용하고 있음을 발견했다. 이러한 언어 사용의 차이에 입각하여 학교에서는 주로 정교한 어법을 사용하기 때문에 제한적 어법을 주로 사용하는 노동계층 학생들의 학업성취도는 낮을 수밖에 없다. 결국 학교의 선발기능에 있어 노동계층 학생들은 탈락할 수밖에 없고 결국 학교를 통한 사회적 상향이동이 어려워진다. 이는 중산층 이상의 문화가 학교를 통해 재생산되면서 사회적 불평등을 계속 만들어 낸다는 주장이다.

---

3) 아비투스(habitus)란 프랑스어로 '습관'이라는 뜻을 가진다. 부르디외는 '자신을 남과 구별하는 방식을 만들고 그를 유지하는 습관'이라는 뜻으로 이 단어를 사용하였다.

(2) 갈등이론 정리 및 분석

보울즈와 진티스, 부르디외 및 번스타인의 주장을 기초로 갈등이론을 정리해 보면 아래와 같다.

갈등이론은 사회의 모든 요소들이 긴장 · 경쟁 · 갈등을 일으키는 원인이며, 갈등의 기본 원인은 사회계급 간의 권력 또는 경제적 부의 차이에서 비롯된다는 주장이다. 따라서 지배집단과 피지배집단 간에는 언제나 불일치와 갈등이 있고 이는 사회분열과 사회변동을 초래하기도 한다. 또한 사회질서 유지는 피지배집단에 대한 지배집단의 강제와 억압을 통해서 이루어진다는 주장이다.

갈등이론가들에 의하면 교육은 지배집단의 권익을 정당화하고 주입시켜 기존의 사회계층구조를 경제적으로, 그리고 문화적으로 재생산하는 데 주력하고 있다. 교육은 사회 · 경제적 배경, 그리고 문화적 자본에 의해서 사회계층이 재생산되는 불평등 구조를 정당화하는 역할을 담당하고 있다는 것이다. 따라서 학교는 객관적이고 중립적인 기관이 아니며 지배집단과 관련을 맺고 있다. 단순히 관련을 맺고 있는 정도가 아니라 지배집단의 이데올로기를 전수하는 곳으로, 불평등한 사회구조를 심화시키는 장치의 역할을 한다.

갈등이론이 기존 학교제도의 근본적인 문제점을 파악하여 교육학적인 관심을 제시한 것은 커다란 공헌이라 할 수 있다. 그러나 현존 교육제도에 대한 비판이 지나쳐 그것이 지니는 긍정적인 측면까지도 부정함으로써 기존 제도를 근본적으로 도외시한다는 한계 역시 지적할 수 있다(김신일, 1987).

3. 교사의 교육사회학적 이해

교사들은 학교와 교육제도에 대한 서로 다른 두 시각에 대해 어떤 이해를 가져야 할까? 정도의 차이는 있겠지만 교육은 그 제도가 속한 사회의 반영이라는 점을 인정한다면 서로 다른 두 시각의 측면이 다 존재하되 교사 개인의 신념과 입장에 따라서 어느 한쪽에 좀 더 공감할 것으로 생각된다.

많은 교육사회학자들은 교육이란 사회를 이끌어 가거나 변화시키는 기폭제가 되는 제도라기보다는 사회를 있는 그대로 반영하고 유지 및 존속시키는 기제라는 점을 수용하고 있다. 그러나 교육을 통해 정의롭고 평등한 사회를 만들어 나가려는 생각들 역시 유효하다. 특히 교사들은 매일 교육실천의 장에서 교육을 통한 사회평등의 가능성을 실천할 수 있는 존재라는 점에서 교사의 일상적인 실천이 불평등을 줄이고 학생들에게 도움이 될 수 있음을 간과해선 안 된다.

어릴 때의 기억을 떠올려 보자. 선생님이 자신을, 또는 친구였던 다른 학생을 드러내놓고, 또는 은근히 차별했다고 생각하던 순간이 있을 것이다. 딱히 '차별'까지는 아니더라도 선생님의 말 중에서 학생에 대한 편견이 드러난 경우도 있었을 것이다. 이것은 단순히 그 선생님의 인성이 문제였을까, 아니면 학교 전반의 문화, 또는 우리 사회의 모습이었을까?

이 절에서는 교사의 입장에서 학생들이 학교현장으로 가져오는 사회적인 차이, 즉 학생이 소속된 사회계층, 성별, 인종, 성적 지향 등 학생의 정체성을 형성하는 배경요인들에 대해서 교사가 어떤 입장을 가져야 하는가에 대해 생각해 본다.

1) 사회계층과 교육

인간은 각종 사회적 결정요인에 의해 영향 받는 사회적 존재이며 그중에서도 사회계층(social class)의 영향력은 강력하다. 사회 구성원들은 개인의 소득, 직업, 교육수준, 사회적 명망 등의 기준에 따라 사회적 지위를 가지게 되며, 이에 따라 역할도 결정된다. 사회계층은 사회 내에서 동일한 혹은 유사한 사회적 지위를 가진 사람들의 집단을 말한다. 즉, 사회를 그 성원의 속성, 이를테면 직업, 생산, 수입, 학력, 직책 등에 따라 몇 개의 범주로 나누고, 그 각각을 계층으로 파악하는 것이다.

사회계층이라는 개념은 막스 베버(Max Weber)에 의해서 잘 설명되었다. 그는 마르크스의 계급이론과는 달리 사회계층을 다차원적으로 분류했다. 그는 사회계층은 여러 가지 요인에 의하여 결정된다고 하였다. 마르크스는 경제적 생산의 통제를 전부라고 보았지만 베버는 경제적 생산의 통제를 어떤 사람들이 다른 사람들을 통제하는 '한 가지 수단'으로 생각하였다. 경제적 생산의 통제가 다소 결정적이기는 하지만 유일한 수단은 아니라고 본 것이다.

베버에 의하면 사회계층은 계급, 사회적 지위, 권력의 불균등한 배분에 결과한 것이라고 본다. 계급은 비슷한 수입 정도와 경제력을 가진 사람들의 그룹, 소유하고 있는 자산에 의해서 결정되는 요인이라 할 수 있다. 사회적 지위란 개인이 사회에서 수행하는 사회적 역할을 말한다. 권력이란 다른 사람의 행위를 통제하는 영향력 내지 능력으로 타인의 저항에도 불구하고 자기의 뜻을 관철할 수 있는 힘을 말한다.

교육사회학에서는 계층을 분류하는 보편적 기준인 수입, 소득, 직업적 순위, 학력 등을 계량화하여 산출하는 사회경제적 지위(socioeconomic status : SES)에 대한 연구가 종종 이루어진다. 여기에 '학력'으로 대표되는 교육이 포함되어 있는 점에 주목하자. 교육은 사회계층의 중요한 결정요인이다. 이것은 개인이 얼마나 많은 학교교육을 받느냐 하는 것이 그 사람의 일생 동안의 사회적 지위와 직접적으로 관련되어 있다는 것을 말해준다. 특히 오늘날과 같이 전문화된 지식과 기술이 사회적으로 요청되고 그러한 지식이나 기술이 학교교육에서 습득되는 경우 학교교육의 중요성은 더해진다. 학교에 다닌 기간과 함께 학위의 종류, 전공분야, 학교의 종류와 명성, 학업성적 등 일반적으로 그가 받은 학교교육의 위신도 사회계층을 결정하는 데 관계가 있다.

오늘날 학교교육이 사회계층의 형성과 깊이 관련되어 있는 것은 부인할 수 없다. 특히 의사, 변호사, 교수 등과 같은 전문직에 종사하는 사람들은 전문교육을 받지 않고서는 그러한 위치를 차지하기가 거의 불가능하다. 만약 농촌 출신의 청소년이나 노동계층의 자녀들이 성적이 우수하여 일류대학을 졸업하여 전문직에 종사하게 된다면 학교는 그의 사회이동을 크게 도와주었다고 할 수 있을 것이다. 학교의 도움이 없었다면 그는 부모와 비슷한 생애를 보냈을지도 모르기 때문이다. 또한 학교는 중산층의 문화를 가르쳐 주고 사회계층의 이동에 필요한 여러 가지 정보와 기술을 알려주기도 한다. 그러므로 두뇌가 명석한 청소년들은 가정으로부터 이러한 것을 배우지 못했다 할지라도 공식적인 학교의 활동에서 이러한 것을 배울 수도 있고 비공식적으로 친구들과 어울려 다니면서 배울 수도 있다.

교육과 사회계층 이동의 관계에서 우리가 주의 깊게 보아야 하는 것은 교육, 특히 현대사회의 학교가 사회계층의 이동에 얼마나 공헌할 수 있는가 하는 문제이다. 사실 학교가 사회계층 이동에 얼마나 공헌하는가를 경험적으로 측정하기는 어렵다. 사회계층의 이동에는 높은 지능, 좋은 학교, 부모의 사회·경제적 지위, 높은 성취동기, 좋은 결혼 등 여러 가지 요소가 동시에 작용하고 있으며 이들 요소는 서로 상관관계가 높기 때문이다. 그러나 하위계층의 부모들이 참여할 수 있는 경쟁은 교육 이외에는 없는 것이나 마찬가지이다. 이들은 자신들의 자녀들도 학력을 상승시킴으로써 계층을 상승시킬 수 있다고 기대하기 때문에 학력이 '신용증명서(credentials)'로 이용되는 것에 대해 거부감을 갖지 않으며 학력경쟁에 기꺼이 참가한다. 그러나 학력경쟁에서 피지배집단보다 월등히 우월한 고지를 차지하고 있는 지배집단은 이 경쟁을 통해서 피지배집단을 객관적 기준에 의해 배제할 수 있게 되어 자신들의 기득권을 고수하게 된다(Brown, Green & Lauder, 2001).

이런 상황에서 상류층에 속하는 사회계층은 교육을 통해 많은 이득을 본다. 이는 학생 혼자 달리는 것이 아니라 부모는 물론, 조부모[4]까지 함께 달리는 경기와 마찬가지이다. 교사는 학생들의 학교생활에 미치는 이런 사회계층의 영향에 대해서 이해하며 계층 간의 이해가 대립할 수 있는 각종 교육제도와 평가, 선발, 배치에 대해서 보다 무조건적으로 수용하기보다는 비판적인 시각을 형성하는 일이 필요하다.

2) 성별과 교육

전 세계적으로 여성은 '그 수가 가장 많은 소수자'라고 불린다. 또한 사회적 약자를 거론하면서 흔히 여성을 꼽는다. 이는 생물학적으로 여성이 남성보다 힘이 약하기 때문일까? 프랑스의 철학자 시몬 드 보부아르(Simone de Beauvoir)는 '여성으로 태어나는 것이 아니라 만들어지는 것'이라고 주장했는데, 이는 여성이나 남성을 사회적 주류나 소수자로 규정하는 데는 그 사회의 의식이 크게 작용한다는 의미로 보면 된다.

4) '식스 포켓(six pockets)'은 나를 위해 흔쾌히 지갑을 열어줄 부모 및 양쪽 조부모의 어른 6명을 의미하는 용어로서 최근의 저출생 및 초고령화와 맞물려 이런 현상이 더 흔해졌다고 한다.

서구사회에서는 여성 차별에 대한 문제의식이 시작되어 여러 가지 담론으로 발전되어 왔다. 서구에서도 여성은 오랜 기간 약자로 제도교육에서 소외되고 참정권을 갖지 못하는 등, 주변적인 위치에 머물러 왔다. 역사 속 위인들이 거의 대다수가 남성인 것도 여성들이 사회 속에서 활동할 만한 물적 · 경제적 기반을 갖지 못했기 때문이라고 보는 시각이 많다. 일찍이 20세기 영국의 여류작가[5] 버지니아 울프(Virginia Woolf)는 『자기만의 방(A Room of One's Own)』이라는 저서를 통해 영국의 대문호 셰익스피어(Shakespeare)의 누이로서 셰익스피어보다 더 재능이 있었던 '주디스'라는 인물을 가상의 인물로 설정하고 그녀에게 글을 쓸 수 있는 '자기만의 방'이 있었더라면 그녀도 셰익스피어만큼 대문호가 될 수 있지 않았을까 하는 질문[6]을 던진다.

우리 사회로 눈을 돌려보자. 모든 시대에 걸쳐 전반적으로 여성의 지위가 낮았지만 유교사회의 윤리 속에서 숨죽여 지내야 했던 조선시대의 여성들은 역사 속의 이방인이었다. 개화기를 지나며 서구식 교육사상이 들어오고 여성들을 위한 교육이 조금씩 시작되면서 현재 학교제도나 모든 면에서 성별에 따른 법적 · 제도적 차이는 거의 발견할 수 없게 되었으나 과거의 유산은 아직도 현재 사회에 남아 있다.

사회적으로 여성은 주위의 시선, 특히 남성의 시선에 영향을 받는다. 흔히 여자아이가 인형을 갖고 놀면 '역시 여자는 여자야'라며 여성다움은 본래 타고난다는 반응을 보인다. 하지만 이것조차도 부모에 의해 훈련된 선택일 가능성이 크다. 아직 장난감이 뭔지도 모를 때부터 여자아이에게는 분홍색 리본을 달아주고, 인형을 선물한다. 갓난아기는 아빠와 엄마의 말투나 행동을 보면서 남성다움과 여성다움이라고 규정된 사회적 편견과 습성을 배운다. 이러한 사회적 · 문화적 풍토가 아이에게 적용되면서 여성은 수동적 · 수세적 성향을 갖게 된다.[7] 한 사진작가는 아이들의 물건을 꺼내 사진을 찍는 방법으로 다년간에 걸쳐 작업을 하는 '핑크 & 블루 프로젝트(Pink & Blue Project)'를 진행해 왔다. 물건 구매를 스스로 할 수 없는 어린 연령대의 아이들은 부모의 취향이 반영된 물건을 갖게 되고 제조업체들이 분홍색과 파란색을 성별로 구분한 물건들을 생산해 내

5) 여류작가(女流作家)라는 말 자체가 성차별적이다. 남류작가라는 말이 없기 때문이다. 여의사(女醫師)도 같은 관점에서 볼 수 있다.

6) 여성과 창작, 그 방해의 역사(버지니아 울프 - 살아남은 여성 예술가의 초상, ㈜살림출판사)

7) 박홍순(2014.11). 이야기로 보는 인문상식. 행복한 교육, 78-79쪽.

면서 방에 가득 찬 물건이 모두 천편일률적인 색을 가지게 되는 것이다.[8)]

학교와 교육을 통해서도 성차별은 은밀히 이어져 왔다. 2018년 9월 여성가족부는 국민 894명이 참여한 '바꾸면 쓸모 있는 성평등 교과서' 공모를 진행했다. 공모를 통해 주로 제안된 교과서에 담긴 '성별 고정관념'의 유형으로는 연약한 동물(토끼, 여우, 고양이 등)은 여자 어린이, 강한 동물(사자나 호랑이 등)은 남자 어린이에 비유하는 등 '여성적'인 것과 '남성적'인 것을 구분하는 부분, 식사 준비와 가족 돌봄을 하는 사람을 여성으로 그린 삽화들, 무거운 물건을 남자가 드는 묘사, 태권도 · 축구 · 스키는 남성만, 무용은 여성만 담긴 사진, 과학자나 의사는 남성으로 묘사하고 간호사, 교사, 기상캐스터는 여성으로 묘사하는 것 등이 있다. 이 밖에도 역사적 위인에 여성이 없고 남성 위인의 조력자로만 소개되고 있는 것과 성희롱 · 성폭력 예방 관련 내용에서 가해자가 되지 않기 위해 주의해야 할 점은 없고 피해자가 되지 않는 방법만 담고 있는 점 등을 지적하기도 했다. 이러한 고정관념 등은 무의식적으로 남아 사회적 제약을 강화하기도 한다.

3) 인종 및 문화와 교육

최근 우리 사회에 다문화사회 담론이 등장할 정도로 인종 및 문화 다양성이 증가하면서 학교현장에서도 '문화적으로 적합한 교육(culturally relevant pedagogy)'을 실시해야 한다는 소리가 자주 들린다. '문화적으로 적합한 교육'이란 과연 무엇일까?

서구사회는 교사들의 인종적 · 문화적 배경도 다양하지만 교사의 대다수가 사회적 주류에 속하며 인종적으로도 다수 집단에서 배출되는 편이다. 교육과정 역시 인종적 · 문화적으로 주류사회의 지식을 담고 있다는 데에서 소수의 인종적 · 문화적 정체성을 가진 학생들의 어려움이 보고되고 있다. 이에 서구사회의 교육현장에서는 모든 학생들이 가진 문화적 다양성을 인정하고 존중하며 이를 통한 사회정의를 실현하는 데 관심을 쏟고 있다.

서구사회와 우리의 경우는 다르기에 그래서 더욱 특수한 과제가 요구된다. 우리나라의 경우 교사들이 거의 대다수가 인종적으로 한국인이므로 소수 인종적 · 문화적 배경을 가진 학생들을 이해하는 데 어려움이 크다. 현재 우리나라의 상황에서는 이문화(異文

8) 분홍은 여자, 파랑은 남자? 세계가 주목한 사진 찍은 여성 작가. 여성신문 2021년 3월 5일자 https://www.womennews.co.kr/news/articleView.html?idxno=208393

化) 배경을 가진 학생들 중 다수를 '다문화가족 자녀'라고 부르며 정책적 관심대상으로 분류하고 있지만, 실제로는 그들이 가진 가치나 문화는 주류사회의 가치나 문화와 충돌하거나 열등하다고 배척받는 측면이 강하며, 특히 나이 어린 자녀들은 학교현장에서 이로 인해 다양한 차별을 경험하고 있다. 동화주의(assimilationism) 교육을 실시하는 교사는 모든 문화적 소수자가 주류사회의 문화가 상정하는 기준, 기대, 가치 및 태도에 맞게 생각하고 행동해야 한다고 생각하는 데 반해, 문화적으로 적절한 교육을 실시하는 교사는 모든 학생은 서로 다른 방법으로, 서로 다른 속도로 배울 수 있다고 믿는다.

교사는 이런 상황을 이해하고 조심스럽게 접근하되 이문화 배경을 지닌 학생들이 그들의 부모로부터 얻은 문화적 가치를 자랑스럽게 여기고 발전시켜 나가도록 개별적으로 접근하는 것이 좋다. 우선 그 학생에 대해 잘 알고 그 학생이 자신의 문화적인 면에 대해 교사에게 인정받고 있다고 느끼게 하는 것이 중요하다. 교사는 또한 그들의 부모들과도 의미 있는 접촉을 유지하며 모든 학생들을 대상으로 다양성의 중요성을 느끼게 하는 교육을 실시하는 것이 좋다.

이러한 교수법은 라슨-빌링(Gloria Ladson-Billings, 1995)에 의해 '문화적으로 적합한 교수법(culturally relevant teaching)'이라고 명명되었다. 이 교수법은 주류 그룹의 학생과 소수 그룹의 학생의 학업성취 격차를 줄이고 평등한 교육을 이루기 위한 방법으로 세 가지를 제안하고 있다. 첫째, 학생들이 학업 성공을 경험하도록 지원하는 것이다. 교사는 소수자인 학생들을 문화결핍의 관점으로 바라보면서 높은 학업 성취도를 기대하지 않는데, 이로 인해 지나친 칭찬을 하거나 학생이 원하지 않는 도움을 주기도 하고 동정하는 태도를 보일 수 있다. 이러한 태도는 오히려 학생이 자신의 능력을 인정받지 못한다고 인식할 수 있어 문제가 된다. 따라서 교사는 학생의 문화적 배경을 이해하고 학생의 능력을 신뢰하며 그가 학업을 비롯한 다양한 분야에서 모종의 성공 경험을 하도록 해야 한다. 둘째, 학생의 문화적 역량 발전을 돕는 것이다. 이를 위해서는 교사가 학생의 문화를 알기 위해 노력해야 하고 학생의 부모와도 소통하면서 수업시간에도 학생의 문화를 반영해야 한다. 셋째, 비판적 의식의 함양이다. 사회적 억압과 차별에 맞서 목소리를 낼 수 있도록 비판 의식을 높이고 비판 의식이 구체적인 실천으로 이어지도록 하는 것이다. 비슷한 맥락에서 게이(Gay, 2002)는 이러한 교수법을 문화감응교수법

(culturally responsive teaching)이라고 정의했다. 그에 따르면 문화적 다양성에 기반한 지식 개발, 민족과 문화적 다양성을 포함한 교육과정, 문화적 배려를 보이는 학습공동체 형성, 다문화 배경을 지닌 학생들과의 의사소통, 수업에서 문화다양성에 대한 반응을 핵심요소로 보고 이를 바탕으로 교수전략을 세웠을 때 특히 문화적 소수자인 학생들의 학업성취도가 향상될 수 있다고 보았다.

제5장 활동

1. '개천에서 용 난다'라는 말이 무색할 정도로 우리 사회의 사회계층 이동이 갈수록 불가능에 가까워지고 있다는 분석이 많다. 사회계층의 차이로 인한 불평등을 해소할 수 있는 다양한 학교 내외의 프로그램의 사례를 찾아 발표해 보자.

2. 성별이나 인종, 문화에 대해서 편견을 담고 있다고 여겨지는 속담, 광고문안, 사건의 사례를 조별로 토의한 후 발표해 보자.

06 CHAPTER 교육과정

1. 교육과정의 개념과 유형
2. 교육과정 개념의 변화
3. 교육과정 개발모형

|개요|

교육학 연구에서 무엇을 가르치고 배우느냐에 관한 문제는 주로 '교육과정' 분야에서 다루어진다. 교육은 일정한 목표를 달성하기 위하여 전개되는 목적 있는 활동이며, 교육과정은 그런 활동이 이루어지는 과정이자 그 목표의 달성을 위한 수단이라고 볼 수 있다. 이 장에서는 교육과정이 가진 다양한 개념과 유형 및 변천의 과정을 살펴보고 교육과정 개발모형의 이해를 통해 학생들에게 필요한 교육과정을 만드는 일에 대한 역량을 높인다.

Chapter 06 교육과정

Chapter 06 교육과정

1. 교육과정의 개념과 유형

교육학에서 '무엇'을 가르치고 배우느냐에 관한 문제는 주로 교육과정이라는 연구분야에서 다루어진다. 교육과정이라는 개념은 '학교에서 가르치는 교과목'에서부터 '학생들이 학교에서 경험하는 지적 · 정서적 · 기능적 · 신체적 경험의 총체'라고 보는 견해에 이르기까지 그 논의의 수준이 매우 다양하다. 교육과정의 개념 규정은 전개될 교육활동의 성격을 규정하는 것이기 때문에 그 어원부터 살펴본 뒤 개념을 정의하고자 한다.

1) 교육과정의 개념

교육과정을 교육의 한 전문분야로 인정하고 학문적으로 본격적인 연구를 시작한 것은 불과 80여 년 전이다. 미국에서 '교육과정'이라는 용어를 처음으로 사용한 책은 1918년에 출간된 보비트(Bobbit)의 『교육과정(The Curriculum)』이었는데 교육과정의 의미를 올바로 이해하기 위해 우선 이 단어의 어원부터 살펴볼 필요가 있다.

'교육과정'으로 번역되는 'curriculum'의 어원은 라틴어의 '쿠레레(currere)'이다. 이것이 동사로 쓰일 때는 '뛴다', '달린다'는 뜻이며, 명사로 쓰일 때는 '달리는 코스', 즉 경마장의 경주로(race course)를 의미한다. '달린다(race)'는 뜻은 학생에게 있어서는 '공부한다(study)'라는 뜻이 되며, '달리는 코스(race course)'는 '일정한 교육기간 동안에 학생이 공부하는 과정(course of study)'이라는 뜻으로 해석된다.

그런데 학생이 공부한다는 것은 일정한 순서로 배열된 코스에 따라 달리는 것을 의미하기 때문에 어떠한 방향만이 아니고 내용의 뜻도 아울러 가지고 있음을 알 수 있다. 그러므로 'course of study'의 뜻을 가진 교육과정은 일정한 순서로 배열한 학습의 코스를 의미하는 동시에 그 코스를 따라 경험하게 되는 학습내용이기도 하다. 좁은 의미에서는 학교에서 수업시간에 교사가 가르치는 교육내용이라면 넓은 의미에서는 학교 안팎에서 학생들이 겪는 모든 경험을 일컫는다. 이상과 같은 어원을 지닌 교육과정은 시대를 거쳐 오면서 그 의미를 달리해 왔으며, 오늘날에는 교육과정에 대한 수많은 개념이 자리하고 있다.

교육과정의 구성요소는 교육목적, 교육내용, 교육방법의 세 가지이다. Why?, 즉 왜 가르치는가?에 해당하는 교육목적, What?, '무엇을 가르쳐야 하는가?'에 해당하는 교육내용, How?, '어떻게 가르쳐야 하는가?'에 해당하는 것이 교육방법이라 할 수 있다. 교육목적은 교육과정 안에서 목적을 제시한 후 교육내용과 교육방법이 나온다는 측면에서 교육과정을 이끄는 시간상 출발점이자 의미상 기준으로 볼 수 있다. 다만, 경우에 따라서 목적을 먼저 제시하지 않고 교육활동에 참여하더라도 교육내용을 통해 목적이 분명해지는 경우도 있다. 교육내용은 교육목적을 달성하기 위한 수단이자 교육과정에 대한 정의와 정당화를 포괄한다. 교육방법은 교육의 과정을 이끄는 방법적 원리이다. 이러한 세 가지 구성요소를 포괄하는 것이 교육과정이다. 즉, 교육과정은 교육목적과 교육내용과 교육방법이 서로 간에 일관성을 갖도록 구조화된 체계이다.

2) 교육과정의 유형

여기에서는 교육과정의 다양한 유형 중 공식적 교육과정, 잠재적 교육과정, 그리고 영 교육과정에 대해 설명한다.

(1) 공식적 교육과정

'공식적 교육과정(official curriculum)'은 문서로서의 교육과정이라고도 불리며 학습자들이 배워야 할 교육내용을 체계화하여 공적인 문서 속에 정리한 것을 말한다. 국가 차원에서는 초·중등학교 교육과정, 지역에서는 관내의 학교들을 위해 마련한 교육과정 편성지침이 있고, 학교에서는 학교 운영계획 등이 있는데, 이 모든 것들이 공식적인 문서로 되어 있고 실제 교육과정을 이 문서들에 준하여 운영하고 있다. 이처럼 공식적 교육과정은 국가, 지역, 학교에서 전개될 교육활동을 구체적으로 규정하는 공식적인 문서의 형태를 띤다.

그러나 공식적 교육과정은 실제에서는 그대로 진행되기 어렵다. 말 그대로 '계획은 계획일 뿐'이다. 그리고 학습자들은 문서에서 쓰여 있는 것 말고도 다른 경험들을 하고 있다. 이런 측면에서 볼 때 교육과정은 이런 문서들에 나타난 것들, 즉 학교 시간표에 제시된 교과들의 목록이나 교사가 나누어 주는 교수계획표에 나타난 것이 아니라 그 이상을 뜻한다. 따라서 교육과정의 개념은 '학생들이 갖는 총체적 경험'을 뜻할 수도 있다. 이처럼 교육과정은 학교에서 교사의 지도 아래 학생들이 갖게 되는 모든 경험(experience)으로 구성되어야 한다는 새로운 개념이 나타났다. 교육과정을 경험으로 보는 입장은 진보주의 교육철학에 근거하고 있다. 문서상으로 아무리 그럴듯하게 쓰여 있더라도 그것이 학생에게 변화를 이끌어 내지 못했다면 그 교육과정은 무의미해진다.

(2) 잠재적 교육과정

잠재적 교육과정(latent curriculum)은 학교에서 계획적으로 의도하지 않았던 학습의 결과로 초래되는 교육과정으로, 문서화되지 않은 비공식적 교육과정을 말한다. 학교의 조직이나 교사와 학생 사이의 인간관계, 학급의 구성방식 등을 통해 학생들은 표면적 교육과정에서 의도하는 것과는 다른 모종의 경험을 하게 된다. 여기에서 표면적 교육과정은 학교가 계획적으로 의도했던 학습의 결과로 초래되는 교육과정으로, 공식적 교육과정과 마찬가지로 문서화된 교육과정을 말한다. 교육과정은 계획적으로 구성된 것이며 이것에 의해 교과서도 개발되고, 교사지도서도 만들어지며, 수업의 구체적 내용이 마련되고 교사도 훈련시킨다. 또한 각종 보조교재, 참고서, 학습 자료들이 이것에 의거해 만들어진다. 뿐만 아니라 이러한 계획들은 의도된 학습목표가 달성되었는지 어떤지를 평가하는 준거가 되기도 한다. 따라서 표면적 교육과정이 중요한 것은 의심할 바 없다.

그러나 시각을 달리해 보면, 학교에서 계획하거나 의도하지 않았음에도 불구하고 학생들은 학교생활을 통하여 많은 것들을 경험하게 된다. 특히 잠재적 교육과정은 학교를 둘러싸고 있는 학교 환경의 영향을 많이 받는다. 즉, 사회 환경이 학교 속에 침투되어 잠재적으로 교육과정의 원천이 되는 것이다. 잠재적 교육과정의 원천으로서 학교 행정가, 교사, 아동, 학부모 등의 인적 요소를 들 수 있는데 이들은 서로 상호작용하면서 잠재적 교육과정에 영향을 미친다.[1] 특징으로 인해 자칫하면 사회의 권력층이 자신의 권력을 유지하기 위해 의도적으로 통제하는 행위로서 숨긴(hidden) 행위가 되기도 하며 이럴 때 '숨겨진 교육과정(hidden curriculum)(Apple, 1977)'이라고 부르기도 한다.

(3) 영 교육과정

꼭 필요한 교육과정의 내용인데도 불구하고 생략되어 가르쳐지지 않아서 학생들이 배우지 못한 경우를 '영(零) 교육과정(null curriculum)'이라고 한다. 학교의 교육과정을 가만히 들여다보면 학습자들에게 필요한 교육과정의 내용임에도 불구하고 생략되어 가르치지 않은 것들을 발견하게 된다. 이런 경우는 가르치는 과정에서 배제되어 학습자들이 학습하지 못한 경우이다. 특정 종교를 가진 교사가 자기의 종교와 상충되는 과학적 사실을 가르치지 않는 경우도 그 한 예이다. 이 개념은 미국의 교육학자인 아이즈너(Eisner)에 의해 제시되었다. 그는 학생들에게 교육적 결과를 생성시키는 또 하나의 교육과정은 학교에서 의도적으로 가르치지 않는 교육과정이라고 지적하며 이를 '영 교육과정'이라는 용어로 사용하였다(Eisner, 1979).

영 교육과정은 이렇게 교육과정에 애초에 포함되지 않는 경우도 있고 포함되었지만 무시되면서 가르쳐지지 않아 발생하기도 한다. 아이즈너에 의하면 영 교육과정의 존재는 학생들을 그 내용에 대해서 무지하게 만들며 그 문제에 대한 깊이 있는 사고와 분석력을 계발하여 주지 못한다. 그 결과 학생들은 비판적 사고가 결여되고 편견을 갖게 된다. 이와 같은 점에서 그는 학교가 의도적으로 가르치려고 하는 내용뿐만 아니라 적극

1) 잠재적 교육과정의 부정적인 측면을 부각할 때 숨겨진 교육과정(hidden curriculum)이라는 용어가 사용된다(Apple, 1977). 즉, 앞서 교육사회학에서 다루었던 것처럼 학생이 가지고 있는 사회계층, 성별, 인종 및 문화에 따른 불평등을 은밀히 학교교육과정에 숨겨서 전달하여 불평등을 개선하기는커녕 조장하고 있다는 비판적인 분석이다.

적으로 무시하고자 하는 내용에 대한 논의가 필요하다는 것을 강조하였다(한상길 외, 2012). 따라서 교육과정을 개발할 때는 영 교육과정이 발생하지 않도록 주의할 필요가 있다.

2. 교육과정 개념의 변화

교육은 일정한 목표를 달성하기 위하여 전개되는 목적 있는 활동이며, 교육과정이 그 목표의 달성을 위한 수단이 된다. 따라서 교육과정은 목표를 달성하는 데 필요한 학습 내용과 그 학습내용을 담을 수 있는 형태를 갖추고 있어야 할 것이다.

교육과정의 일반적인 형태는 역사적으로 보아 인간 삶의 복잡성과 다양성에 따라서 많은 변천을 거듭해 왔다. 왜냐하면 개인이나 사회의 세계관, 국가관, 사회관, 인생관, 교육철학 및 정치적 이념과 같은 여러 가지 여건에 따라 교육의 목표와 내용이 영향을 받기 때문이다. 여기에서는 개념상으로 분류되는 교육과정과 그 변화과정에 대해 살펴보기로 한다.

1) 교과중심 교육과정

교과중심 교육과정(subject-centered curriculum)은 역사적으로 보았을 때 가장 오래되었으며 오늘날에도 이 정의는 계속 사용되고 있다. 교과중심 교육과정이란 '지식의 체계'를 중요시하는 교육과정으로서, 학교의 지도하에 아동, 학생이 배우는 일체의 교과와 교재를 말한다. 예를 들어, 초등학교에서는 국어, 사회, 자연, 음악 등으로 구분되어 있고, 중학교에서는 국어, 사회, 과학 등으로 구분되어 있다. 이런 구분을 흔히 교과(subject matter)라고 부르기 때문에 교과중심 교육과정이라고 지칭한다.

교과중심 교육과정을 지지하는 학자들은 교육의 주요 기능은 인류의 문화유산을 다음 세대에 전달하는 것이라고 믿는다. 이들은 인류의 문화유산 가운데 가장 가치 있는 내용들을 선정하여 교과를 구성하기 때문에 교과란 이러한 문화유산을 논리적, 체계적으로 조직해 놓은 것이라고 주장한다. 이 교과중심 교육과정은 교육성과에 있어서 지식의 습득과 이성의 계발을 가장 중요시하는 입장으로서, 각 교과는 자체의 논리와 체계가 있으므로 교과를 체계적으로 학습하게 하는 것이 교육의 중요한 방법이라고 생각한다.

이러한 교과중심 교육과정은 고대 그리스 시대[2]부터 현대에 이르기까지 초·중·고등학교와 대학을 막론하고 뿌리 깊게 자리 잡고 있는 교육과정의 형태이다. 이 교육과정은 학문의 성질에 따라서 분류되고 있으므로 교과와 교과 사이에 의미 있는 연계성이 없이 고립적이라 학문의 발달과 더불어 교과 혹은 학과의 수와 종류는 많아지게 되었다.

역사적으로 볼 때 교과중심 교육과정이 오랫동안 지속적으로 채택되고 있는 이유는 교과내용이 설명 위주로 조직되어 있어서 가르치는 사람이나 듣는 사람이 쉽게 이해할 수 있으며 학습결과의 평가가 용이하다는 점 때문이다. 그러나 이는 반대로 교육과정의 중심이 가르치는 사람에게 있다는 느낌을 주며, 교과중심 교육과정에 수록되어 있는 많은 지식만을 획득한다고 해서 현재나 미래의 생활을 유용하게 이끌어 나갈 수 있을 것인가에 대한 의문을 던져준다.

2) 경험중심 교육과정

교과중심 교육과정은 급변하는 사회변화와 사회적 요구에 적응하기에는 부족하다는 문제가 제기되었는데, 이것은 1930년대를 전후로 진보주의 교육이론이 등장하는 것과 때를 같이한다. 특히 미국사회에서는 이러한 회의가 두드러지게 나타나게 되었다. 왜냐하면 교수요목은 교과를 중심으로 한 것이고, 교과는 그것을 근거로 한 학문의 내용과 조직의 테두리를 크게 벗어나지 못함으로써 현실생활과 일치되지 못하는 부분이 많았기 때문이었다. 비단 미국뿐만 아니라 세계적으로도 실생활에서의 요구에 맞는 교육과정을 꾸며야 한다는 요구가 일어났다. 이렇게 실생활에 직접 도움이 되는 교육과정을 마련하여야 한다는 요청에서 생활중심 또는 경험중심의 교육과정운동이 대두되게 되었다.

경험중심 교육과정(experience-centered curriculum)이란 '경험의 계열'을 존중하는 교육

2) 고대 그리스의 7자유과는 3학, 즉 문법, 수사학, 논리학과, 4과, 즉 산술, 기하학, 천문학, 음악으로 이루어져 있으며 교과중심 교육과정의 효시로 볼 수 있다.

과정으로서 학교의 지도하에 아동, 학생들이 체험하게 되는 모든 경험을 말한다. 즉, 경험중심 교육과정은 구성의 기초를 학생의 흥미, 필요, 목적에 두고, 학생의 자발적인 활동으로 생기는 경험의 체계를 중요시한다. 따라서 교육과정의 구성에 있어서 그 내용을 학생의 요구, 흥미 또는 현실 사회문제 속에서 선정하고, 조직에 있어서도 학습심리 및 학생의 발달수준을 고려한다. 그러므로 교과중심 교육과정의 단점인 분과주의를 반대하고 교과의 통합과 경험의 통합을 위주로 하고 있으며, 현실 생활과 직결된 문제해결의 경험을 부여하는 것을 주목적으로 하고 있다.

경험중심 교육과정은 학습자의 흥미와 필요가 중시되므로 자발적인 활동이 촉진된다는 점, 현실적이고 실제적인 생활문제를 해결할 수 있는 능력을 길러준다는 장점이 있다. 그러나 교육과정의 기본적인 분류가 명확하지 않고 지적 체계가 부족하며 최악의 경우에는 '노는 일이 곧 교육'으로 생각하게 될 여지도 있다. 구체적인 사항이나 경험을 학습하는 면에서는 적합하나 일반적인 경험이나 법칙 또는 원리에 관한 지식을 구하는 면에서는 부적합하다. 높은 학습단계에서는 추상적인 원리나 원칙적인 학습도 필요할 때가 있다는 점에서 볼 때 이것은 경험중심 교육과정의 약점이 된다.

3) 학문중심 교육과정

경험중심 교육과정은 1950년대에 이르러 그 기반이 상당히 확고하게 정립되었다. 그러나 1960년대로 접어들면서 교육과정은 또 한 번의 변천을 겪게 되었는데, 그것은 학문중심 교육과정(discipline-centered curriculum)의 등장 때문이었다. 학문중심 교육과정이 등장하게 된 경위에 대해서는 학자들마다 약간씩 견해를 달리하고 있으나 대체로 다음 두 가지로 요약할 수 있다.

하나는 20세기 후반에 들어와 폭발적인 증가를 보인 지식과 기술의 발전을 들 수 있다. 오늘날 지식과 기술의 발달 속도는 십 년마다 두 배로 증가하고 있다고 한다. 따라서 그 많은 지식과 기술 중에서 교과내용을 선정하여 가르쳐야 하기 때문에 선정의 기준이 문제가 되는 것은 논리적으로 당연하다. 이때 선정기준은 각 학문에 내재해 있는 전이구조가 높은 지식과 기술이 되어야 한다는 것이다.

또 하나는 1957년 소련의 우주선 스푸트니크(Sputnik)호 발사를 계기로 이에 충격을 받은 미국의 교육계에서 교육의 질을 높여야 한다는 주장이 일게 된 일이다. 그때까지의 경험중심 교육과정은 교육과정 조직에 있어서 교과목을 중요시하지 않은 것은 아니나, 그보다도 인간생활의 제 영역에서의 문제점들을 중심으로 조직하는 방식을 채택하였다. 그러나 이러한 교육과정 구성방식에 있어서는 지식의 체계성이 소홀히 취급되는 결함이 나타났기 때문에, 체계적인 지식인 수학이나 물리학과 같은 높은 수준의 지식을 가르치기가 어려웠던 것이 사실이었다. 따라서 교육의 수준을 높이기 위해서는 체계적인 지식을 가르쳐야 하며, 체계적인 지식을 담고 있는 것은 학문이므로 학생들에게 학문을 가르쳐야 한다는 주장이 힘을 얻게 된 것이다.

학문중심 교육과정의 관점에서는 학문에서 요구되는 체계적 지식과 탐구능력을 길러주는 것이 교육의 목표이므로 교육과정도 학문적 체계와 탐구방식을 강조하는 방향으로 조직되어야 한다고 주장한다. 각 교과내용의 구성에 있어서도 가장 핵심적인 개념들을 중심으로 나선형을 그리며 심화 및 확대해 나가는 방식이 적당하다고 본다.[3)]

학문중심 교육과정의 장점은 핵심적 개념만 이해하고 있으면 유사한 분야로의 전이가 가능할 것이고, 무엇보다도 학문적 탐구방법을 체득함으로써 그 학문과 관련된 지적인 안목을 가질 수 있다는 점이다. 그러나 단점은 그것을 적용하는 현장에서 한계가 드러났으며 무엇보다도 현실과 유리되었다는 점이다. 학문중심 교육과정은 생활의 필요나 사회적 요구보다는 학문 자체에 내재하는 논리가 중요하다고 보았는데, 해당 분야의 학자들이 이렇게 학문체계에 중점을 두고 교육과정을 조직하다 보니 현장의 교사나 학생들의 요구를 수용하지 못하여 수업하기가 너무 어렵다는 교사의 하소연과 이것을 학습하는 데에도 많은 시간이 소요된다는 학생의 비판이 많았다.

4) 인간중심 교육과정

1960년대부터 학문중심 교육과정이 기초 과목으로 교수내용을 강조하여 과학기술의 혁신에만 열중한 결과, 교육제도에 대한 논쟁, 학교교육에 대한 비판, 교육본질에 대한

3) 예를 들면, '집합'이라는 수학의 기본 개념은 초등학교 1학년부터 고등학교 3학년까지 동일하되 학년의 진전에 따라 수준이 달라지도록 한다는 것이다.

논쟁이 일어나기 시작하였다. 즉, 교육대상으로서의 인간을 보는 눈을 달리하였던 것이다. 현대사회의 고도 산업화에 따른 인간성의 말살, 인간 소외, 비인간화 경향이 심각한 사회문제로 대두된 가운데 교육의 본질이 사회 및 경제 발전에 필요한 인재를 육성하는 데 있는 것이 아니라 자신의 삶 자체에 충실하며 자기충족감이 넘치는 인간을 육성해야 한다는 주장이 힘을 얻어 등장하게 된 것이 바로 인간중심 교육과정(humanistic curriculum)이다.

1970년대에 들어서면서 관심을 끌게 된 인간중심 교육과정은 교육학, 심리학 등의 각 분야에서 아동의 정서적 · 사회적 발달의 중요성을 강조하기 시작하면서부터 대두된 교육과정으로 교육의 목표를 개인적으로 완성되고 사회적으로 잘 적응할 수 있는 통합적 인간을 기르는 데에 두고 있다. 이러한 특성은 경험중심 교육과정과 비슷한데, 뚜렷하게 다른 점은 교사의 역할이 더욱 크다는 점과 학생이 학교생활을 하는 동안에 가지는 모든 경험들을 중요시한다는 점을 들 수 있다.

인간중심 교육과정의 가장 큰 장점 중의 하나는 지적인 성장과 함께 정서적 성장을 강조하고 있는 점이다. 또한 전통적 교육과정과는 달리 결과보다는 과정을 중요시한다. 그러나 인간중심 교육과정에 대한 가장 대표적인 비판점은 그것이 명확한 경험이나 일관된 원리를 바탕으로 이루어진 것이 아니므로 학자들이 제시하는 여러 기법을 교사들이 현장에 적용하기에는 문제점이 많다는 것이다.[4)]

5) 교육과정의 재개념화

1950년대와 1960년대에 와서 교육계를 풍미하던 행동주의적이고 기술공학적인 접근에 대한 비판과 함께 새로운 교육과정 연구의 토대를 구축하는 일에 교육과정 학자들이 관심을 가지게 되었다. 이 중 파이너(Pinar)라는 미국의 교육학자는 『Curriculum Theorizing : The Reconceptualists(1975)』라는 책을 출판하였는데, 그는 이 책에서 교육과정의 어원인 쿠레레(currere)의 개념을 '말이 달려야 할 코스'가 아니라 '말이 코스를 따라 달리

4) 예를 들어, 학생의 학습결과를 평가하기보다는 과정을 중요하게 생각한다는 것은 사실상 평가의 엄정성에 비추어 모호한 점이 많고 개인차에 관심을 두어야 한다고 하지만, 각 개인에게 알맞은 경험이 무엇인지에 관하여는 구체적인 대안을 제시하고 있지 않다는 한계가 있다.

는 과정(running of the course)'으로 재해석하면서 개인적 경험으로의 교육과정을 강조하였다. 즉, 주어진 코스를 따라 개인이 달리는 모습은 각자 다르고 각각의 의미가 있을 것이라는 점을 강조한 것이다.

따라서 그동안 교육과정을 주로 '학교라는 제도적 울타리 안에서 이루어지는 의도적이고 공식화된 계획과 실천'으로 개념화했던 것과는 반대로 주어진 교육활동 속에서 과정을 따라가는 서로 다른 개인 학습자 각자가 '달려가는 길'이 곧 교육과정이라고 하여 학습자 개인의 경험을 중요시하는 교육과정을 주장한 교육학자들을 '재개념주의자(reconceptualist)'라고 부른다. 이들은 개인 학습자, 집단, 사회가 달려간 학습경험을 파악하기 위해서는 자서전적 기술방법, 즉 시대를 살아가는 개인이 각자의 '자기 이야기'를 진술하는 방법으로 과거 학습경험을 반성적으로 통찰하여 재개념화하는 것이 필요하다고 주장하였다.

이런 주장은 기존의 교육과정관(觀)을 송두리째 흔들어 놓음으로써 상당한 논란을 불러일으켰다. 그러나 동시대를 살고 있는 학습자들의 인식론적 경험에 주목한 점은 큰 장점이다. 무엇을 가르치고 배우는가에 대한 학습자 경험의 중요성과 거기에 대한 학습자의 능동적 활동과 의미구성을 강조하여 교육과정에 대한 학습자의 주체성을 강조한 측면에 의의가 있다.

3. 교육과정 개발모형

교육과정 개발모형은 여러 학자들이 다양한 형태로 제안해 왔다. 경험을 중시하는 듀이(Dewey)의 아동중심 교육과정, 생산성을 높이기 위하여 대안적인 성격을 띤 보비트(Bobbit)의 과학적 교육과정, 교육목표를 달성하는 시스템을 교육과정으로 본 타일러(Tyler)의 합리적 교육과정 등 어떠한 형태의 교육과정이냐에 따라서 교육과정의 개발모형 역시 달라질 수 있다.

포스너(Posner, 1998)는 이러한 교육과정 개발모형을 분석하여 절차적 모형, 서술적 모형, 개념적 모형, 비판적 모형으로 구분하였으며, 김대현과 김석우(2011)는 처방적-기술적, 연역적－귀납적, 순차적－상호작용적 모형 등으로 구분하기도 했다. 처방적 모형이 주요한 요인과 절차를 밝히는 개발모형이라면, 기술적 모형은 교육 활동을 있는 그대로 묘사하는 개발모형이다. 연역적 모형은 전체 교육과정에서부터 교과, 단원, 차시(lesson)로 큰 범위에서 좁혀가면서 개발하는 방식이며, 귀납적 모형은 반대로 차시부터 교육과정으로 넓혀가는 방식이다. 한편 순차적 모형이 개발하는 방식에 명확한 순서가 있다면, 상호작용 모형은 상황에 따라 개발의 순서가 역동적으로 변하는 방식이다.

어떠한 방식으로 구분을 하든 교육과정 개발에 정답이라는 절대적 기준은 없다. 모든 개발모형에는 장단점이 있기에 교육과정을 만드는 사람이 선택하고 새롭게 조합하여 만들어 낼 수 있는 것이 교육과정이다. 여기에서는 대표적인 교육과정 개발모형인 타일러의 합리적 교육과정 개발모형을 다루고자 한다.

미국의 교육학자인 타일러는 교육과정(curriculum) 또는 수업(instruction)을 계획하기 위해서는 첫째, 달성해야 할 목표를 확실히 하고, 둘째, 담길 내용을 선택하며, 셋째, 선택된 내용을 적합한 교육방법을 사용해서 기술하기를 권하고 있다. 이는 1949년에 타일러가 출판한 『Basic Principles of Curriculum and Instruction』에 담겨 있는 방법으로서, 교육과정 또는 수업의 계획과 구성은 대체로 교육목표의 설정, 교육내용의 선정, 교육내용의 조직, 학습과정 및 평가 등의 네 단계를 거치게 된다는 설명에 기초하고 있다(Tyler, 1949). 이 모형은 교육과정과 수업을 계획해야 하는 교사가 누구라도 쉽게 따라 할 수 있도록 간결하게 절차를 제시하고 있어 오랜 시간이 지난 지금에도 교육과정과 수업계획의 기본적인 모형으로 널리 받아들여지고 있다.

| 그림 6-1 | 타일러 교육과정 또는 수업 구성의 4단계

교육과정의 4단계는 교육과정 개발자가 교육목표를 설정하면 이후 학습경험을 선정하고 선정된 학습경험을 조직한 후 학습경험을 평가하는 과정으로 구성된다. 이러한 계획 과정에서 다음과 같은 네 가지 질문이 나올 수 있다.

1. 학교는 어떤 교육목표를 달성하고자 해야 하는가?
2. 교육목표의 달성을 위해 어떤 학습경험이 주어져야 하는가?
3. 어떻게 하면 학습경험을 효과적으로 조직할 수 있는가?
4. 무엇을 보면 애초의 교육목표가 달성되었는지를 확인할 수 있는가?

먼저 교육과정 개발의 가장 첫 단계인 교육목표 선정에서는 세 가지 원천(sources)과 두 가지 기준(screens)을 고려해야 한다. 세 가지 원천은 학습자의 요구, 사회의 요구, 교과의 요구로 누가 배우는지, 또 지금 사회에서 요구하고 있는 것이 무엇인지, 마지막으로 해당 교과에서 꼭 배워야 하는 것이 무엇인지를 고려해야 한다는 의미이다. 이러한 요구분석 과정을 거쳐 나온 교육목표는 다시 두 가지 기준으로 검증한다. 교육철학(philosophy of education)과 학습심리(psychology of learning)가 그 기준이다. 교육철학을 통해 가치가 있는 것인지 그리고 학습심리를 통해 가르치는 것이 결과로 이어질지를 판단하는 것이다.

교육목표를 선정하는 것이 합리적 교육과정 개발모형에서 가장 중요한 관문이기 때문에 '목표중심 모형'이라고 불리기도 한다. 따라서 목표를 잘 세우고 그게 달성되었는지 아닌지를 판단할 수 있어야 한다는 게 핵심이라 할 수 있다. 이를 '명세적 목표(defined objective)'라 한다. 명세적 목표는 다음과 같은 장점이 있다. 첫째, 목표가 구체적이므로 교수자가 학생에게 피드백을 주기에 용이하다. 둘째, 학습자가 목표를 명확히 인식하여 학습자도 수업을 들으면서 그 목표를 성취하도록 노력할 수 있다. 셋째, 교사 입장에서 무엇을 가르치고 무엇을 평가해야 할지 명확히 할 수 있다.

합리적 교육과정 개발모형은 실용적인 교육과정 개발 방법으로 절차적 효율성이 높다는 장점이 있다. 그러나 기계적 절차로 기능할 뿐, 교육과정 개발 과정에서 일어나는 갈등과 협의의 과정을 생략했다는 비판을 받기도 한다.

제6장 활동

1. 교과중심, 경험중심, 학문중심, 인간중심 교육과정의 특징을 요약하고 장점 및 단점을 대비하여 발표해 보자.

2. 자신이 거쳐 온 교육과정을 돌이켜 보고 그 과정에서 느낀 점, 얻은 점, 힘들었던 점 등을 자유롭게 '나의 교육과정 체험기' 또는 '자서전'의 형식으로 1~2페이지 분량으로 기술해 보자.

3. 자신이 가르치고자 하는 내용을 염두에 두고 해당 수업의 명세적 목표를 몇 가지로 제시해 보자.

CHAPTER

07 교육방법 및 교육공학

1. 교육방법 및 교육공학의 이해
2. 교육방법의 종류
3. 교육공학을 활용한 수업방법

|개요|

전체적인 교육과정이 정해져 있는 경우에도 교사는 매일의 수업을 계획하는 데 많은 시간을 쏟게 된다. 수업을 계획하는 데에는 수업의 목적을 기술하는 것, 수업할 내용을 선정하는 것, 그리고 선정된 내용을 가장 적합한 교육방법과 짝지어 기술하고 실행하는 일이 필요하기 때문이다.

이 장에서는 교사의 수업계획 작성에 관한 방법론적인 이해를 중심으로 교육방법과 교육공학을 설명한다. 교사는 다양한 방법을 사용하고 매체를 활용하여 학생들과의 상호작용이 많고 효과가 좋은 교육방법을 검토하여 사용할 수 있어야 한다. 특히 최근 디지털 사회로의 이행에 발맞추어 교육방법의 혁신을 도입하는 방법에 대해서도 생각해 본다.

Chapter 07 교육방법 및 교육공학

1. 교육방법 및 교육공학의 이해

이 장에서는 효과적인 교수와 학습을 위한 다양한 방법을 배우고 체계적인 수업설계를 할 수 있는 능력을 제고하는 데 필요한 이론과 방법을 학습한다. 그리고 필요할 때 사용할 수 있는 다양한 교수매체를 다룬다.

1) 교수설계 모형

교수(teaching)는 의도적이고 목적지향적인 활동이다. 처음에 계획한 교육목표 또는 교수목표를 달성하기 위해 과학적으로 입증된 교수-학습 원리를 적용하여 효과적인 수업이나 단원을 개발하고 실행하는 방법을 '교수설계(instructional design)'라고 한다.

이러한 교수설계에 대한 관점은 다양하지만 일반적으로 교수체제개발(instructional system development) 관점에서는 ADDIE(Analysis, Design, Development, Implementation, Evaluation) 모형이 많이 적용된다. ADDIE 모형, 즉 분석(Analysis), 설계(Design), 개발(Development), 실행(Implementation), 평가(Evaluation)의 5단계를 따라서 교육과정이나 수업을 만들 수 있다. 각각의 단계는 다음과 같다.

첫째, 분석 단계는 학습에서의 문제를 분명히 밝히고 프로그램의 전체 목표(instructional goal)를 설정하며 학습 환경과 학습자의 현재 지식과 기술을 확인하는 단계이다. 교수설계 초기에 학습요구 분석, 학습자 분석, 환경 분석, 직무 및 과제 분석 등을 실시하여 프로그램 전체 목표, 학습내용, 가능성 등을 결정하게 된다.

둘째, 설계 단계는 분석 과정에서 나온 산출물을 종합하는 단계로 학습목표(learning objectives) 설정, 주제 분석, 학습 내용 및 활동, 수행 평가도구, 교수전략 및 매체의 선정 등 코스를 설계하며 청사진을 그리는 단계이다. 즉, 교육과정이나 단원, 수업의 전체 모습을 만들어 내는 단계이다.

셋째, 개발 단계는 설계 단계에서 구체화한 내용을 토대로 교수자료를 실제로 개발하고 제작하는 단계이다. 이때 만들어진 교수자료를 점검하여 오류를 수정하는 과정을 거쳐야 한다.

넷째, 실행 단계는 개발된 프로그램을 실제 현장에 적용하고 이를 교육과정에 반영하는 단계이다. 학습자가 실제로 참여하여 개발된 교육과정이나 프로그램을 학습한다.

다섯째, 평가 단계는 학습자의 교육목표 도달 정도를 평가하고, 제공된 교수자료를 평가하며, 교수자료를 만든 개발절차 전체를 평가한다.

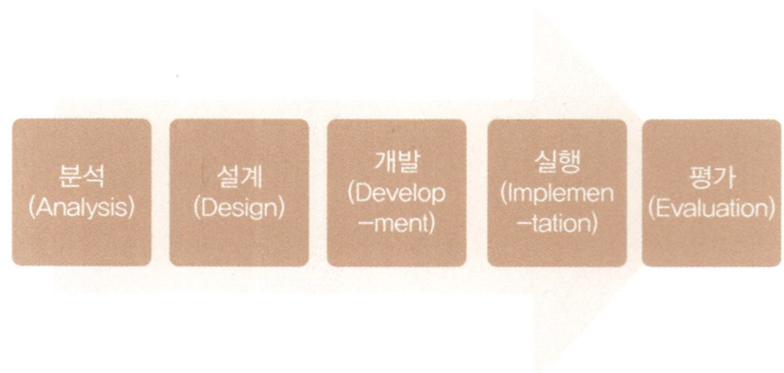

| 그림 7-1 | ADDIE 모형

2) 수업설계 모형

가네(Gagné)는 효과적인 수업에 대한 자신의 생각을 토대로 9가지 수업사태(instructional events)를 제안했다. 효과적인 수업을 구성하기 위해서 학습자에게서 일어나는 학습과정을 이해하고 이를 촉진하기 위한 바람직한 수업사태를 제공해야 한다는 것이다. 9가지

사태는 일련의 과정으로 한 단위의 수업을 설계할 때 적절하게 활용할 수 있다. 9가지 사태는 다음과 같다.

사태 1. **주의력 획득하기**(Gain attention) : 학습자의 주의집중 및 흥미를 이끌어 내는 사태이다. 마이크를 두드려 소리를 냄으로써 집중을 끌어내는 방법부터 흥미로운 질문을 하거나 동영상 자료 등의 멀티미디어를 활용하는 등, 학생들이 학습활동에 참여할 수 있는 준비를 시키는 과정이다.

사태 2. **학습자에게 수업목표 알리기**(Inform learners of objectives) : 목표를 공유함으로써 학습자가 학습결과에 대한 기대를 설정하도록 하는 단계이다. 수업의 목표가 무엇인지, 수업을 통해 얻을 수 있는 성취가 무엇인지를 명확하게 제시하는 것은 학습자가 무엇을 배우고 무엇을 해야 하는지를 이해할 수 있게 한다.

사태 3. **선수지식의 회상 촉진하기**(Stimulate recall of prior knowledge) : 새로운 학습에 들어가기 전, 주제와 관련된 사전 지식을 활성화하도록 하는 단계이다. 학습자가 이미 알고 있는 지식과 새로운 지식을 연결함으로써 학습을 더욱 용이하게 만들 수 있다. 학습자에게 이전 경험을 묻거나 학습내용과 연계할 수 있는 이전 학습내용에 대해 상기하는 등의 방법을 사용할 수 있다.

사태 4. **내용 제시하기**(Present the content) : 새로운 수업내용을 논리적이고 조직적인 방법으로 제시하는 것이다. 인지과정에서 학습자들은 모든 정보가 아닌 선택적 정보를 단기기억에 저장하는데 이러한 정보는 오래 지속될 수 없다. 정보를 오래 기억할 수 있도록 저장된 정보를 반복해서 되새기며 덩어리화(chuncking)하여 단위나 집단으로 묶어 제공하는 방법을 사용하게 된다. 따라서 새로운 정보는 강의, 멀티미디어 자료, 이미지 등 다양한 형태를 활용하면서 의미 있는 내용을 그룹화하여 제공해야 한다.

사태 5. **학습 안내 제공하기**(Provide guidance) : 장기기억에 정보를 저장하기 위하여 감각기관으로 들어온 정보를 이해하고 기존 정보와 연결할 수 있도록 안내하는 단계이다. 여기에서 가장 중요한 것은 자극을 의미 있게 만드는 것이다. 예시를 활용하거나 사례, 시각 이미지, 비유와 은유 등의 기법을 통해 친숙한 내용을 사용하는 것, 브레인스토밍, 개념도 등의 방법을 활용할 수도 있다. 교사가 비계설정(scaffolding)을 하여 학습자로 하여금 자신의 능력을 늘려가게 하는 방법도 사용할 수 있다.

사태 6. **수행 유도하기**(Elicit performance) : 배운 내용을 올바르게 이해하고 있는지 확인하는 것이다. 교사는 학습자를 촉진하여 학습자가 수행을 통해 자신이 배운 것을 보여줄 수 있도록 한다. 단순한 암기나 지식 확인이 아닌 문제에 대한 이해와 이를 응용할 수 있는지 확인할 수 있는 적절한 질문이나 퀴즈 활용, 프로젝트나 발표 후에 피드백 제공, 교실에서의 토론 등이 포함될 수 있다.

사태 7. **피드백 제공하기**(Provide feedback) : 학습자의 수행에 대한 피드백을 제공함으로써 개선할 부분을 개선하도록 하고 이해를 정확히 하도록 강화하는 것이다. 피드백은 매우 유용한 도구이며 학습과정에서 매우 중요한 역할을 한다. 피드백의 방법은 확인적 피드백(confirmatory feedback), 평가적 피드백(evaluation feedback), 수정 피드백(remedial feedback), 서술적 또는 분석적 피드백(descriptive or analytic feedback), 동료평가(peer-evaluation)와 자기평가(self-evaluation) 등이 있다. 확인적 피드백은 학습자가 교육과정을 잘 이수하고 있다는 것에 대한 격려이자 독려의 성격을 지니고 있다. 평가적 피드백은 수행의 정확성에 대한 평가이고, 수정 피드백은 학습자가 정답을 찾도록 도와주지만 그 다음 단계나 정답을 알려주는 피드백은 아니다. 서술적 또는 분석적 피드백은 제안, 다음 수행에 대한 지시, 정보 등을 제공하는 것으로 교사가 많은 시간을 들여 학습자의 수행이 향상되도록 하는 것이다. 마지막으로 동료평가와 자기평가는 성찰과 분석을 하도록 하며 동료들과 수행에서의 차이를 확인하고 부족을 파악하는 것이다.

사태 8. **수행 평가하기**(Assess performance) : 학습목표를 달성했는지 공식적으로 평가한다. 한 번의 평가만으로 확인이 불가능할 수도 있어 여러 번의 평가를 해야 할 수도 있다. 학습자를 평가하는 방식은 사전 및 사후 시험, 퀴즈, 형성 평가, 작성된 과제나 프레젠테이션 평가 등으로 다양하다.

사태 9. **파지와 학습의 전이 증진하기**(Enhance retention and transfer) : 학습자의 인지과정에서 일반화(generalization)로 새로 배운 지식이나 기술을 실제 삶에 적용하고 향상시키도록 하는 것이다.

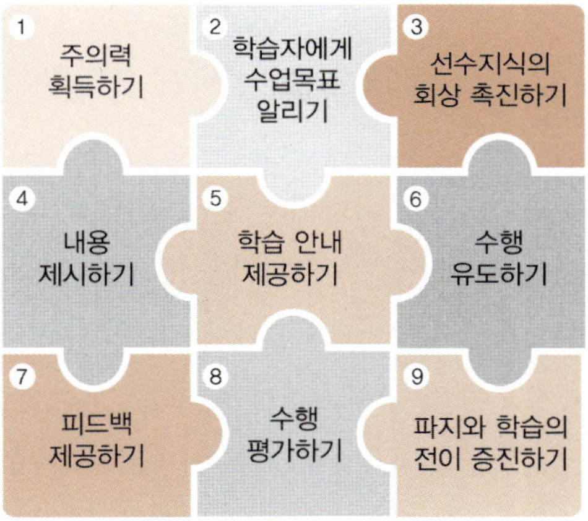

| 그림 7-2| 가네의 9가지 수업사태

출처 : https://educationaltechnology.net/gagnes-nine-events-of-instruction

2. 교육방법의 종류

여기서는 세 가지의 대표적인 교육방법을 소개한다. 가장 대표적인 것이 교사의 설명이 주가 되는 강의이다. 그러나 강의만 잘 한다고 훌륭한 교사가 되는 것은 아니다. 내용전달의 효율성 면이나 학생들이 스스로 생각하는 역량 등등 모든 면을 고려할 때 교사는 강의, 토론, 그리고 프로젝트 접근법 등 다양한 교육방법을 습득하고 필요에 따라 이를 적절하게 사용할 수 있어야 한다(Glanz, 2009).

1) 강 의

강의는 그 목적이 지식의 전달을 통한 내용의 숙지이다. 따라서 교사는 주체, 학생은 객체가 되고 수동적일 수밖에 없다. 강의는 대규모의 학생들을 대상으로도 가능하여 비용 대비 가장 효과적인 데다가 교수의 목적이 지식의 전달로 인한 내용의 숙지일 경우 교육적으로도 가장 효율적일 수 있다.

다만, 우리나라 교육이 예전부터 강의를 통한 지식의 주입이 강조되어 왔고 이런 주입식 교육이 인재를 만들어 내지 못한다고 비판받아 온 점을 주목할 때 강의라는 교수방법은 한계를 가질 수 있음을 이해해야 한다. 어떤 교육학자는 강의를 일컬어 '가장 과잉 사용된 교수방법'이라고 주장하고 있다(Glanz, 2009). 미국의 국립훈련연구소(National Training Laboratories)는 '학습 피라미드'를 제안했는데 이는 학습자가 특정 학습방법으로 학습했을 때 얼마나 기억할 수 있는지를 표현한 것이다. 가장 넓은 아래부터 좁은 위쪽으로 올라가면서 기억력의 비율도 줄어든다. 이 중 가장 기억이 적게 남는 것이 강의(lecture)로 약 5% 정도이고, 읽기(reading) 10%, 시청각 수업(audio visual) 20%, 시연(demonstration) 30%, 집단토론(group discussion) 50%, 실제 해보기(practiced by doing) 75%, 직접 가르치기(teaching others) 90% 순이라는 것이다. 따라서 강의 일변도로만 진행되는 수업은 문제가 있을 수 있다.

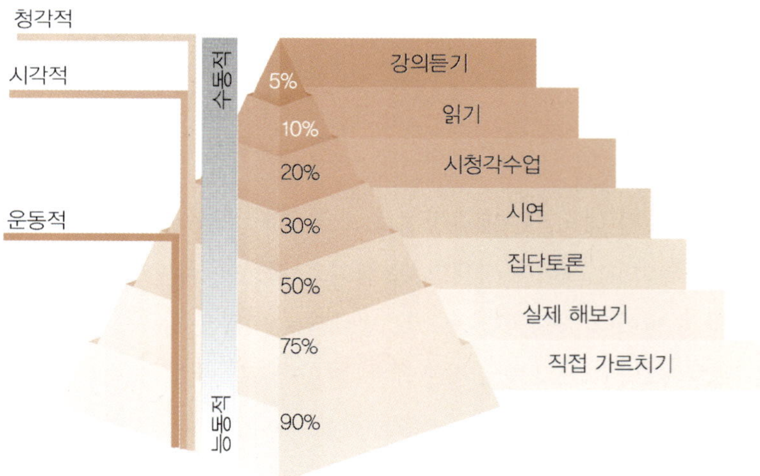

| 그림 7-3 | 학습 피라미드

출처 : https://www.educationcorner.com/the-learning-pyramid

교사들은 강의를 주된 교육방법으로 사용하는 경우라도 언제 어떨 때 강의방법이 가장 효과적인지, 어떨 때 보다 상호작용 빈도가 높은 다른 교육방법을 사용해야 하는지 생각해 보아야 한다. 현대 학생들은 주의집중 시간이 짧은 경우가 많고 일방적인 언어의 전달만으로는 효율이 떨어질 수 있으므로 강의를 통해 다양한 미디어 자료를 제시하는 것도 좋은 방법이 된다.

2) 토 론

토론은 학생들에게 자신의 의견을 표출하는 기회를 줌과 동시에 자신이 표출한 생각을 숙고하고 분석하고 자신의 다른 생각 또는 다른 이들의 생각과 비교할 수 있는 기회를 준다.

토론은 학생들끼리 서로 이야기하게 시켜놓고 교사는 할 일이 없는 그런 활동이 아니다. 교사는 적극적으로 토론이 진행되도록 돕고(facilitate), 때로는 토론의 방향을 이끌며(guide), 중요한 질문을 던지고(posing questions), 모두가 고루 참여하고 있는지 확인하는 역할을 맡는다. 토론은 학생들로 하여금 학습의 주체가 되게 하므로 학생들이 비판적 사고를 함양해야 할 때 적극적으로 사용할 수 있다.

그리스의 철학자 소크라테스(Socrates)[1]는 사람들에게 참된 지식을 직접 가르치기보다는 대화와 문답을 통해 상대가 스스로 무지와 편견을 자각함으로써 진리를 발견하게 하였다.[2]

예를 들어, '젊은이들이 검술 수업을 받도록 해야 하는가?'라는 논의에서 사람들은 각자의 근거를 들어 받도록 하자, 받지 말도록 하자 라고 갑론을박할 수 있으나 소크라테스는 "검술을 배우는 데에서 사람들이 기대하는 바는 무엇인가?"라는 질문을 던져 표층적이거나 부분적인 이해를 넘어서 그 현상에 내재된 본질적 문제에 대한 의문을 품고 대상을 새롭게 보도록 이끌었다고 한다.

---

1) 소크라테스(Socrates, Sōkratēs) : 고대 그리스의 철학자. 아테네에 살면서 많은 제자들을 교육시켰는데, 플라톤도 그중의 하나이다. 그러나 그의 사상 활동은 아테네 법에 위배된다 하여 사형을 당했다. 당시 아테네에서는 민주주의제도가 쇠퇴하면서 사회적 황폐가 확대되는 상황이었다. 소크라테스의 사상은 그 당시의 지배계급인 귀족계급을 대변하고 있었는데, 새로운 신흥계급의 출현으로 반민주주의적인 귀족계급이 수세에 몰리고 있었다. 종래 그리스의 유물론적인 자연철학에 대립하여 그는 '너 자신을 알라'라는 말을 기초로 하여 '영혼'에 대해 깊게 생각하면서 삶의 온당한 방법을 아는 것을 지식의 목적이라 하고 이로써 도덕적 행위를 고양시키는 것을 지향하였다. 즉, 단순한 지식이 아니라 실천지(實踐知)를 중시하였다. 이러한 참된 지(知)를 얻을 수 있는 방법을 귀납법에서 찾고, 사람들의 대화에 의한 문답법에서 독단적인 잘못된 지식을 비판하고 제거하면서 일반적인 진리에 도달할 수 있다고 하였다. 그는 이것을 진리를 찾을 수 있도록 도와준다는 의미에서 '산파술(産婆術, maieutikē)'이라 칭하였다. '영혼'을 주제로 한 그의 학설은 정신주의적이고 관념론적인 것이고 이것은 그의 제자인 플라톤에게 계승되었다. 소크라테스의 저작은 없으나 그의 사상은 플라톤이나 아리스토텔레스의 저작에 나타나고 있다. [네이버 지식백과] 소크라테스[Socrates, Sōkratēs](철학사전, 2009, 중원문화)

2) [네이버 지식백과] 소크라테스의 대화법(고교생을 위한 윤리 용어사전, 2001.12.20., ㈜신원문화사)

| 그림 7-4 | 소크라테스의 죽음(자크 루이 다비드 작, 1787년)

이와 같이 학생이 어떤 문제에 대해 도움을 요청하면 교사는 그 해답을 바로 제시하는 대신에 더 구체적이고 예리한 질문을 던질 수 있다. 이렇게 학생과 교사 간에 서로 질문하면서 토론하는 가운데 점차 학생은 교사가 주는 해답이 아닌 자신만의 대답을 만들어 나갈 수 있다.

이러한 문답법(teacher-directed socratic)은 학생들로 하여금 교사가 던진 질문에 답을 하기 위해 활발히 사고하게 하므로 학생들이 더 주체적인 교육방법이 될 수 있다. 그러나 이 방법의 단점이라면 아주 적은 수의 학생들을 대상으로 할 때 효율적이라는 점, 그리고 좋은 질문을 만들어 내는 교사의 능력 정도에 따라 그 질이 달라진다는 점이다.

이러한 문답법의 일종으로 볼 수 있는 하브루타(havruta)는 유대인의 교육방법으로 알려져 있으며, 가정에서 아이들로 하여금 질문을 하게 하여 대화하고 토론하는 방식에서 온 교육방법이다. 상대방의 말을 경청하고 설득하는 과정을 통해 의사소통 능력을 배양할 수 있다. 앞서 제시한 학습 피라미드에서도 '직접 가르치기'가 학습에 가장 효과적이라는 결과가 있는데, 하브루타 수업도 토론을 통해 서로를 가르칠 수 있는 방법이다.

| 그림 7-5 | 하브루타 학습방법

출처 : https://www.myjewishlearning.com/article/havruta-learning-in-pairs/

3) 프로젝트 수업

최근 학교현장에서는 다양한 방법의 교과통합형 프로젝트 형태를 적용한 수업을 늘려가고 있다. 현재 학교현장의 한 예를 들면 다음과 같다. 한 학교에서는 도덕 교과를 중심으로 배려와 봉사를 주제로 한 수업을 총 5차시로 계획하면서 국어과에서는 '사과하는 글쓰기'를 진행하고 미술과에서는 아나바다(아끼고, 나누고, 바꾸고, 다시 쓰는) 장터 체험활동과 한 봉사단체와 공동으로 사진전을 개최하는 등 창의적 체험활동과 연계해 수업을 진행하였다. 핵심은 도덕 과목에서 학생들이 체화하고 공감해야 할 덕목을 골라내고 함께 공부하면 좋은 타 교과의 단원과 융합해 프로젝트 수업을 설계하는 것이다. 이 과정에서 앞서 소개했던 교육방법인 토론은 물론 역할놀이, UCC(User Created Contents) 제작, 글쓰기, 공익광고 만들기 등이 다양하게 활용될 수 있다.

다른 한 예는 코로나19 시기에 한 중학교에서 실시한 '우리 동네 지키기' 프로젝트 수업이다.[3] 이 수업은 국어교과 '설득하는 말하기' 단원에서 '우리 동네'라는 공간을 설정하고 시작했다. 학생들이 소그룹으로 나누어져 온라인을 통해 조사하고 정리한 활동 내용을 게시판에 올렸다. 대안 탐색 단계에서는 등교수업으로 진행되었다. 소그룹별로

3) 교육부 공식 네이버 블로그(2021.6.23). 온라인 수업에서도 쉬지 않고 돌아가는 PBL 프로젝트. https://blog.naver.com/moeblog/222406481395

태블릿을 활용하여 사례와 자료를 모으고 해결 방안을 제시하는 활동을 했다. 인도가 좁아서 전동 휠체어가 차도로 다닐 수밖에 없다는 문제를 발견한 그룹은 1차 해결 방법으로 인도를 넓히는 방안을 제시했지만 이는 현실적으로 어려웠기 때문에 전동 휠체어에 빛 반사 스티커를 붙여 메시지를 전달하는 해결 방법을 도출했고, 하수구가 쓰레기통으로 변하고 있다는 문제를 발견한 그룹은 비가 올 때만 열리는 스마트 빗물받이를 제안했다가 현실적으로 가능한 하수구 옆 문구 새기기 등의 방법을 찾았다. 교사는 학생들이 현실적인 대안을 찾을 수 있도록 피드백을 주는 역할을 했다. 이후 이러한 문제를 해결할 수 있도록 연설을 준비했다. 코로나19로 인해 대면 연설은 하지 못했지만 사회참여 자율 동아리를 결성했고 장애인복지관과의 미팅, 하수구 문구를 새기기 위해 경찰서에 협조 구하기 등을 했다.

3. 교육공학을 활용한 수업방법

디지털 대전환 시대를 맞아 학교의 수업 등 교육현장에도 많은 변화가 일어나고 있다. 현재 학령기 학생들은 디지털 환경에서 태어나고 자라고 있는 상황이므로 최신 정보통신기술을 다루는 데 성인들보다 훨씬 능숙하다. 당연히 이들을 가르치는 교사들과의 기술격차도 상당할 수밖에 없다.

이러한 기술격차는 교사에게 가르치는 일에도, 학생들을 이해하는 일에도 어려움을 주고 있는 것이 사실이다. 예를 들어, 과거 한 가지 일에 집중해서 하나씩 처리해 나가는 것을 미덕으로 삼았던 것과는 달리 최근 학생들은 한 번에 다양한 일을 해내는, 소위 멀티태스킹(multitasking)에 능하다. 그러나 교사의 눈에는 이런 학생이 산만한 것으로 비칠 수도 있는 것이다.

교실 안팎에서 교사는 이들을 어떻게 가르치고 학습을 지도해야 할까? 교육공학적 측면에서의 현재 이슈들 중 여기에서는 크게 교실 내에서의 미디어를 사용하는 이러닝(e-learning)의 활용, 그리고 학습시간과 공간의 한계를 없애는 사이버 교육(cyber education)의 두 가지로 분류하여 설명한다.

1) 이러닝 활용

학생들은 스마트한 환경을 주도하는 소비자 역할을 하면서 소통을 넘어 정보통신환경을 바꿔나가는 데도 일조하고 있다. 이제 많은 사람들이 디지털 기기로 다양한 과업을 수행해 나갈 수 있는 의향과 능력이 있으며 이들 중 아동과 청소년은 디지털 원주민(digital native), 즉 태어날 때부터 디지털 환경에 둘러싸여 자라났기 때문에 디지털의 활용에 가장 능숙한 세대에 속한다.

교사들은 스스로 이들 '디지털 원주민'을 교육하는 데 준비가 덜 된 것처럼 느낄 수도 있다. 요즘 학생들은 한 자리에 가만히 앉아서 공부하는 것보다는 직접 보고, 체험하고, 정보를 수집하는 방식을 선호한다. 학습결과를 정리하고 제출하거나 공유하는 데 있어서도 디지털 방식을 선호하기도 한다. 학급이나 작업 그룹별로 웹사이트를 만들고 학습내용을 올리거나 숙제를 온라인으로 공유하고 작업의 진행에 필요한 의사결정을 온라인 채팅방을 통해서 진행하는 정도는 이미 보편화되어 있을 정도이다.

그러나 교육현장은 이 정도를 넘어선 보다 근본적인 교실의 개혁을 요구하고 있다. 현재 정보통신기술을 이용한 교실의 변화는 체감이 가능한 수준을 넘어 급속도로 진행되고 있는 상황이다. 현재 정부가 선도하는 '스마트 교육'은 디지털 기술과 학교교육을 접목한다. 수업에 스마트 기기를 활용함은 물론 '디지털 교과서'를 도입하는 등 교육현장의 변화를 주문하고 있다. 디지털 교과서란 동영상, 애니메이션, 가상현실 등의 다양한 형태의 최신 정보를 담고 있는 교수학습용 자료이다. 학습자들의 표현활동 지원은 물론 학습평가 자료가 풍부하게 제공되고 학습 진단 및 관리까지 가능한 자료로서 이제는 인공지능 기술을 적용한 'AI 디지털교과서'가 도입되고 있어 학습자의 수준이나 특성에 맞추어 사용할 수 있다. 이에 현 시대는 적극적으로 인공지능 기술을 활용하며 학생들을 인간적으로 지도하는 교사가 필요한 세상이 되었다. 아무리 좋은 기술이 적용된다고 해도 교육 현장의 교사가 이에 대해 폭넓은 이해가 부족하다면 제대로 활용이 어렵기 때문에 교사들도 정보통신기술 분야에 대한 학습에 보다 관심을 기울여야 한다.

가장 기본적으로 접근해 볼 수 있는 스마트 교육은 교실 내에서의 협력학습의 형태에 스마트 기기의 사용을 추가하는 형태이다. 이러한 수업은 상대적으로 플랫폼이 부족한 교육환경에서도 활용할 수 있다. 이 수업의 일반적인 절차는 교사가 문제 상황을 제시하고 학생들로 하여금 문제 확인 및 역할 분담을 하게 한다. 이후 모둠별 개별 활동과 문제 해결안 도출과정에서 스마트 기기를 사용하여 학습자끼리 협력하여 스스로 지식을 구성할 수 있는 보조적 역할을 하도록 한다.

또한 현재는 기존의 학습이 가진 장점과 디지털 기기를 이용한 학습의 장점을 결합하여 시너지를 발생시키는 다양한 방법이 제시되고 있다. 학생이 주도적으로 학습하도록 하는 것이 핵심이기 때문에 정보통신기술을 사용한 수업에 학생이 적극적으로 참여할 수 있도록 수업을 설계할 필요가 있다.

(1) 블렌디드 러닝

블렌디드 러닝(Blended Learning)은 온라인과 오프라인 학습 활동을 결합한 방식으로, 온라인과 오프라인 학습의 단점을 서로 보완하고 장점을 살리는 교육 방식이다. 대표적인 예시로 플립러닝(Flipped Learning)이 있다. '거꾸로 교실 수업법'이라는 명칭으로도 알려져 있다. 온라인에서 학습이 우선적으로 이루어지고 오프라인에서 사전 학습을 바탕으로 더 깊이 있는 학습 활동이 이루어진다. 교사는 일반적으로 교실에서 이루어지던 강의식 수업을 동영상으로 제작하여 학생들에게 배포하면 학생들은 이를 집에서 시청하여 예습의 기회를 가진 다음 학교에서는 다양한 조별 활동을 통해 지식과 이해의 깊이를 더한다. 이 방식은 전반적으로 강의중심으로 이루어져 온 학교의 수업에 참여하는 학생들의 수동성을 줄이고 학생이 중심이 되는 수업을 할 수 있다는 장점이 있다.[4] 또한 먼저 공부를 하고 나서 활동을 진행하기 때문에 학습자의 입장에서는 몰랐던 것들, 궁금한 것들을 해소할 수 있으며 토의나 프로젝트 등을 통해 적용하는 기회를 가질 수 있어 '살아있는 지식'을 쌓는 데도 도움이 될 수 있다.[5]

4) 김현진(2012). 스마트교육의 개념과 교수학습모형. 청람교과교육포럼. 미발간.

5) https://if-blog.tistory.com/12488 [교육부 공식 블로그:티스토리]

(2) 하이브리드 러닝

하이브리드 러닝(Hybrid Learning)은 원격 학습자와 교실 내의 학습자가 디지털 기술을 통해 소통하거나 대면 수업의 일부를 온라인 원격교육으로 대체하는 방식이라고 할 수 있다. 즉, 교실에 학습자들이 있고 동시에 온라인상에도 학습자들이 있어 서로 쌍방향 소통을 할 수 있도록 구성한 교육이다. 앞서 소개한 블렌디드 러닝은 오프라인 활동과 온라인 수업 및 활동을 혼합한 것이기 때문에 해당 온라인이나 오프라인 각각에서 모든 학습자들이 소통하지만 하이브리드 러닝은 온라인과 오프라인 활동이 동시에 일어나 온라인에 있는 학습자들이 오프라인에 있는 학습자들과의 소통이 가능하다는 것에 차이가 있다.[6] 즉, 이 두 가지가 동시에 일어나므로 학습자에게 참여 방법의 선택권을 부여할 수 있다. 오프라인에서는 한정된 인원으로 수업을 진행하고, 동시에 실시간으로 수많은 학습자들이 온라인 교육 플랫폼에서 참여할 수 있어 만약 오프라인 교육에 참여할 수 있는 상황이 아니면 온라인으로 참여할 수 있어 유연성이 커진다. 코로나19를 겪으면서 대면 교육 참여가 불가능한 상황이 발생하면서 이러한 학습의 필요성과 의의가 커졌으며 이러한 교육방법은 포스트 코로나 시대에도 진화 중에 있다.

미디어를 활용한 새로운 수업 방식은 단순히 기존 학습과 디지털 미디어를 활용한 학습을 섞는 것이 아니므로 보다 전문성을 가지고 접근해야 한다. 대부분 학습자가 협력을 통하여 지식을 창출하고 교사가 지원하는 형태로 구성되므로 사전에 수업 설계에 대한 많은 준비가 필요하고 학습과정에서도 학생들의 지식구성 방향에 대한 교사의 피드백(feedback)과 비계설정(scaffolding)이 중요하다. 이러한 새로운 접근 방법을 도입하고 시도하는 주체가 수업 현장의 교사라는 점에서 앞으로 기존의 교육방법에 얽매이기보다는 새로운 세대와 사회의 요구에 적합하고 첨단 기술을 학습자 중심으로 활용하는 데 더 관심을 기울여야 할 것이다. 또한 가정에서도 많은 양의 학습이 디지털 미디어를 통해 진행되므로 학부모들도 디지털 교육에 대한 이해를 제고할 필요가 있다.

6) https://if-blog.tistory.com/12488 [교육부 공식 블로그:티스토리]

2) 사이버 교육

'사이버 교육' 또는 '온라인 교육'이라고 불리는 교육은 학습자로 하여금 시간과 장소의 제약을 벗어나 언제 어디서나 원하는 학습을 할 수 있도록 하는 교육 형태를 의미한다. 실제로 학령기 학생을 제외하고는 많은 사람들이 바쁘거나 다양한 이유로 직접 수업에 가기를 어려워한다. 학령기 학생조차 학습량이 많아 기존 수업의 보조방법으로 온라인 교육을 이용하고 있는 상황이다. 흔히 학생들이 '인강'이라고 줄여 부르는 인터넷 강의가 최근 학령기 아동과 청소년의 주된 학습방법 중 하나가 된 것을 확인할 수 있다.

100% 인터넷 강의로만 교육과정이 운영되고 있는 사이버대학교 또는 디지털대학교가 고등교육의 한 형태가 된 지도 오래인 한편, 최근에는 많은 일반 대학에서도 강의의 일부분을 인터넷 강의로 대체하거나 기존 수업의 일부를 인터넷 강의로 보충하여 부족한 수업량을 보충하거나 중요한 전공과목의 경우 여러 번 다시 들을 수 있도록 하는 것을 볼 수 있다. 이렇게 사이버 교육 또는 온라인 교육은 과거에는 학교에 다니기 어려운 성인이나 근로자들의 학습 정도로 생각되었다면 이제는 학령기 학생들을 비롯 모든 생애주기의 학습자들이 교육기관 안팎에서 학습을 지속하는 방법 중 하나로 자리매김하고 있으며, 특히 코로나19 시기 대단한 성장세를 보였다.

한편 MOOC(Massive Open Online Course)는 대규모 온라인 공개 수업으로 미국의 대학 주도로 온라인을 통해 대중에게 공개된 강의에서 시작됐다. 학습자들의 자격에 제한을 두지 않고 개방함으로써 누구나 어디에서나 들을 수 있는 수업을 구축했다는 데 의미가 있다. 한국에서는 국가평생교육진흥원이 주관하고 있는 K-MOOC가 있다. 수강인원에 제한 없이(Massive), 모든 사람이 수강 가능하며(Open), 웹 기반으로(Online) 미리 정의된 학습 목표를 위해 구성된 강좌(Course)를 말한다. 이 한국형 무크인 K-MOOC는 '열린 고등교육 체제를 통한 대학교육 혁신'을 비전으로 모든 강의를 무료로 제공하고 있다. K-MOOC는 강의 영상 외에 퀴즈, 토론, 과제, 시험 등 학습활동이 포함되어 있다. 현재 K-MOOC의 수강을 학점으로 인정해 주는 학교도 있다.

이러한 사이버 교육을 실시할 경우 학생들과의 상호작용 방법, 수업의 질 관리 방법 등에 있어 기존 대면 교육과 차이가 있기 마련이다. 교실 속에서처럼 학습자와의 면대면 상호작용을 기대하기 어려우므로 온라인 교육에 맞는 교수설계를 하는 데 보다 관심을 기울여야 한다.

제7장 활동

1. 가네의 9가지 수업사태를 참조하여 한 시간 분량의 수업을 설계하고 발표해 보자.

2. ChatGPT 등 생성형 AI를 활용하여 학생들에게 개인별로 맞춤형 학습을 지원해 줄 수 있는 방법을 생각해 보고 발표해 보자.

CHAPTER

08 교육평가

|개요|

가르친 것을 학생들이 이해하였는지를 교사들은 어떻게 알 수 있을까? 이 질문에 대답하기 위한 교육학의 분야가 교육평가이다. 학생의 입장에서는 자신이 잘했건 못했건 간에 좋은 결과와 교사의 칭찬 등 보상을 원할 것이다. 그러나 교사의 입장에서는 학생들 간 수행격차가 나는 답안을 놓고도 "모두 잘했다"라는 평가를 해야 할까? 오히려 정확한 평가는 학생들의 성취를 신장시키고 동기를 유발할 수 있다. 이 장에서는 교육평가에 대한 기본적인 지식을 알아보고 학생들에게 공정한 평가를 내리는 방법에 대해서 생각해 본다.

Chapter 08 교육평가

1. 교육평가의 개념과 기능

1) 교육평가의 개념

학생에게 가르친 것과 그에 대한 평가와의 관계는 교육의 핵심이다. 교사가 모든 학생에게 동일하게 가르친다고 해도 학생은 개인차를 가지는 존재이므로 수행격차를 보이기 마련이고 이에 따른 보상 차이가 있을 수밖에 없다.

사실 교육평가라고 하면 학생에 대한 평가뿐 아니라 교육현상에 대한 모든 평가를 포함한다. 단순히 학생의 학습평가뿐만 아니라 교사의 질, 교육과정, 교육시설 등 교육현상 전반에 대한 평가를 포함하는 광범위한 의미를 뜻하고 각각의 평가는 서로에게 영향을 미친다. 예를 들어, 학생에 대한 평가는 학생의 성취 정도를 알려주는 역할뿐만 아니라 수업이나 교육과정의 개선자료로서 사용되기도 한다.

미국의 교육학자 타일러(Tyler, 1949)는 교육평가를 본질적으로 교육과정 및 수업 프로그램에 의하여 교육목표가 실제로 어느 정도나 실현되었는지를 밝히는 과정으로 정의하였는데, 그의 교육과정 개발 4단계에서 마지막 단계인 평가가 이를 의미한다. 즉, 평가는 사전에 결정되었던 소기의 교육목표가 달성되었는가에 관한 풍부한 자료를 학습과정 중 효과적으로 수집 및 활용한다는 의미가 된다. 즉, 수업을 진행하는 과정에서 수시로 형성평가(formative evaluation)를 실시하는 것은 학생의 목표성취도를 판단하는 한편, 교사는 학생의 성취도를 고려해 수업의 질을 높이기 위한 변화를 꾀할 수 있다. 마찬가지로 한 단위의 수업이 끝났을 때 하는 총괄평가(summative evaluation)는 학생 개인의 소기의 목표 달성도를 따져보는 동시에 수업 전체의 성패를 알려주며, 문제가 있을 경우 수업과 교육과정을 개선하기 위한 의사결정 자료가 된다.

이처럼 교육평가는 학생에 대한 평가, 수업 및 교육과정에 대한 평가, 그리고 교육기관의 수행에 대한 평가 등 교육 상황에서 필요한 다양한 평가를 다루는 분야이다. 즉, 첫째, 교육목표 달성도를 판단하고, 둘째, 학생의 성취나 상태에 관한 정보를 수집하며, 셋째, 실행된 교육과정의 효율성을 판단하는 활동이다.

이 장에서는 그중 첫 번째와 두 번째, 즉 학생의 교육목표 달성도에 대한 평가와 학생에 관한 정보제공 차원의 평가에 초점을 맞추어 소개한다.

2) 교육평가의 기능

교육평가의 기능은 학습장면에서 활동하는 모든 행동과 관련을 맺고 있다. 교육평가가 수행하는 여러 기능 중 중요한 것을 살펴보면 다음과 같다.

첫째, 교육평가는 학습동기를 유발하고 강화하는 기능이 있다. 학생들은 숙제나 시험이 전혀 없다면 공부할 필요성을 느끼지 못할 수도 있다. 학습동기는 내적 동기(intrinsic motivation)와 외적 동기(extrinsic motivation)로 나뉘는데, 평가는 대부분의 경우 외적 동기와 관련이 있다.

둘째, 교육평가는 교육목표 달성도를 측정하는 기능이 있다. 학교교육에서는 목표 달성 여부를 학업성취도로 확인할 수 있고 이를 기본적인 기능으로 볼 때 평가는 달성도에 관한 정보이자 증거가 될 수 있다. 따라서 교육평가는 본래의 목적, 즉 주어진 목적의 달성에 대한 직접적인 측정이 되도록 계획과 도구의 선정에 유의할 필요가 있다.

셋째, 교육평가는 학생의 학업성취는 물론 학생의 지적 · 심리적 · 사회적 · 신체적 측면 등 다양한 분야에 대한 정보자료를 제공함으로써 학생에 대한 정보를 원하는 학부모, 상위 교육기관 등 다양한 관계자의 정보에 대한 필요를 충족시킬 수 있다. 상위 교육기관의 경우 선발을 거쳐서 지원자를 선택해야 하므로 선발을 위한 정보로 입학시험, 고등학교 배치시험, 대학수학능력검사 등의 점수를 고려할 것이다.

넷째, 교육평가는 교육정치(敎育定置),[1] 즉 학생을 그에게 적합한 환경으로 배치(placement)하는 데 필요하다. 진급, 진학, 학급 편성, 집단조직 등이 이와 관련이 있는데 이러한 교육정치 활동에 교육평가가 공헌할 수 있다.

다섯째, 제공된 교육의 효과를 판단하고 학습자나 학급, 학교, 나아가 교육 제반이 직면한 문제를 발견하고 이를 보완하고 수정하는 데 필요하다. 먼저, 제공된 교육의 질을 평가함으로써 교육과정의 질적 개선을 도모한다는 점에서 의미가 있다. 교육과 관련된 제반 문제점을 발견하고 수정함으로써 교육과정이 효율적으로 운영되도록 하고 나아가 교육정책을 설정하는 데 있어 중요한 자료가 될 수 있다.

3) 교육평가에 교사가 관심을 가져야 하는 이유

이렇게 다양한 기능을 가진 교육평가에 대해 많은 교사들은 '가르치는 일보다 평가가 어렵다'는 반응을 보인다. 그러나 평가는 가르치는 일만큼이나 중요한 교사의 전문적이고 일상적인 행위로서 학생의 삶에 큰 영향을 끼친다. 교사가 교육평가에 대해 관심을 가져야 하는 이유를 몇 가지로 설명하면 다음과 같다(Glanz, 2009 : 182-183).

첫째, 교사는 학생의 역량 향상 정도를 주의 깊게 관찰해야 하는데 이렇게 할 수 있는 방법이 평가이다.

둘째, 교사는 평가를 통해 학생들의 강점과 약점을 올바로 진단하여 강점을 살리고 약점을 보강하는 데 도움을 줄 수 있다.

셋째, 평가의 결과는 학생들이 가장 관심 있어 하는 부분이므로 치우치거나 오류 없이 판정하기 위해서도 교사는 평가에 대한 지식을 갖추고 있어야 한다.

넷째, 평가의 종류에도 여러 가지가 있는데 특히 어떤 평가는 학생의 미래에 큰 영향을 줄 수 있다. 이에 대한 책임감과 사명감 때문에라도 교사는 평가에 대한 지식과 기술을 갖추어야 한다.

---

1) 학생이 자신의 잠재능력을 최대한으로 발휘할 수 있는 교육환경에 학생을 배치하는 것을 교육정치(敎育定置, educational placement)라고 한다.

다섯째, 끝으로 교사는 자신의 교육이 효율적인지에 대한 증거를 얻기 위해서도 평가를 알아야 한다.

한편 교사는 교육평가 그 자체가 의도적이든 무의도적이든 간에 학생들에게 영향을 주는 교육적 기능을 가지고 있음을 이해해야 한다. 평가의 이러한 영향을 '잠재적 교육과정(latent curriculum)'이라고 할 수도 있다. 최근 많은 심리학자나 교육학자들은 평가활동이 학생들의 태도와 가치관 및 성격 발달에 영향을 주고 있음을 지적하고 있다. 따라서 교사들은 어떤 평가방법을 적용할 때 이것이 학생들에게 어떠한 영향을 줄 수 있는가에 깊은 관심을 가져야 하며, 평가를 통해 학생들이 긍정적인 영향을 받도록 노력해야 한다.

4) 교육평가의 여러 가지 개념

(1) 측정

평가에는 반드시 체계적인 정보수집의 과정이 따른다. 여기에는 두 가지 기본적인 시각이 존재한다. 즉, '측정관(測定觀)'과 '평가관(評價觀)'이 그것이다. 이 두 시각은 그 전제, 요구하는 정보의 성격, 증거를 해석하는 관점이 다르며, 개념의 차이도 있다.

측정(測定, measurement)은 어떤 척도(scale)를 가지고 특정 사상을 재는 것이며, 측정치는 재서 나온 수치를 말한다. 다시 말하자면, 측정이란 '잰다', '양화한다' 등과 같이 한 사물이 가지고 있는 여러 가지 속성, 예를 들면 책의 경우에 그 속성으로서는 책의 길이, 두께, 무게 등의 속성이 있고, 사람의 경우에는 몸무게, 키, 국어 실력, 또는 지능 등 여러 가지 속성이 있는데 이들 여러 속성의 하나를 양화하거나 적어도 그 특성에 따라 분류하는 경우를 말한다. 이와 같이 측정의 경우에는 주어진 속성의 정도에 따라 이를 양화하는 과정으로서 객관성과 정확성 등이 강조되며 일반적으로 가치판단의 과정이 배제된 경우를 말한다.

측정을 위한 척도는 그 성질에 따라 여러 가지로 나눌 수 있다. 명명척도(nominal scale), 서열척도(ordinal scale), 동간척도(interval scale), 비율척도(ratio scale) 등의 네 가지 척도에서 측정치를 얻을 수 있으며 어떤 척도에서 나온 측정치인가에 따라 자료의 해석과 계산방법이 달라진다.[2] 예를 들어, 수학 시험에서 A학생은 90점을 받고 B학생은 45점을 받은 경우, A군이 B군보다 수학을 두 배나 잘한다고 할 수 있을까? 만일 그렇게 생각한다면 이것은 척도의 성질을 잘못 이해하고 있는 것이다. 교사가 사용한 시험문제는 학생들의 학업 달성 정도를 나타내 주는 서열척도의 성격을 가지며 서열척도에서 나온 측정치를 비율척도에서 나온 측정치와 같이 해석할 수 없다. 그래서 평가를 하고자 할 때는 어떤 척도에 의해서 나온 측정치인가를 먼저 파악하고 각 측정치의 성질에 알맞은 해석을 해야 할 것이다.

(2) 평가

평가(評價, evaluation)는 측정에 비해 보다 넓은 개념을 나타낸다. 측정은 학생의 행동을 양적 기술(quantitative descriptions), 즉 검사 점수로 나타내는 반면에 평가는 양적 기술을 포함할 뿐만 아니라 질적 기술(qualitative descriptions)도 포함하고 있으며 경우에 따라 가치판단(value judgement)까지 포함한다. 즉, 평가란 측정 결과를 어떤 기준에 미루어 특정한 측정치가 바람직한 것인가 아닌가의 가치판단의 과정까지를 포함한, 측정보다 상위의 과정이며 보다 포괄적인 과정이 된다.

평가는 '변화'에 초점을 두고 있어 학습자의 다양한 변화와 그 변화를 발생시키는 요인으로서 교육과정, 교사, 교육방법 등의 효과를 평가하며, 개인은 환경과의 상호작용을 통해 변화한다고 보는 관점을 바탕으로 한다. 평가는 자격판정, 진급, 배치 등에 활용되며 교육방법, 프로그램, 교육과정 등의 효율성을 판단하는 데 유용하게 활용된다.

---

2) 명명척도는 오직 분류나 구분을 위해 쓰는 임의의 숫자나 기호이다. 숫자라고 해도 출석 번호나 버스 노선 번호 등과 같이 수치의 대소를 구분하거나 가감할 수가 없다.
서열척도는 서열적 정보를 갖는 척도이다. 가감을 했을 때 의미가 없는 수치로서 일정한 간격을 가지고 있지 않은 수치이다. 이것은 키나 생년월일 순서대로 나열한 번호에서 5번과 6번 사이의 간격과 8번과 9번 사이의 간격이 일정하지 않지만 5번은 6번보다 크고 8번은 9번보다 크다는 것을 확인할 수 있다. 그러나 어느 정도 큰지는 알 수 없으므로 대소의 구분밖에 안 된다.
동간척도는 화씨나 섭씨 온도계의 눈금과 같이 일정한 간격을 가지고 있어서 상호 측정치 간에 가감을 할 수 있는 경우이다. 섭씨 15℃는 10℃에 비해서 5℃ 높은 온도이고 20℃는 15℃에 비해서 5℃ 높다. 이 양자의 5℃는 같은 온도이다. 그러나 10℃보다 20℃가 두 배 정도 더 높은 온도로서의 개념은 성립되지 않는다. 이와 같이 동간척도는 가감은 가능하나 승제의 개념이 성립되지 않는 측정치를 나타낸다.
비율척도는 절대 0점을 가진 척도로서 가감승제가 모두 가능한 측정치를 제공한다. 절대 0점에서 0은 말 그대로 아무것도 없다는 뜻이다. 이들은 cm나 g의 눈금을 가진 척도와 같은 것이며 8cm는 4cm보다 배나 길고 20g은 10g보다 배나 무겁다는 논리가 성립된다.

이때 단순히 수치화하여 평가하는 것이 아니기 때문에 평가도구의 타당성이 매우 중요하며 특히 내용의 타당도에 관심을 둔다.

예를 들어, 군대에 입대할 때 키와 몸무게 등을 재는 것은 측정이며 신체검사 결과를 종합하여 군인으로서 얼마나 적합한가, 즉 1급, 2급, 3급의 판정을 내리는 것은 평가의 과정이 된다. 또는 국어 70점, 산수 80점은 측정이고 이에 대해 A, B, C, D 등의 등급을 부여하고 각 등급이 의미하는 바, 즉 각 등급의 목표성취 수준의 도달 정도에 대해 기술하는 것은 평가의 과정으로 볼 수 있다.

(3) 총평

총평(assessment)이란 전인적 평가이며 측정과 함께 직관적이고 질적인 평가방법을 모두 활용한다는 특징이 있다. 따라서 양적, 질적 평가를 모두 활용하며 개인과 환경의 상호작용에 관심을 가진다. 따라서 개인이 달성해야 할 준거 분석과 개인이 속한 환경의 분석에서 시작한다. 환경이 요구하는 역할을 먼저 분석하고 개인의 특성이 적합한지를 분석한다. 개인과 환경 간의 상호작용에 관한 증거를 수집하여 분류나 예측 등에 활용한다.

(4) 평가도구

평가도구는 학생의 성취에 관한 자료를 모으는 목적으로 만들어진 도구로서 시험문제, 작문, 발표 등 여러 가지가 있다. 하나의 평가도구가 모든 평가목적을 만족시킬 수는 없으므로 교사는 다양한 평가도구의 특성을 알고 상황과 목적에 맞게 활용해야 한다.

교사와 학생에게 가장 일상적인 평가도구는 아무래도 교사가 직접 제작하는 시험문제일 것이다. 시험문제의 유형도 다양하다. 지문을 주고 맞고 틀리는 것을 판단하는 정오형(正誤形), 불완전한 문장을 완성하는 완성형(完成形), 여러 개의 선택지 중 고르는 다지선다형(多枝選多形), 같은 속성을 지닌 것끼리 연결하는 연결형(連結形), 그리고 자신의 생각을 여러 문장으로 나타내는 논술형(論述形) 등이 있는데, 교사는 각 문제 유형의 장점과 단점, 그리고 자신이 실시하려는 평가의 목적에 가장 적합한 유형의 문제를 출제해야 한다.

(5) 수행평가, 홀리스틱 평가, 포트폴리오 평가

시험문제가 일상적인 학습이 아닌 '시험'이라는 장면을 인위적으로 설정하여 평가를 실시하는 반면, 수행평가(performance assessment)는 일상의 학습과정에서의 학생의 수행을 평가하므로 인위성보다는 자연스러운 점이 부각된다. 실제 학습과정 속에서 자연스러운 수행과정을 평가한다는 점에서 참 평가(authentic assessment)라고도 한다. 수행평가를 참 평가라 하는 것은 전통적인 평가가 거짓이거나 문제가 있다는 말이 아니다. 참 평가의 '참'이라는 뜻은 진짜, 진본(眞本)이라는 뜻으로서 학습과정 속에서 평가를 한다는 측면을 강조한 것으로 보면 된다. 수행평가는 현재 학교에서의 평가에 상당 부분 적용되면서 전통적인 평가를 보완하는 방식으로 사용되고 있다.

이와 더불어 홀리스틱 평가(holistic assessment),[3] 포트폴리오 평가(portfolio assessment)[4] 등에 대해서도 관심이 높아지고 있다. 이는 비교적 장기간 동안 학생의 성취를 뒷받침해 줄 수 있는 가능한 한 다양한 원천의 평가 자료를 수집하고 이에 근거하여 신뢰할 수 있는 평가결정을 내리는 평가를 말한다. 홀리스틱 평가나 포트폴리오 평가는 학생의 성취를 입증할 자료를 모으는 활동이 기본이 된다. 여기에는 앞서 거론한 전통적인 평가와 수행평가 등이 모두 포함된다. 이 모든 자료를 학습이 이루어졌다는 증거로 모아서 종합적으로 교사가 학생의 성취를 판정한다.

2. 교육평가의 유형

학생의 성취에 대한 평가는 수업의 진행과정에 따라, 그리고 평가 기준에 따라 다양한 유형으로 분류된다. 수업진행 과정에 따른 평가유형으로는 진단평가, 형성평가, 총괄평가가 있고 평가 기준에 따른 유형으로는 상대평가와 절대평가를 꼽는다.

---

3) 홀리스틱(holistic)은 '전체적'이라는 뜻을 가지고 있어 어떤 한두 번의 시험으로 그 과목과 수업 동안의 학생 성취도를 평가하는 것보다는 수업기간 전체 활동에 걸쳐 수집한 다양한 자료를 모으고 그 자료들을 종합적으로 살펴보아 학생의 성취도를 평가하는 특성 자체가 전체적인(holistic) 성격을 가지고 있다는 측면에 초점을 맞춘 것이다.

4) 포트폴리오 평가(portfolio assessment)라고 할 때는 포트폴리오(portfolio), 즉 다양한 원천의 데이터를 모아서 늘어놓는다는 자료수집 방법 자체에 초점을 맞춘 것이다.

1) 수업진행 과정상의 평가유형

수업의 진행과정에 따라 학생의 초기 학습상태를 평가하는 진단평가, 수업이 진행되는 동안 학생의 학습진도를 평가하는 형성평가, 그리고 수업의 마지막 단계에서 학생의 성취도를 평가하는 총괄평가로 분류된다.

(1) 진단평가

진단평가(diagnostic evaluation)란 학생의 학습 초기상태, 출발점 행동(entry behavior)을 진단하는 평가이다. 즉, 주어진 학습목표를 성공적으로 달성하기 위한 준비가 되어 있는가를 점검하기 위한 것이다. 학습자가 계획된 수업을 진행하는 데 필요한 지식과 기능을 소유하고 있는가? 계획된 수업목표에 어느 정도 숙달되어 있는가? 학습자의 흥미, 관심, 학습습관 등으로 보아 어떠한 교수방법·학습방법이 적절한가? 등과 같은 질문에 초점을 둔다. 이와 같은 질문에 대한 정보를 얻기 위해서 주로 수업이 시작되기 전 실시한다.

특히 진단평가는 학습의 계열성(系列性)이 뚜렷한 수학 및 과학 교과에 있어서 선행학습의 숙지 여부를 판단하여 현재의 학습을 성공적으로 수행할 수 있는지 판단하는 데 중요한 역할을 한다. 진단평가를 통해 앞선 학습에서의 숙지가 제대로 이루어지지 않았음이 확인되면 교사는 보충학습 등의 학습처방을 개별적으로 마련해야 한다. 또한 진단평가를 통해 앞으로 배울 부분에 대해 이미 상당한 정도 알고 있는 학생이 있다면 역시 이런 학생에게도 개별적으로 학습처방을 해야 한다.

(2) 형성평가

형성평가(formative evaluation)란 수업활동의 진행 도중에 실시하는 평가이다. 단 한 번만 실시하여 판정하는 방식이 아니라, 수업활동이 진행되는 중 여러 번 실시할 수 있다. 형성평가는 학습의 성공과 실패에 관해서 학생과 교사에게 계속적인 피드백(feedback)을 주는 기능을 가진다. 즉, 학생에게는 현재의 목표 달성 수준에 대해 환기시켜 주어 성공적인 학습을 강화하고 교정을 필요로 하는 학습결손을 확인하게 해준다.

학습 초기에는 학생들이 어떻게 공부해야 하는지 잘 모르는데, 이 시기에 형성평가를 실시한다면 학생들은 어떻게 공부해야 하는지 그 방향을 알 수 있게 된다. 따라서 학습 초기에 형성평가를 하는 것이 바람직하다. 또한 학습 중에도 형성평가를 통해 학습속도를 조절할 수 있다. 만약에 중간이나 학기말에 시험을 한 번만 본다고 하면 학생들은 시험 때까지 열심히 공부를 하지 않을 것이고, 그렇게 되면 학습의 계열이 뚜렷한 교과에서는 다음 단계로의 수업의 진행이 어렵게 된다. 이때에 각 학습단계에서 다음 단계의 학습으로 넘어가기 전에 이것이 충분히 학습되었는가를 점검하고 그렇지 않은 학생에게는 보충학습을 하게 함으로써 학습과정이 보다 능률화되고 수월해짐을 알 수 있다.

한편 형성평가는 교사에게도 유익하다. 교사는 형성평가의 결과에 따라 학습자에게 바람직한 것이면 강화해 주고 틀렸을 때는 고질화되기 전에 이를 교정하여 줌으로써 학습의 능률을 꾀할 수 있다. 만일 중간시험이나 학기말고사 한두 번만 시험을 실시한다면 강화나 교정을 할 수 있는 기회 자체가 적어질 것이므로 교사는 형성평가를 잘 활용해야 한다. 또한 형성평가는 교수방법의 개선을 위한 자료로 활용된다. 즉, 학생들이 형성평가에서 좋은 결과를 보였다면 이는 교사 자신이 수립한 수업계획에 대한 확신을 주게 되며, 그렇지 않을 경우 교사는 자신의 수업계획을 학생들에게 맞추어 수정할 수 있는 기회가 된다.

이런 성격의 형성평가가 그 기능을 최대로 발휘하기 위해서는 두 가지 지켜야 할 조건이 있다.

- 형성평가의 결과가 최종 성적에 포함되는 데에는 신중해야 한다. 형성평가는 어디까지나 최종 교수목표를 달성하기 위한 과정에서의 평가이고 학생 스스로가 '내가 얼마나 잘하고 있느냐'를 알아보는 기회를 주는 성격을 가지므로 그 목적 자체가 최종적인 성취도 판정과는 거리가 있어 이를 최종 성적에 반영할 경우 다양한 논란이 불거질 수 있다.
- 형성평가는 무엇보다도 학생의 학습기회로 삼도록 해야 한다. 형성평가 결과는 점수 자체보다는 무엇이 틀렸나를 스스로 학습할 수 있는 기회가 되도록 해야 할 것이다. 즉, 형성평가는 곧 학습의 과정으로서 평가형식을 통한 학생의 학습 자체에 대한 내적 동기유발의 수단으로 활용되어야 한다.

(3) 총괄평가

총괄평가(summative evaluation)는 또한 총합평가라고도 한다. 학습에서 의도했던 교육목표를 학기말이나 학년말에 학생이 어느 정도 성취했는가를 판정하고 성적을 매기거나, 의도된 학습성과의 성취 정도를 알아내기 위한 평가이다. 총괄평가의 기능은 학생들의 성적을 결정하고, 미래의 학업성적을 예측하는 데 도움을 주며, 집단 간의 성적을 비교할 수 있는 정보를 제공하고, 학습자의 자격을 인정하는 판단의 역할을 한다.[5] 또한 총괄평가는 학생의 성취도에 대한 정보를 가지고 전체적인 수업의 효과를 평가하여 그 정보를 피드백하여 다음번의 수업절차를 개선할 것인가를 결정하는 데도 유용하게 쓰인다.

세 가지 평가유형을 비교하면 다음의 표와 같다.

〈표 8-1〉 진단평가, 형성평가, 총괄평가

구분 / 내용	진단평가	형성평가	총괄평가
시 기	교수학습 시작 전	교수학습 진행 도중	교수학습 완료 후
목 적	적절한 교수 · 투입	교수학습 진행의 적절성 교수법 개선	교육목표 달성 교육 프로그램 선택 결정 책무성
평가방법	비형식적 · 형식적 평가	수시평가 비형식적 · 형식적 평가	형식적 평가
평가주체	교사, 교육내용 전문가	교사	교사, 교육내용 전문가, 평가전문가
평가기준	준거 참조	준거 참조	규준 혹은 준거 참조
평가문항	준거에 부합하는 문항	준거에 부합하는 문항	규준 참조 : 다양한 난이도 준거 참조 : 준거에 부합하는 문항

출처 : 성태제(2002). 현대교육평가. 서울 : 학지사.

5) 평가의 기준을 루브릭(rubric)이라고도 한다. 예를 들어, 수행기준 상중하, 또는 A, B, C, D, E 등에 대한 판단의 기준을 최대한 자세히 마련하여 이를 평가 시에 꼼꼼하게 활용하는 것이 좋다.

2) 평가 기준에 따른 평가유형

평가 기준이 어디에 있는가에 따라 임의평가, 준거지향평가, 그리고 규준지향평가로 분류할 수 있다. 임의평가란 평가기준이 평가자의 주관적인 판단에 의거하는 평가로 평가도구의 불완전성이 크므로 제외하고 여기에서는 준거지향평가와 규준지향평가를 설명한다.

(1) 준거지향평가

준거지향평가(criterion-referenced evaluation)는 목표했던 성취도나 학습목표에 도달했는지를 평가하는 방법이므로 절대평가라고도 부른다. 여기에서 준거(criterion)는 학생이 학습을 하면서 달성해야 하는 목표의 최저 기준으로 볼 수 있다. 발달적 교육관을 바탕으로 하기 때문에 점수의 부적편포를 기대한다. 즉, 왼쪽으로 꼬리가 긴 모양새로 대부분의 학생이 높은 성취를 보이는 분포형태이다.

따라서 준거지향평가를 적용할 때에는 가능한 한 많은 학생이 학습목표를 달성할 수 있도록 교수방법을 선택해야 하며 수업 구성 시 학생의 특성과 가르칠 내용이 무엇인지 등을 명확히 할 필요가 있다. 학생이 학습목표를 얼마나 성취했는지를 판단하고 적절히 배치하여 목표를 달성할 수 있도록 보충수업을 제공하는 등 보완하는 과정을 거칠 수 있고 학습목표, 교육과정, 교수방법 등의 개선에 용이하다는 장점이 있다. 반면 학생의 개인차를 변별하여 선발하는 것이 어렵고 준거의 설정에 대하여 주관이 개입하기 때문에 그 기준을 설정하는 데 어려움이 있을 수 있다.

(2) 규준지향평가

규준지향평가(norm-referenced evaluation)는 학생들의 상대적 위치를 가리기 위한 평가방법이므로 상대평가라고도 부른다. 순위 또는 서열을 결정하여 학습에 대하여 높은 성취를 보인 학생과 낮은 성취를 보인 학생에 관한 비교가 필요할 때 주로 사용한다. 선발적 교육관에 해당하며 좌우가 고르게 분포된 점수의 정상 분포를 기대한다. 준거나 목표 달성 여부보다는 평가를 통해 우수한 학생을 선발할 때 유용하다. 학생 개개인의 성취도를 변별할 수 있다는 것과 교사가 검사를 할 때 편견을 최소화할 수 있다는 장점이 있다. 또한 외적 동기로서 경쟁을 유도하고 학습자로 하여금 학습하려는 동기를 유발하는 데 효과적일 수 있다. 반면 학습목표를 성취했는지 여부를 알기 어렵고 장점일 수 있는 경쟁 유도가 지나치면 오히려 학습자로 하여금 부정적 정서를 가지게 할 수 있다.

3) 평가를 둘러싼 문제

교육평가의 이론과 실제에서 가장 큰 관심과 논란을 불러일으키고 있는 이슈로는 이른바 상대평가(relative evaluation)와 절대평가(absolute evaluation)의 문제를 들 수 있다. 나아가 전통적 방식의 평가가 과연 미래세대에게 적합한 것인가 하는 질문도 자리잡고 있다.

(1) 상대평가의 문제

상대평가(relative evaluation)에서는 주어진 교수목표를 달성한 사람이 얼마나 되느냐에 관심을 갖는 것이 아니라 누가 더 잘 하느냐 혹은 어느 학급이나 학교가 평균점수가 높으냐 등 상대적 비교를 통해서 평가된다는 점에 가장 큰 특색이 있다. 따라서 상대평가는 앞서 본 규준지향평가(norm-referenced evaluation)와 연결된다. 즉, 어떤 시험의 채점 결과에서 얻은 원점수(raw score)를 표준점수(standard score) 척도로 환산하여 이 표준점수 척도에 의거해서 평가하게 되므로 개인의 집단 속에서의 위치(학력, 지능, 적성 등)를 다른 사람과 비교해서 상대적으로 판단하게 된다. 즉, 평가의 기준이 다른 사람의 성취 정도가 된다는 것이다. 이를테면 한 학년 또는 한 학급을 단위로 하여 성적이 좋은 순서에 따라, 수 10%, 우 20%, 미 40%, 양 20%, 가 10%로 평가하는 방법 등이 그 예이다.

상대평가는 개인의 상대적 위치는 알려주지만 그 개인이 설정된 교육목표를 어느 정도 달성하였는지를 제시해 주지 못한다는 단점이 있다. 앞의 예를 들면, A학교 6학년의 한 학급 학생이 60명이며 이들이 모두 우수한 학생이고 또한 수준이 같은 학생이어서 점수가 90점에서 98점까지 분포되어 있더라도 수 6명, 우 12명, 미 24명, 양 12명, 가 6명으로 평가해야 한다. 반대로 B학교 6학년의 특정 학급의 학생이 60명인데 이들의 성적은 40점에서 50점까지 분포되어 있다 해도 '수'를 받는 학생은 동일하게 6명이 되는 것이다. 따라서 A학교의 '수'는 90점인데 B학교의 '수'는 50점이라고 하는 모순이 나타난다. 이때의 원점수는 설정된 교육목표에의 도달 정도를 의미하는 것인데, 90점과 50점이 동일하게 최고 수준의 등급인 '수'를 받는 것은 상대평가의 가장 큰 문제점이라고 할 수 있다. 즉, '일정 비율(一定比率)'이라는 올가미에 묶여서 사실상의 학습 성취도에서 별로 의미 있는 차이를 보이지 않는 두 학생에게 전혀 다른 평점을 매기게 된다든가, 또는 서로 다른 학급과 서로 다른 학교에서 매겨진 동일한 평점이 전적으로 판이한 성취도의 수준을 의미한다든가, 지나친 경쟁심리를 유발하는 문제 등이 상대평가의 크나큰 취약점이라고 할 수 있다. 반면 다른 학습자와의 비교로 인해 자극을 받아 열심히 학습하려는 심리를 유발할 수 있다는 점은 장점으로 꼽힌다.

(2) 절대평가의 문제

절대평가(absolute evaluation)는 주어진 교육목표 달성도의 평가라는 점에서 앞서 본 준거지향평가(criterion-referenced evaluation)를 뜻한다. 절대평가의 준거는 수업목표이므로 목표 달성도를 평가할 수 있는 평가도구를 제작하고 이 도구에 따라 평가된 결과를 다른 사람과 비교하지 않고 그대로 기록한다.

예를 들면, 수 · 우 · 미 · 양 · 가로 평가하고 수는 교육목표의 90% 이상 달성한 학생, 우는 80~89% 달성한 학생 등으로 정한 경우, 어떤 학급의 전원이 90% 이상의 달성 정도를 나타내면 전원에게 '수'의 성적을 줄 수 있는 것이다. 이는 목표 자체의 성취를 강조하므로 좋은 학습 분위기를 만드는 데는 공헌하지만 대학입시 등 각종 입시 시험과 같은 '개인차 변별'이라는 목적이 있을 경우 사용하기 어렵다. 우리나라도 1996년 경쟁 과열로 인한 학생들의 고통이 크다는 지적에 따라 고등학교의 내신성적에도 절대평가를 실시한 적이 있는데 학교들이 시험 문제를 쉽게 출제해 내신 점수를 올려주는 '성적 부풀리기'가 문제로 떠올랐었다.

학교교육의 일차적인 기능이 학생들의 줄 세우기와 이를 통한 선발에 있는 것이 아니라 교수학습을 통해 학생들이 얼마나 성취의 변화를 보였는지가 더 중요하다는 점에서 절대평가는 학교교육의 근본 목적에 가깝다. 그러나 학교교육 중에서도 대학입시 내신

성적이나 수학능력시험 등 선발의 목적에 근접한 학교교육은 여전히 상대평가의 방법을 적용하고 있고 그럴 필요가 있다. 예를 들어, 수학능력시험은 상대평가라는 점이 가장 큰 특징이다. 수학능력시험은 학생의 원점수가 몇 점인지 나오지 않으며 대신 표준점수가 공개된다. 표준점수는 전체 평균에 비해서 개인 학생의 수준이 얼마나 높은지 낮은지를 보여주며 상위 4%까지가 1등급, 11%까지 2등급, 이렇게 등급을 매겨서 9등급으로 분류한다. 내신성적 역시 같은 원리로 상대평가 지표를 활용한다. 그러나 이렇게 상대평가가 학생들의 고등교육 진학에 관련된 선발과정에 중요하게 쓰이게 되면 그 이전 단계의 학교교육과 괴리되는 문제가 발생하기 쉽다. 즉, 탐구활동, 수행평가 등을 추구하고 절대평가를 받아왔는데 결국 중요한 것은 그것이 아니라 몇 등을 했는가에 관심을 갖게 되기 때문이다.

이렇듯 어떤 평가를 어떤 상황에 적용하는가는 복잡하고도 첨예한 논쟁이 개입할 수 있는 문제이다. 다시금 평가의 원칙을 상기하는 방법밖에 없다. 교육평가의 목적은 계획의 수립이나 의사결정에 필요한 정보를 제공하는 데 있으므로 요구되는 의사결정에 따라서 적절한 측정방법을 사용하여야 한다. 비교, 선발, 변별과 같은 결정이 요구되는 경우에는 상대평가가 적합하고, 자격을 부여하거나 학습의 진도를 확인하기 위해서는 절대평가가 적절하다고 할 수 있다.

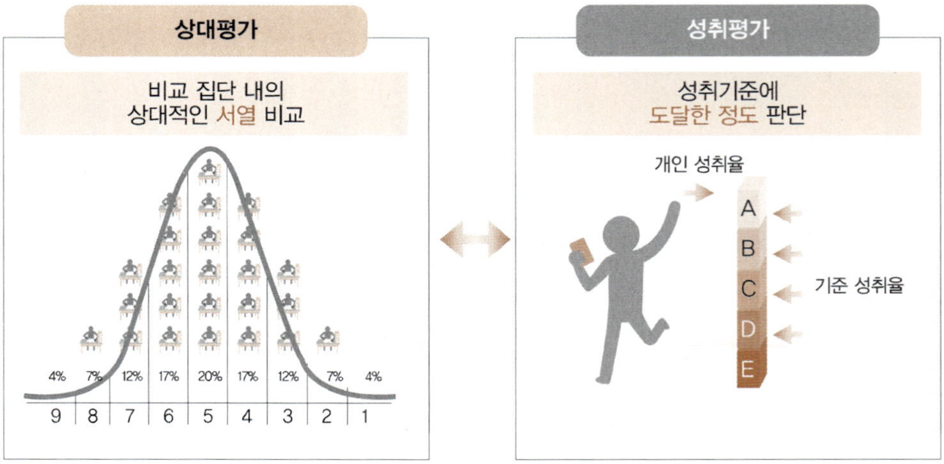

| 그림 8-1 | 상대평가와 절대평가(성취평가)의 비교

출처 : 성취평가제 도입 배경과 주요 내용(중학교). 경기도교육청.

(3) 기존 평가방식에 대한 비판

시험으로 대표되는 평가를 '시험에 의한 줄 세우기'라고 비판하는 경우가 있다. 이는 이런 평가가 잘못되었다기보다는 그동안 시험 형식의 평가도구에 크게 의존해 왔던 평가방식에 문제가 있다고 할 수 있다. 또한 시험문제 중심의 평가라 하더라도 어떤 문제를 출제하는가에 따라 적합한 평가가 될 수 있다. 많이 비판받아 온 다지선다형 시험은 어떤 기준을 세워놓고 기준과 학생의 성취를 비교하는 데에는 적합하다. 그러나 학습을 통해 지식과 기술을 통합적으로 이해하였는지 평가하거나, 지속적으로 피드백을 주거나 창의성이나 예술영역의 능력을 평가하는 데는 한계를 가진다. 그렇다고 발표(presentation) 같은 방식이 시험문제보다 무조건적으로 종합적이거나 통합적으로 평가할 수 있는 것도 아니다. 따라서 교사는 자신이 실시하는 평가에 꼭 맞는 평가도구를 알고 잘 써야 함은 물론, 상황과 평가목적에 맞는 평가도구를 개발할 줄도 알아야 한다(Glanz, 2009).

다가올 미래사회에 대비하는 역량을 배양해야 할 학교교육에서 정작 학생들이 공부하느라 고생을 많이 하는 데 비해 대학진학 후나 사회에 진출한 후 필요한 경쟁력은 많이 떨어진다는 비판이 있다. 따라서 전통적 평가에 대한 무조건적인 의존을 줄이고 자신의 생각을 글로 표현하고 다듬어 발표해 보거나 장기간에 걸쳐 한 분야에 대한 집중적인 탐구활동, 한두 가지 외국어에 대한 집중적인 학습의 기회를 주는 등, 다양한 학습활동과 이에 대한 종합적인 평가가 필요한 상황이다.[6)]

3. 교육평가의 조건

좋은 평가방법 또는 평가도구는 어떠한 조건을 갖추어야 하는가? 어떤 평가도구를 사용하여 평가하느냐 하는 것은 평가결과에 많은 영향을 미친다. 따라서 평가도구의 제작 및 선정에 있어서 좋은 평가도구여야 한다는 것이 필수적이다.

---

6) 팟캐스트방송 '노유진의 정치카페 테라스' 9편 "입시괴담, 이제는 바꿀 때"

좋은 평가도구를 판단하는 조건으로 가장 대표적인 것으로 타당도와 신뢰도를 들 수 있는데, 이 두 가지가 높으면 좋은 평가도구라고 할 수 있다.[7] 여기에서는 타당도와 신뢰도의 개념에 대해 이해하고 이에 더해 객관도 및 실용도에 대해서도 알아본다.

1) 타당도

타당도(validity)란 측정도구가 재려고 하는 실제 내용(what)을 어느 정도 잘 재고 있는가 하는 것이다. 그래서 타당도는 무엇을 측정하느냐, 측정하려는 것을 어느 정도 측정하고 있느냐의 문제로 요약된다. 예를 들어, 물리시험은 물리능력을 재어야지 수학능력을 재면 타당성이 없어진다. 또한 인류학적 지식을 어느 정도 습득하였는지 알고자 할 때 '어떤 인류학적 발견이 이루어진 연도를 제대로 알고 있는가'에 대한 문제로만 가득 차 있다면 타당도가 떨어질 것이다. 타당도의 종류에는 크게 다섯 가지가 있다.

첫째, 내용타당도(content validity)이다. 교사는 어떤 분야에 대해서 시험문제를 내려고 하면 그 분야에서 가르친 내용에 대한 분석을 마친 후에 가르친 내용을 잘 담는 방향으로 사려 깊게 문제를 내어야 할 것이다. 내용타당도는 측정도구가 그것이 측정하려는 내용을 어느 정도로 측정하고 있는지를 논리적으로 분석·추출하려는 것이다.

둘째, 예언타당도(predictive validity)이다. 검사에 의해서 피험자의 미래의 행동이나 성공가능의 정도를 어느 정도 정확하고 완전하게 예언하느냐를 나타낸다.

셋째, 공인타당도(concurrent validity)이다. 검사에 의해서 이미 밝혀진 피험자의 행동특성이 피험자의 실제 현재 행동과 어느 정도 일치하느냐를 문제로 한다. 즉, 어떤 음악 관련 검사에서 음악적 흥미에 점수가 높게 나타난 학생이 실제 음악활동에도 적극적이라면 공인타당도가 높다고 볼 수 있다.

넷째, 구인타당도(construct validity)이다. 구인은 어떤 항목을 구성하는 요소로 볼 수 있다. 예를 들어, 한 창의력검사에서 창의력 구인이 민감성, 이해성, 도전성, 개방성, 자발성, 자신감으로 구성되어 있다면 이 구인들을 제대로 측정하고 있는지를 밝히는 것이

7) 여기에 객관성을 판단하는 객관도, 실용성을 기준으로 판단하는 실용도까지 추가하여 네 가지 조건으로 보기도 한다.

구인타당도를 검증하는 것이다.[8] 따라서 구인타당도는 측정하고자 하는 특성의 구성요인을 얼마나 연구를 통해 충실하게 이론적으로 파악하느냐가 우선적이다.

다섯째, 안면타당도(face validity)이다. 검사의 구성내용으로 보아 그 검사가 무엇을 어느 정도 측정하고 있는 것 같다는 이 분야의 전문가들의 주관적인 인상을 중심으로 기술한 것이다. 그러므로 주관성이 작용한다는 점이 한계이다.

이상의 내용을 적용하여 산수검사의 사용목적에 따라 타당도의 설정방법이 다름을 보여주면 다음과 같다.

〈표 8-2〉 산수검사의 목적에 따른 타당도 설정 방법

검사의 목적	설명적 질문	타당도
초등학교 산수 성취도 검사	철수는 수학에 대해 얼마나 많은 것을 배워 알고 있는가?	내용타당도
중학교 수학에 대한 적성 파악	철수는 미래에 중학교에서 수학을 잘할 수 있을까?	예언타당도
학습부진의 진단	철수의 수학점수는 왜 나쁠까?	공인타당도
수리력 측정	철수의 지능 특성은?	구인타당도

2) 신뢰도

신뢰도(reliability)란 검사를 반복했을 때 어느 정도 일치하는가에 대한 개념, 즉 일관성(consistency)의 개념이다. 검사가 측정대상이 되는 내용을 어느 정도의 안정성을 가지고 일관성 있게 재고 있느냐와 관련된 정확성을 지칭한다. 그 어떤 시험도 100% 신뢰도는 가질 수 없다. 다시 말하면, 검사의 신뢰도가 높다는 뜻은 검사가 어느 정도 측정의 오차가 적으냐 하는 문제이다.

예를 들어, 내용과 형식이 같은 두 개의 음악 시험문제를 만들어 하루걸러 하나씩 실시한 결과 첫 번째 시험에서 높은 점수를 받은 학생이 두 번째 시험에서 낮은 점수를 받았고, 반대로 첫 번째 시험에서 낮은 점수를 받은 학생이 두 번째 시험에서 높은 점수를 받은

8) [네이버 지식백과] 구인타당도[構因妥當度, construct validity](특수교육학 용어사전, 2009, 국립특수교육원)

사례가 많았다고 하면, 그 음악시험은 신뢰도가 낮다고 볼 수 있다. 또 다른 예를 들어 보면, 지능검사에서 한 사람의 진짜 지능이 100인데 검사 당시의 기분, 지시의 오해, 검사자에 대한 불신감 등으로 지능이 90으로 나타났다면 오차는 10이라는 뜻이 된다. 이와 같이 신뢰도의 측정은 독립적으로 측정한 두 점수 간의 일치성을 나타낸다.

신뢰도를 검증하는 대표적인 방법으로 세 가지를 들 수 있다.

첫째, 검사－재검사 신뢰도(test-retest reliability)이다. 어떤 검사를 어떤 대상에게 한 번 실시하고 난 후 1～2주 지난 후 동일 대상에게 한 번 더 실시하여 전후 간의 상관계수로써 검증해 보는 방법이다.

둘째, 동형검사 신뢰도(equivalent test reliability)이다. 어떤 검사를 만들 때 처음부터 A형, B형의 동일한 검사를 만들어 일정한 대상에게 A, B를 실시해 보고 두 검사 간의 상관을 산출해 보는 방법이다.

셋째, 반분신뢰도(split-half reliability)이다. 이것은 한 검사를 전후로 나누는 전후 반분신뢰도와 홀수와 짝수 번호 문제로 나누는 기우 반분신뢰도 두 가지가 있다. 한 검사를 둘로 나누어 마치 두 개의 독립된 검사인 것처럼 채점하여 양분된 검사의 득점을 상관계수로 계산하여 신뢰도를 얻는 방법이다.

3) 객관도

객관도(objectivity)란 채점의 일관성을 보여주는 척도로 한 명의 채점자가 모든 학생의 결과물을 일관성 있게 채점하는가를 의미하기도 하고 동시에 같은 결과물을 여럿이 평가하더라도 채점결과가 동일하게 나타나야 한다는 개념이다. 이를 위해서는 평가도구의 신뢰도가 매우 중요하다. 아울러 평가도구의 객관화가 필요하며 동시에 평가자의 자질도 매우 중요한 요소가 된다. 객관식 문항과 같이 답안지가 있는 경우 객관도가 높겠지만 주관식 문항 또는 수행평가 등의 다양한 평가를 할 때는 평가도구의 객관성을 높이기 위해 채점 기준을 명확히 하고 모범 답안지를 작성하거나 평가에 주요한 요인을 설정하는 등 주관적 요소를 최소화하는 것이 중요하다.

4) 실용도

실용도(practicality)는 평가를 하는 데 돈, 시간, 노력 등이 적절하게 들어야 한다는 경제성의 논리와 맞닿아 있다. 돈이 너무 많이 들면 실제로 평가를 실시하는 데 한계가 있을 수 있고 평가하는 데 드는 시간 역시 평가에 따라 다를 수 있지만 지나치게 많이 들 경우 효율성이 떨어진다. 또한 평가도구가 복잡하면 이를 사용하는 데 어려움이 있다. 예를 들어, 간단한 단원평가를 하는데 모든 학생을 대상으로 1 대 1 구술시험을 30분간 보는 방식으로 평가를 하는 것은 실용적이지 않다. 교육평가는 자원을 고려하여 평가를 하는 데 드는 시간, 평가자의 노력 등이 효율적으로 쓰일 수 있도록 구성될 필요가 있다.

1. 초등학교 입학 전 유아에 대한 적절한 평가의 방법을 생각해 보고 실제 유아의 학습성취 평가 사례(교사의 아동 관찰일지 등)를 수집한 후 발표해 보자.

2. 다음 글을 읽고 조별로 토론한 후 방안을 마련해 보자.

과거 IMF 외환위기 이후 취업문이 좁아지자 대학들에는 학생들의 학점을 후하게 주어 취업에 도움이 되게 하려는 경향이 있었다. 이는 기업에서 학점을 불신하는 결과를 가져왔고 교육부는 2014년 '대학구조개혁평가'를 실시하면서 '성적 분포의 적절성'을 지표로 포함하여 사실상 상대평가를 유도하였다. 이후 상대평가가 대학의 학점부여에 상당히 자리잡아 온 것이 사실이다. 그러나 코로나19로 인해 비대면 강의와 시험이 일상화되면서 성적을 엄밀히 산출하기 어려워진 대학들이 다시 절대평가를 적용하는 경우가 많아졌으나 포스트 코로나 시대인 지금 다시 상대평가로 회귀하는 비율이 늘어났다고 한다.

전문가들은 개인의 역량을 최대한 끌어올려야 하는 이 4차 산업혁명 시대에 남보다 잘했는지가 중요하지 않다는 의견을 내놓고 있다. '남보다 잘했는지'보다 '제대로 배웠는지'가 중요하다는 것은 알고 있지만 어렵기만 한 문제이다. 대학의 학점, 어떻게 부여해야 할까?

CHAPTER

09 생활지도와 상담

1. 생활지도와 상담의 이해
2. 생활지도의 주 활동영역
3. 상담의 기본적 이해

|개요|

생활지도와 상담은 교과를 지도하는 것 못지않게 중요한 활동으로서 모든 학생이 가진 다양한 문제에 대한 교사의 일상적인 활동이다. 그러나 우리나라 교육현장에서 교사의 생활지도와 상담활동은 그다지 강조되지 않았는데, 최근 급속도로 심각해지고 있는 아동 · 청소년 부적응이나 폭력, 왕따 문제들은 교사의 생활지도와 상담활동에 대한 경시의 결과로도 볼 수 있을 것이다.

학교가 학생들의 전인적 발달을 모색하는 곳이라면 더욱더 생활지도와 상담에 대한 교사와 학교의 관심이 필요할 것이다. 이 장에서는 생활지도와 상담 영역에 있어 교사가 알아야 할 기본적인 사항을 이해하고 이를 통해 학생의 성장을 도모하는 방법을 논의한다.

Chapter 09 생활지도와 상담

1. 생활지도와 상담의 이해

1) 생활지도와 상담의 개념

(1) 생활지도의 개념

생활지도(guidance)란 학생들이 당면하는 적응 및 발달상의 문제를 스스로 해결하도록 돕기 위해 실시되는 교육적 · 사회적 · 직업적 차원의 계획적인 지도활동을 의미한다. 생활지도를 의미하는 '가이던스(guidance)'는 영어의 'guide'에서 유래된 것으로서, 학생들을 '안내하고 이끈다'는 어원적 의미를 지니고 있다. 그러므로 생활지도의 원래 의미는 '개인으로 하여금 자기 자신과 자기를 둘러싸고 있는 환경을 잘 이해할 수 있도록 도와주는 활동'이라는 뜻이 담겨 있다.

이런 의미에서 볼 때 교사의 생활지도는 단순히 '문제학생의 지도'에 국한되는 것이 아니라 학생 모두에 대한 일상적인 활동이다. 따라서 학생이 교사와의 상호작용에서 자신의 개성, 능력 및 흥미를 발견할 수 있도록 하여 학생의 성장을 돕고 학생이 삶의 과정과 학교 안팎에서 겪을 수 있는 다양한 문제와 위기들이 발생하지 않도록 사전에 예방하는 적극적인 활동이 되어야 한다.

따라서 생활지도는 학생들의 발달에 관한 것, 정서적 적응에 관한 것, 사회적 대인관계에 관한 것, 진로 및 학업에 관한 것 등을 고려하는 전인적인 교육 실천이며 어느 한 영역에 국한된 것이 아니라 학교 안팎의 생활 전반에 걸친 활동으로 받아들여야 한다.

(2) 상담의 개념

상담(常談 : counseling)이란 글자 그대로 서로 만나서 이야기한다는 뜻이다. 일반적으로 학교에서의 상담이란 학생에게 충고를 해주거나, 이야기를 해주는 것, 즉 권유, 훈계, 설득 등을 목적으로 개별 면담하는 것이라고 생각하거나 어떤 정보 또는 지식을 학생에게 제공하는 것으로 생각하기 쉽다. 그러나 상담이란 도움이 필요한 사람이 전문적인 훈련을 받은 사람과의 관계에서 자기의 생활과 문제를 해결하고, 사고 · 감정 · 행동 측면의 인간적 성장을 위해 노력하는 학습과정이며 정교하게 계획된 하나의 전문적 지원 과정이다.

학령기 아동과 청소년들은 부모와 교사, 주변 성인들의 일방적인 도움을 받는 단계에서 벗어나 스스로 설 수 있는 능력을 갖추어 가는 시기에 있다. 시행착오를 거듭하면서 비로소 성숙한 하나의 인격체로 성장해 나간다. 이 시기에 교사가 학생을 대상으로 하는 상담은 이들의 내부에 존재하는 '성장하려는 힘'을 길러주는 과정이 되어야 한다. 따라서 학생 상담은 문제가 발생하였을 때 비로소 실시하거나 문제 학생에 대한 대처상황에서 수행하는 활동이라기보다는 예방중심, 성장중심으로 모든 학생들을 대상으로 실시하여야 하는 활동이며, 문제가 발생하였을 경우 그 문제의 이해 및 분석 과정에 있어서도 아동과 청소년이 가진 스스로 성장하려는 힘을 배양하는 쪽에 초점을 두어야 한다.[1)]

2) 생활지도와 상담의 관계

생활지도와 상담은 서로 중첩되는 부분이 있어 흔히 동일한 의미로 사용되는 경우가 있다. 생활지도의 활동 내에도 상담활동이 하나의 활동으로 들어 있는 등, 생활지도와 상담의 관계를 뚜렷하게 구분하기는 힘들지만 그럼에도 불구하고 몇 가지 차이점이 존재한다(구본용 외, 2010).

---

1) 충청남도교육청(2006). 학교폭력 예방을 위한 학교담임 가이드북 - 진로상담.

첫째, 생활지도가 수업, 청소시간, 진로지도 등 보다 광범위한 학교생활의 면면에 스며들어 있는 활동이라면, 상담은 보다 뚜렷한 시간과 장소의 경계를 정해서 이루어지는 활동이라는 점에서 차이가 있다.

둘째, 생활지도가 학생의 전반적인 성장을 도모하면서 일어날 수 있는 문제나 부정적인 행동에 대한 예방적 성격이 짙다면, 상담은 보다 구체적인 문제의 해결을 통한 성장을 도모하는 활동이라고 볼 수 있다.

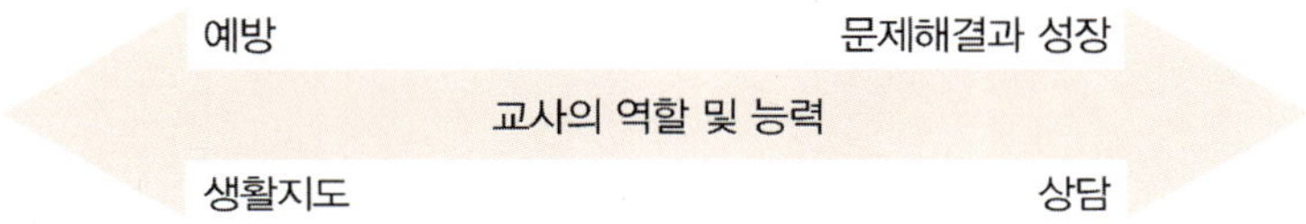

| 그림 9-1 | 생활지도와 상담의 관계

출처 : 구본용 외(2010). 학생상담 및 생활지도 매뉴얼(교사용). 한국청소년정책연구원.

3) 생활지도와 상담의 필요성과 목적

학생들은 성장시기의 대부분을 학교에서 보내게 된다. 그러므로 학교생활은 학생들의 지적 성장뿐만 아니라 신체적 · 정서적 성장에도 결정적인 영향을 미치게 된다. 특히 정서적 발달에 있어서 청소년 시기는 자아정체감이 형성되는 시기이므로 이 형성과정에 적지 않은 위기가 찾아든다. 즉, '나는 누구'이며 '어떻게 살아야 하는가' 하는 자기의식을 찾기 위한 고민과 갈등이 심한 때이다. 이 시기에 교사와의 지속적인 대화를 통한 성장은 교과학습을 통한 역량의 발달만큼 중요하다.

그러나 오늘날 교과교육을 중심으로 한 지식전달 교육에 지나치게 매달리는 경향으로 인해 학생이 행복한 사람으로 성장하는 일에 중점을 두지 않고 학교가 상급학교에 진학하기 위한 준비기관으로 인식되는 경우가 많아지면서 상당수의 학생이 학교에서 좌절을 겪고 있다. 즉, 학교교육이 전인교육보다는 지식 위주의 교육, 교사중심의 수동적인 교육에 치중하고 있는 실정이다. 이러한 교육적 분위기는 청소년의 정의적 · 신체적 발달보다는 지적 발달에만 치우쳐 융통성과 적응능력이 미약한 청소년을 길러내게 된다. 또 성적 경쟁과 획일적인 교수방법은 학생들의 학습흥미나 동기유발을 저해하여 학교 부적응의 문제를 낳게 되기도 한다. 최근 '학교폭력', '왕따 문제', '청소년 자살' 등

학생들의 부적응문제가 심각하게 대두되는 점은 생활지도와 상담의 중요성을 새삼 느끼게 한다.

현대사회 가정체계의 변화 역시 청소년을 심리적으로 위협한다. 우선 현대사회는 핵가족 중심의 삶이 대부분인데 과거 대가족 속에서 부모 이외에도 가족 구성원들이 존재했었던 것에 비해 정서적 지지를 보내줄 가족 구성원이 절대적으로 적어졌다. 과거 대다수 가정에 머물며 가족 전체를 돌보았던 어머니의 역할이 맞벌이 중심으로 전환되는 경우가 많고 또한 늘어난 이혼율 등 심리적 어려움을 주는 요소가 있을 수 있다.

사회적인 변화도 청소년들에게 과거보다 심리적인 위협 요인이 크다. 현대사회의 특징 중 하나가 지식기반사회로서 직업과 직종의 변화가 심하다는 것이다. 직업세계의 변화가 심하여 새로운 직종이 생기고 직업의 전문화, 세분화, 다양화 때문에 직업 준비와 선택이 매우 어려운 데다가 그 준비과정에서 입시경쟁, 취업경쟁 등 경쟁과 갈등이 무척 심해진 것을 볼 수 있다.

이런 가정과 사회의 변화는 오늘날 청소년들의 성장·발달을 저해하는 요인이 될 수 있다. 즉, 청소년은 복잡한 생활 적응상의 어려움과 갈등을 과거보다 더 경험하게 되고, 적절히 대처하지 못할 때 심한 부적응이나 문제행동에 빠지기 쉬우며, 때로는 비행까지 저지르는 경우가 있다. 이러한 문제를 미연에 방지하기 위해서는 학교교육에서 학생들로 하여금 사회의 변화에 능동적으로 대처하도록 하는 생활지도와 상담이 강조되어야 할 것이다.

생활지도와 상담의 목적을 정리하면 다음과 같다.

- 통합된 전인적 존재로서 자기 자신을 정확하게 이해하고 균형 있는 삶을 살아갈 수 있도록 돕는다.
- 학생 개개인이 자신의 능력과 소질을 발견하도록 도우며 이를 최대한으로 발달시키도록 지원한다.
- 학생 개개인이 일상생활에서 당면한 문제를 자율적이고 효율적으로 해결할 수 있게끔 돕는다.
- 학생 개개인의 부적응을 예방하고 적극적인 이해를 통해서 학생의 성장·발달을 돕는다.
- 학생이 자신의 문제행동을 인식하고 해결해 나갈 수 있도록 돕는다.

4) 발달단계에 따른 생활지도와 상담의 과제

생활지도와 상담의 과제는 생활지도와 상담의 대상인 학생이 아동기인가 청소년기인가에 따라 차이가 있다.

아동기의 학생은 이 시기 처음으로 부모의 품을 벗어나 초등학교에서 사회생활을 시작하게 된다. 이 시기에 속하는 아동들은 교사와 또래집단 등과 교류하면서 집단생활의 규범을 익히며 협동정신과 의사결정 방법, 타인을 객관적인 시각으로 보는 방법 등 집단에 관한 여러 가지 사항들을 배워야 하는 발달과제를 갖게 된다. 이는 장차 사회생활을 영위하는 데 있어서 꼭 필요한 기본적인 것들이며, 원만한 인격을 형성하는 중요한 요인들이다. 그러므로 학교와 교사는 아동의 부모가 가정교육을 통해 미처 가르쳐 줄 수 없는 집단생활의 방법 및 과정들을 아동이 몸소 체험하고 익혀가는 데 필요한 장(場)을 제공하고, 생활지도와 상담과 같은 적극적인 조력방법을 통해 아동의 인간적 성장을 도모할 책임이 있다.

한편 초등학교 고학년 단계부터 중 · 고등학교에 이르기까지 청소년기의 학생들은 아동기로부터 성인기로 이동하는 발달과정에 있다. 청소년들은 이 시기 자의식의 발달이 이루어지면서 새로운 자아상을 정립하고, 미래에 대한 가능성을 확인해야 하는 발달적 과제에 직면한다. 이들은 부모나 교사로부터는 물론, 또래들로부터 자신의 존재가치를 인정받고자 하고 미래에 어떤 가능성이 있는 사람인지를 확인하고 싶어 한다. 그러나 이 과정에서 자신은 물론 타인들의 기대도 충족시켜 나가야 하는 부담 속에서 때로 방황하기 쉽다. 따라서 청소년기에 있는 학생들을 상담할 때 가장 중요하게 고려해야 할 것은 이들의 '자신에 대한 가능성'을 확립시켜 주는 데 생활지도와 상담의 초점을 두는 것이다(구본용 외, 2010).

2. 생활지도의 주 활동영역

현대 학교교육에서 일반적으로 실시되고 있는 생활지도의 활동영역은 매우 광범위하다. 왜냐하면 학생생활의 전 영역이 사실상 생활지도의 대상이 되기 때문이다. 그러므로 생활지도 영역의 분류는 확실한 구분이 힘들고 또한 일정한 기준 아래서 분류된 각종 생활지도 활동도 실제 활동내용에 있어서는 복합적인 형태로 나타날 때가 많다.

생활지도 활동의 전체적인 흐름을 이해하기 위하여 이를 활동영역, 활동방법 및 집단조직의 형태에 따라 학생이해활동, 정보활동, 상담활동, 정치활동 및 추후활동으로 분류해 볼 수 있다. 또한 학생의 생활지도를 위하여 이해해야 할 학생의 적응과제로 학업, 진로문제, 친구 사귀기, 교사와의 관계 등을 생각해 볼 수 있다.

1) 생활지도 활동 구분

(1) 학생이해활동

인간을 바르고 깊게 이해하는 일은 인간을 위한 모든 활동 중 가장 중요한 활동일 것이다. 학생에 대한 정확하고 포괄적인 깊은 이해가 없으면 생활지도는 결코 성공을 거둘 수 없다.

학생에 대한 이해를 위해서는 보다 과학적이고 정확한 파악이 중요하다. 학생이해활동의 범위는 가정환경, 출신학교의 성적, 학업적성 또는 지적 능력, 신체 및 정신 건강, 교외활동, 학습 및 취업흥미, 특수능력, 성격, 미래를 위한 계획 등이 해당한다.

학생이해활동을 위한 방법은 크게 검사활동과 비(非)검사활동으로 구분할 수 있는데 이를 구체적으로 살펴보면, 각종 표준화 심리검사, 학업성취도 검사, 환경조사, 질병검사, 생활기록 조사, 가족관계 조사, 교우관계 조사, 관찰에 의한 행동의 누적기록 및 기타 필요하다고 생각되는 각종 조사방법 등이다.

(2) 정보활동

정보활동은 학생들이 원하고 필요로 하는 각종 정보 및 자료를 제공하여 학생들의 개인적 성장과 사회적 적응을 돕기 위한 활동이다. 이는 학생들로 하여금 자신의 문제를 해결하는 데 필요한 기초지식을 갖게 하고, 자기 자신의 문제를 자율적으로 처리할 책임감을 기르며, 나아가 자기발전을 위하여 장애요인을 탐색하고 인식할 수 있도록 돕기 위한 것이다.

학생들에게 제공되는 정보는 크게 교육정보, 직업정보 및 개인적·사회적 정보로 구분할 수 있다.

첫째, 교육정보(educational information)란 현재 및 장래에 있을 수 있는 여러 가지 교육기회와 필요한 준비물에 관한 모든 형태의 타당하고도 유용한 자료를 말한다. 여기에는 정규교육과정과 이에 병행하는 교육과정, 입학조건 및 학생생활의 제 조건과 문제들이 포함된다.

둘째, 직업정보(vocational information)란 직장·직종에 관한 타당하고도 유용한 정보를 말한다. 어떤 직업에 입직하는 조건, 작업 조건, 보수·승진의 전망 등이 포함된다.

셋째, 개인적·사회적 정보(personal-social information)란 대인관계에 영향을 주는 인적·물적 환경에 관한 타당하고도 유용한 정보를 말한다. 학생 스스로 자기 자신을 보다 잘 이해하고, 다른 사람과의 관계를 개선하는 데 도움이 된다. 이러한 정보는 학교에서 자체적으로 조사하거나 각종 인쇄물을 통하여 수집·정리·보관하며 개인상담이나 집단활동을 위하여 제공된다.

(3) 상담활동

넓게 보아 상담활동은 모든 생활지도 활동의 기초가 되는 활동으로 볼 수 있다. 생활지도의 방식에 교사와 학생의 '이야기 나누기'가 일반적이기 때문이다. 그러나 보다 구체적으로 그 의미를 좁혀볼 때 상담활동은 다른 생활지도 활동에 비해 보다 내밀한 이야기를 나누는 활동으로 볼 수 있다. 즉, 다른 생활지도 활동이 교육적·직업적·사회적 영역에서 이루어지는 경우가 많다면 상담은 보다 정서적인 영역에서 이루어지는 경우가 많다.

학생과 보다 집중적인 대화시간을 설정해 두고 학생이 가진 생활과제의 해결과 이를 통한 긍정적인 자아개념의 형성 등에 관해 보다 집중적이고 구체적인 지원을 해야 하므로 교사가 상담활동을 수행하기 위해서는 더욱 전문적인 훈련이 필요할 수도 있다.

(4) 정치활동

정치활동(placement)은 정치(定置), 즉 올바른 배치를 하는 일이다. 학과지도 · 진학지도 · 취업지도 등에 있어서 자신의 적성 및 흥미 등을 고려하여 자신을 정확하게 이해하여 자신의 위치를 현명하게 선택하는 일을 도와주는 활동이다. 이는 학교 · 학과 · 과목 선택이나 동아리 활동의 선택과 같은 교육적 정치(educational placement)와 직업선택과 진로선택, 구직알선과 같은 직업적 정치(vocational placement)활동으로 구분되기도 한다.

정치활동은 적재적소에 배치를 지향하며 교육효과의 극대화를 위해서도 매우 중요한 활동이다. 올바른 정치활동은 학업 및 진로에서의 시행착오를 줄인다. 교육의 효율성을 높이기 위해 개개인의 능력수준에 맞추어 학급을 편성하거나 과목별 이동수업 또는 학급 내 수준별 수업의 실시, 학생들의 요구와 흥미, 적성 등을 고려한 다양한 선택과목의 개설을 통해 학생들의 교과 선택의 폭을 넓혀줄 수 있다. 이와 같은 정치활동은 교사뿐만 아니라 지역사회 자원 인사와 협력하여 보다 조직적이고 종합적인 계획을 수립하여 실천하는 것이 효과적이다.

(5) 추후활동

추후활동(follow-up)은 학생이 자율적 성장을 성공적으로 성취하고 있는가를 계속 보살펴 주는 활동으로, 생활지도의 마지막 단계 활동이다. 학교에서의 추후활동은 첫째, 졸업 후에 학생들이 얼마나 잘 적응하고 있는가에 관한 정보를 수집하기 위해서, 둘째, 학생들이 앞으로 직면할 문제를 인식시키기 위해서, 셋째, 학교의 여러 가지 프로그램이나 활동을 평가하기 위해서, 넷째, 학교의 제반 활동의 개선을 위한 착상을 얻기 위해서 필요하다(Shertzer & Stone, 1974).

생활지도 활동은 자신의 문제를 스스로 해결할 수 있는 능력과 새로운 사태에의 적응능력을 길러줌으로써 자율적 성장과 건전한 성장 · 발달을 촉진시키는 데 목적이 있다. 따라서 일회성 지도가 아닌 학생 개개인에 대한 지속적인 관심과 지도, 즉 계속적인 추후지도가 요구된다.

2) 교사가 알아야 할 학생의 적응과제와 상담[2)]

(1) 학업

학업과 관련한 학생의 문제는 성적 저하로 인한 걱정과 스트레스, 시험불안, 학습능률의 저하, 공부에 대한 회의와 동기 저하, 교우관계로 파생된 문제 등이 있다. 교사는 학생의 학습과 관련된 인지적 요인, 정서적 요인, 환경적 요인, 학습전략 등을 파악하여 역할 모델을 마련해 주거나 적절한 학습 기회나 훈련 등의 해결책을 제시할 수 있다.

(2) 진로문제

학생의 진로와 관련된 문제로는 장래에 대한 무계획, 인생관 부재, 적성과 소질에 대한 인식 부족, 진로에 대한 정보 부족, 희망과 현실의 괴리, 진로에 대한 두려움이나 압박감 등이 있을 수 있다. 학생으로 하여금 자기이해를 바탕으로 다양한 직업에 관한 이해와 올바른 가치관 및 태도를 형성하도록 한다. 또한 진로에 대한 다양한 정보를 탐색하고 활용할 수 있는 능력을 함양하고 합리적인 의사결정을 할 수 있도록 도울 수 있다.

(3) 친구 사귀기

많은 학생들이 집단 따돌림(왕따)이나 사회적 기술 부족 등으로 어려움을 겪으므로 사회적 기술을 향상시키는 도움이 필요할 수 있다. 긍정적인 대인관계 행동을 주고받기를 훈련하는 것으로서 부탁하기, 거절하기, 도움을 요청하기, 공감하기 등의 표현을 할 수 있도록 하고 사회적 상황에 대한 판단을 할 수 있도록 도울 수 있다.

(4) 교사와의 관계

수업을 방해하는 행동을 하거나 수업참여도가 낮은 학생 등이 있을 경우 교사는 학생과의 상담을 통해 협력관계를 만들어 나가는 것이 중요하다. 이때 교사가 학생을 칭찬

2) 구본용 · 박제일 · 이은경 · 문경숙(2010). 학생상담 및 생활지도 매뉴얼(교사용). 한국청소년정책연구원.

하거나 인정해 주는 것이 중요하다. 만약 교사와 학생의 관계가 나쁘다면 다른 교사나 상담자에게 학생과의 상담을 의뢰하는 방법을 선택할 수도 있다.

(5) 주의력결핍 과잉행동장애 등의 문제

최근 주의력결핍 과잉행동장애(Attention Deficit Hyperactivity Disorder : ADHD) 등으로 인한 학생의 행동문제가 수면 위로 떠오르고 있다. ADHD의 특징은 부주의, 충동성, 과잉행동 등인데 이를 조절할 수 있는 훈련으로 행동수정 기법, 인지행동적 기법, 사회기술훈련 등을 활용할 수 있다. 또한 부모와의 충분한 소통을 통해 부모가 해당 문제를 올바로 인식하고 자녀양육에 반영할 수 있도록 지원하는 것도 필요하다.

(6) 학교부적응 및 학업중단

학생의 학교부적응 유형으로는 학습능력 부족, 학습동기 상실 등의 학업부적응, 사회적 관계에 대한 문제 등의 대인관계 부적응, 시험불안이나 스트레스 등으로 인한 심리적 부적응 등이 있을 수 있다. 이런 경우 교사는 학생에게 공감과 지지를 제공하는 것은 물론, 구체적인 원인을 찾고 대응 방법을 찾아야 한다. 또한 부모 상담을 통해 함께 문제를 해결해 나가며 부모가 자녀를 이해하고 지지를 보낼 수 있도록 지원할 필요가 있다.

(7) 지체장애

학생이 가진 지체장애는 신경장애, 근 · 골격장애, 외상성 손상, 선천성 기형 등 장애의 정도와 유형이 다양하다. 따라서 이에 대한 면밀한 분석을 통해 개별화 교육계획(Individualized Education Plan : IEP)을 세우는 것이 중요하며, 학생이 어려워하는 부분은 과제의 단계를 더 나누어 습득할 수 있도록 단계별 과정을 제시할 수 있어야 한다. 또한 장애에 대한 오해와 편견을 바로잡기 위해 노력해야 하며 비장애학생들도 장애에 대한 이해를 바탕으로 모두 함께 학교라는 공간에서 행복하게 지낼 수 있는 분위기를 만들 필요가 있다.

(8) 발달장애

발달장애의 양상은 개인별로 다르게 나타날 수 있다. 발달장애를 가진 학생에게는 소속감을 갖게 하는 환경의 조성이 매우 중요하므로 학교의 구성원들이 차이를 수용하고 존중하면서 학생에게 긍정적인 반응을 보여주며 다양한 경험을 할 수 있도록 해야 한다. 교사는 학생을 이해하고 지원하기 위해 학교에서의 교수학습뿐만 아니라 학교 밖의 다양한 장애 관련 전문가가 개입하는 활동 등, 학생의 삶 전체에 대한 이해도 필요하다.

(9) 인터넷 과다사용

인터넷 과다사용이 중독의 측면까지 나타나게 되면 다양한 문제가 발생한다. 신체적으로 시력이 저하되거나 수면 부족이 가져오는 문제는 물론, 시간 개념을 상실하기도 하고 인터넷을 사용하지 않을 때는 불안이나 우울감을 경험하기도 하는 등 다양한 문제를 겪는다. 인터넷 중독은 시작 단계, 발전 단계, 중독 단계 등 그 정도에 따라서 구분한 접근방법이 필요하며 시작 단계와 발전 단계에서는 부모와 함께 지도를 할 수 있지만 중독 단계에서는 전문가의 개입이 필요하다. 학교에서 할 수 있는 지도방안으로 'CARE' 상담 기법이 있는데, 먼저 확인(Check)에서는 학교생활 및 가정상황 파악, 문제 행동의 시작 시기 및 과정을 관찰한다. 분석(Analysis)에서는 인터넷중독 자가진단검사 및 인터넷 관련 정서적 욕구 분석을 실시한다. 개선(Reform)에서는 스스로 자기 상황을 개선할 수 있는 방법을 탐색하도록 하고 긍정적인 대안 행동을 선택할 수 있는 방법을 알 수 있도록 돕는다. 효과(Effect)에서는 목표가 잘 달성됐는지 확인하고 담임교사, 부모, 전문기관 등 관련 기관에 정보를 제공한다. 이러한 과정을 실시할 때는 학생들과의 친밀한 관계가 우선시된다.

(10) 우울과 자살

우울감이 우울증 수준으로 높아지면 자살위험이 높아지므로 교사는 이를 예방하기 위한 노력을 기울여야 한다. 우선 긍정적인 교실 환경을 만들고 학생이 자아개념을 강화할 수 있는 방법을 모색해야 한다. 상황에 따라 관련 기관과 전문가들의 개입이 필요할 수도 있다. 교사는 자신이 할 수 있는 선에서 최대한 학생들이 고민을 나눌 수 있고 위협을 느끼지 않으며 지지를 받고 있다는 느낌을 가질 수 있도록 노력할 필요가 있다.

3. 상담의 기본적 이해

학교에서의 상담은 학생지도를 위한 하나의 실천적 방법이자 하나의 전문적인 지원 영역이다. 교사가 학생들과의 성공적인 상담결과를 얻어내기 위해서는 상담자로서의 자질을 갖춤과 동시에 자신의 상담활동을 이끌어 갈 이론적·개념적 틀을 제공할 수 있는 상담모형에 지식을 가지고 있어야 하며, 다양한 상담의 기술을 익혀야 한다.

1) 상담자의 자질

상담자의 자질은 일단 전문적 자질과 인간적 자질로 나누어 살펴볼 수 있다.

우선 상담자의 전문적 자질은 세 가지 정도로 요약할 수 있다. 첫째, 심리학과 상담이론에 대한 지식이 있어야 한다. 둘째, 상담기술에 대한 전문적인 훈련과정을 거쳐야 한다. 셋째, 내담자에게 해를 끼칠 수 있는 어떤 일도 해서는 안 된다는 윤리적 의무를 지켜야 한다.

상담자의 인간적 자질 또한 세 가지 정도로 요약할 수 있다. 첫째, 무엇보다도 인간에 대한 폭넓은 이해에 기초하여 자신과 내담자와의 차이를 수용해야 한다. 둘째, 내담자를 존중하고 그의 고통을 이해하려고 노력해야 한다. 셋째, 내담자의 문제는 하루아침에 해결될 수 있는 것이 아니므로 끈기를 가지고 함께한다는 생각을 지니며 내담자를 돕는 자신의 능력에 한계가 있다는 점을 받아들여야 한다.

2) 상담의 대표 이론 및 모형

(1) 정신분석적 상담이론

프로이트(Freud)의 정신분석학을 기본으로 하는 상담이론이다. 성적 욕구를 인간 행동의 가장 기본적인 욕구로 정의하고 리비도(libido)라는 성적 욕구과 생산 욕구를 모두 가지고 있다는 전제를 가진다. 그는 인간에게는 무의식(unconscious)과 의식(conscious)의 세계가 있으며 어떤 행동의 원인은 무의식에 기초한다고 설명한다. 이런 설명은 정신역동(psychodynamics)에 기반을 둔다. 이는 정신이 어떻게 행동을 만드는지, 그리고 정신과 행동이 인간이 처한 환경과 어떻게 서로 영향을 주고받는지를 강조하는 이론이다. 이렇게 볼 때 어린아이가 성장 과정에서 어머니나 아버지, 형제 등과 겪는 갈등은 행동, 인지, 감정에 영향을 미치며 이러한 갈등이 해결되지 않으면 정신병리의 원인이 되기도 한다는 주장이 성립한다.

(2) 행동주의 심리학과 행동수정

행동수정은 파블로프(Pavlov)의 고전적 조건형성(classical conditioning)과 스키너(Skinner)의 조작적 조건형성(operant conditioning) 원리를 기반으로 한다. 행동수정 기법으로는 소멸(extinction), 처벌(punishment) 등의 부정적 행동 감소기법과 행동형성(shaping), 강화(reinforcement) 등의 적응적 행동 증가기법이 있다. 과거에는 직접적 보상이나 처벌을 가하는 방법을 주로 사용했지만 직접적 보상이나 처벌 없이도 학습은 일어난다. 누군가 어떠한 행동을 했을 때 보상을 받는지 처벌을 받는지 관찰하는 것만으로도 학습이 일어나기 때문이다. 반두라(Bandura)는 개인과 환경의 상호작용에 따라 행동이 달라진다고 주장하여 행동에만 기반을 둔 초기 행동주의 심리학과는 다른 주장을 했는데, 이렇게 기대감이나 생각 등의 인지가 행동을 변하게 한다는 그의 주장은 사회학습(social learning)이라고 불리며 심리학계에 큰 전환을 가져왔다.

(3) 내담자 중심 상담이론

매슬로우(Maslow), 로저스(Rogers) 등이 유명하다. 이들 인간중심 심리학자들은 인간의 행동을 설명할 때 행동의 원인보다 목적에 주목한다. 개인은 자신의 희망, 목적, 바람, 취향 등을 기반으로 행동을 선택하며 자아실현(self-actualizing) 욕구가 가장 상위 욕구라고 설명하고 있다.

로저스(Rogers)의 상담이론에 따르면 상담자는 무조건적으로 존중하고 수용하는 마음을 가지고, 공감적 자세로 이해하며, 진실한 태도를 유지하여야 한다. 이러한 상담자의 태도로 내담자가 안전감을 느끼면서 자신의 안에 내재되었던 긍정적 힘을 발견하여 상담이 목적한 바를 이룰 수 있다.

3) 상담의 과정과 기본 기술

일반적인 상담의 과정에서는 내담자와의 관계형성이 가장 처음 단계가 된다. 이 단계에서는 막 시작된 상담이 나아갈 방향을 구조화하는 작업과 내담자와의 관계형성이 중요하다. 문제탐색 단계에 들어서면 상담자는 내담자의 현재의 느낌을 놓치지 않고 따라갈 수 있는 공감 및 반영 능력과 내담자가 좀 더 분명하고 정확한 이해를 할 수 있도록 도와주는 목적을 가진 질문하기 능력이 필요하다. 마지막으로 문제해결 단계에 들어서면 진솔한 조언과 충고, 그리고 상담자 자신을 드러내는 자기개방이 중요한 기술로 손꼽힌다.

(1) 관계형성하기

관계형성 단계에서는 앞으로 상담이 어떻게 진행될 것인가의 방식 등을 결정하는 상담의 구조화 기술이 필요하다. 상담자는 내담자에게 상담을 통해서 기대하는 바가 무엇인지를 확인하고 상담목표나 상담의 진행방식, 내담자의 역할, 제한조건, 비밀보장, 상담기간과 횟수 등에 대해 서로 합의한다. 이 과정은 자연스럽게 최소한의 규제나 제한을 두고 진행되어야 하며, 상담의 목표가 일정 부분 이상 내담자에 의해 결정되는 쪽이 좋다.

내담자와의 친근한 관계형성을 흔히 라포(rapport)라고 부르는데 상담자와 내담자 간에 서로를 믿을 수 있다는 친밀감, 안전감 그리고 신뢰감이 형성된 상태를 의미한다. 따라서 상담에서는 초기에 라포가 형성되어야 상담자가 내담자에게 긍정적인 영향력을 행사할 수 있다.

상담심리 전문가들은 이 단계에서 상담자가 적용할 수 있는 몇 가지 행동적 기술을 묶어 다양하게 제시하고 있다. 예를 들어, SOLER 기법은 다음 다섯 가지 행동적 기술을 제시한다(Egan, 1986).

- 내담자를 바로(Squarely) 바라본다.
- 개방적인(Open) 자세를 취한다.
- 내담자 쪽으로 몸을 기울인다(Lean).
- 자연스럽게 눈맞춤(Eye contact)을 한다.
- 편안하고 자연스럽게(Relaxed) 대한다.

또 다른 예로 ENCOURAGES 기법도 있다(Hill & O'Brien, 2004).

- E(Eye) : 적당한 정도로 상대방을 바라본다.
- N(Nod) : 가끔 고개를 끄덕인다.
- C(Cultural differences) : 서로 간 문화 차이를 인식하고 존중한다.
- O(Open mind) : 내담자의 말에 개방적인 태도를 가진다.
- U(Uhmm) : 가끔 '음~' 하는 소리를 내는 등 인정의 표현을 한다.
- R(Relaxed) : 편안한 태도를 가진다.
- A(Avoid) : 산만한 행동을 피한다.
- G(Grammatical) : 내담자의 언어를 사용하여 표현한다.
- E(Ear) : 언어적 메시지만이 아니라 비언어적 메시지도 경청한다.
- S(Space) : 내담자와의 거리를 적절하게 유지한다.

(2) 문제탐색하기

문제탐색 단계의 기본 기술은 공감, 반영, 질문하기 등이 있다.

공감은 상담에서 촉진적인 관계를 형성하는 데 상담자에게 요구되는 핵심적인 조건으로서 내담자의 감정을 함께 느끼는 것이다. 내담자의 입장에서 보면 상담자가 함께 느끼는 것만으로도 큰 힘이 될 수 있다.

반영은 마치 거울에 비추는 것처럼 감정을 놓치지 않고 전달해 주는 것을 의미한다. 내담자의 감정은 겉으로 드러나는 표면적 감정과 보이지는 않으나 중심적인 내면적 감정이 있다. 상담자는 내담자의 행동 속에 숨어 있는 내면적 감정을 정확히 파악하여 내담자에게 전달해 줄 필요가 있다. 이 과정에서 내담자가 말하는 상황을 상담자가 재진술하여 명료하게 하는 것도 좋은 방법이다.

또한 상담자는 질문을 잘 활용해야 한다. 원칙적으로 질문에 대한 답변 식으로 상담을 시작하거나, 더 많이 질문함으로써 더 많은 정보를 얻겠다는 식으로 상담을 하는 것은 내담자의 문제해결에 아무런 도움을 주지 못할 뿐더러 내담자의 감정과 마음이 열리는 것이 아니라 오히려 닫혀버리게 한다. 또한 상담자가 내담자 위에 군림하는 결과를 낳을 수도 있다. 질문을 많이 하면 내담자에 대해 더 많이 알 수 있을 거라고 생각하기 쉽지만 이는 내담자의 문제해결에는 기여하는 바가 적고 기껏해야 상담자의 내담자에 대한 호기심 혹은 이해하고자 하는 동기만을 충족시키게 될 수도 있다. 상담에서의 질문은 모호하고 혼란스러운 내담자로 하여금 자신의 내면을 구체적으로 이해하고 문제 상황에 대한 자신의 감정과 생각을 명료하게 할 수 있도록 하는 상담자의 전문적 기술이다. 폐쇄적 질문(closed question)보다는 내담자가 자신의 생각과 느낌을 명료화할 수 있는 개방형 질문(open-ended question)이 적당하다. 두 가지 이상의 내용을 한 번에 묻는 이중질문(double-barrelled question), 한 번에 여러 개의 질문을 퍼붓는 질문공세, 특정 답을 유도하려는 유도질문(leading question) 등은 내담자가 질문과 문제에 대하여 스스로 확인할 수 있는 기회를 빼앗고 자유롭게 대답하기 어렵게 할 수 있어 지양해야 하는 질문의 유형이다.

(3) 문제 다루기

문제해결 단계에 이르면 상담자는 내담자에게 조언과 정보제공을 할 수 있다. 이 과정에서 상담자는 적극적으로 자기개방을 할 수 있다. 자기개방은 자신의 인간적이고 개인적인 면을 드러내는 것으로 자신의 있는 그대로의 모습을 나타내는 것이다. 상담자의 자기개방은 내담자로 하여금 자존감을 회복하도록 돕는 역할도 한다.

자기개방의 수준과 관련하여 조셉 루프트(Joseph Luft)와 해리 잉햄(Harry Ingham)이 고안한 조하리의 창(Johari window)을 통해 이해하면 다음과 같다. 창은 4개의 영역으로 나뉘는데 자기 자신이 알고 있고 다른 사람에게도 알려져 있는 영역을 '열린 영역(open area)', 자기 자신은 모르지만 다른 사람은 알고 있는 '맹목 영역(blind area)', 자기 자신은 알고 있지만 다른 사람에게 알려져 있지는 않은 '숨겨진 영역(hidden area)', 자기 자신과 다른 사람 모두 모르는 '미지의 영역(unknown area)'이 그것이다. 친숙하고 신뢰할 수 있는 인간관계에서는 공공의 영역이라고 할 수 있는 열린 영역이 확대되고 상대적으로 다른 영역들은 줄어든다. 인간관계에서 열린 영역을 확대하는 것은 필수적인 것이고 열린 영역의 확대는 자기개방과 이어진다. 다만, 상담자가 내담자와의 상담에서 자기개방을 잘못하게 되면 내담자가 부담을 느껴 오히려 방어적 태도를 가지거나 내담자로 하여금 상담의 주요한 내용이 아닌 다른 주제의 이야기까지 하게 하면서 상담이 다른 방향으로 흘러가 버릴 수 있기 때문에 어느 정도 자기개방을 해야 할지 결정하는 것도 상담자의 몫이라고 할 수 있다.

4) 상담기법

(1) 문장완성 기법

문장완성 기법(complete a sentence technique)은 미완성된 문장을 완성하면서 잠재된 욕구, 감정, 태도 등이 드러날 수 있다고 보고 검사를 진행하는 구조화된 방식이다. 이 방식은 처음에는 지능을 측정하기 위해 사용되었으나 이후 정서반응을 측정하기 위한 검사로 활용되고 있다.

(2) 회상 기법

회상 기법(reminiscing technique)은 과거 경험을 떠올리면서 글을 쓰거나, 말을 하는 방식으로 표현할 수도 있고 또는 명상을 통해 스스로 반성하는 방법이 있다. 이를 통해 과거의 기억과 화해하고 용서하는 과정, 현재의 심리적인 갈등 해결, 가족과의 갈등 해결 등에 활용한다. 개인 상담이나 집단 상담에서 모두 사용할 수 있으며 자서전 저술이나 녹음, 생애 순례 여행, 중요 인물과의 재회 등의 방법을 사용한다.

(3) 심리극 기법

심리극 기법(psychodrama technique)은 연극을 통해 현재의 문제를 파악하고 개인의 인격, 대인관계, 갈등 등의 정신적 문제를 탐색하는 과정이다. 연기를 통해 자유롭게 표현할 수 있는 기회를 얻고 편견이나 오해 등을 풀어내면서 적응력을 회복시킨다. 내적 감정을 표출하면서 스스로 통찰하는 기회를 갖고 역할을 학습하는 것이다. 심리극 전후에 충분한 이야기를 할 수 있도록 한다. 내담자 혼자 이야기하는 독백, 다른 사람과 역할을 바꾸는 역할 바꾸기, 다른 사람의 거울에 비춰보듯 연기하는 거울 기법, 자신에게 소중한 것을 다른 사람과 바꿔보는 마술 상점, 여러 개의 빈 의자에 인물들을 설정한 후 혼자서 대화하는 빈 의자 기법, 죽음의 장면 상상하기, 내담자가 없다고 가정하고 내담자의 평가를 하는 등 보이기(behind your back) 등의 기법이 있다.

(4) 역할 기법

역할 기법(role playing)은 심리극 기법과 비슷하게 연극 형식으로 표현하는 것으로 여기에서는 특별히 정해진 대본 없이 상담 참여자들이 자신의 이야기로 대본을 구성하여 참여한다. 오래되고 복잡한 문제보다는 현재 드러난 갈등을 해결하는 방식으로 내담자에게 자신감을 부여하고 역할극 이후 토론 등을 통해 함께 대안을 찾는 과정을 거친다.

(5) 의사소통 훈련

내담자가 의사소통 능력이 부족하여 사회적 관계에서 문제가 발생할 경우 부정적 감정과 긍정적 감정 모두 표현하는 방법을 훈련시킬 수 있다.

(6) 매체학습

상담 상황을 담은 영상, 음성 등을 내담자에게 제공하는 것으로 전체 상담을 되돌아보고 긍정적인 변화를 발견하는 방식이다.

1. '굿 윌 헌팅(Good Will Hunting)'이라는 영화의 한 장면을 보고 상담자의 행동을 분석해 보자.

- 영화정보 : 굿 윌 헌팅(Good Will Hunting, 1997)
- 감독 : 구스 반 산트
- 출연 : 맷 데이먼(윌 헌팅 역), 로빈 윌리엄스(숀 맥과이어 역), 벤 애플렉(처키 슐리반 역), 스텔란 스카스가드(제랄드 램보 역)
- 수상 : 제70회 미국 아카데미 각본상(맷 데이먼) 남우조연상(로빈 윌리엄스)
- 줄거리 : 윌 헌팅(Will Hunting, 맷 데이먼 분)은 보스턴 남쪽의 빈민 거주 지역에서 살고 있으며 MIT 공대에서 청소노동자로 일하고 있다. 그러나 타고난 지적 능력으로 노벨상을 수상한 교수들조차 혀를 내두를 만큼 어려운 문제들을 싱거울 정도로 간단하게 풀어버려 주목을 받게 된다. 폭행죄로 재판을 받게 된 윌은 수감될 위기에서 벗어나고자 심리학자인 숀 맥과이어(Sean McGuire, 로빈 윌리엄스 분)에게 정기적으로 상담을 받기로 한다. 숀은 윌이 가진 내면의 아픔에 깊은 애정을 갖고 관찰하면서 윌에게 인생과 투쟁하기 위해 필요한 지혜를 가르쳐 준다.

(출처 : 네이버 영화)

#숀의 사무실

윌 : 지난주에도 데이트를 했어요.
숀 : 어땠는데?
윌 : 좋았죠.
숀 : 또 만날 거야?
윌 : 몰라요.
숀 : 왜 몰라?
윌 : 전화를 안 했거든요.
숀 : 이제 보니 아마추어구나.
윌 : 다 작전이에요.
숀 : (웃음) 풋! 어련하겠냐.
윌 : 네, (웃음) 걱정 마세요. 알아서 잘하고 있으니까. 하여간 그 여자애는 정말 예쁘고 똑똑하고 재밌어요. 그간 사귄 여자들하곤 달라요.
숀 : 그럼 전화를 해야지.

윌 : 왜요? 그러다 똑똑하지도 않고 재미도 없는 여자애란 것만 확인하라구요? 지금 그대로가 완벽하다구요. 좋은 이미지 망치고 싶지 않아요.

숀 : 반대로 완벽한 너의 이미지를 망치기 싫어서겠지. 정말 대단한 인생철학이야. 평생 그런 식으로 살면 아무도 진실되게 사귈 수 없어. 내 아내는 긴장을 하면 방귀를 뀌곤 했지. 여러 가지 앙증맞은 버릇이 많았지만, 자면서까지 방귀를 뀐 적이 있어. (웃음) 하~ 지저분한 소리 해서 미안하구나. 소리가 얼마나 컸던지 자던 개까지 깼어. (웃음) 갑자기 일어나서 '당신이 뀌었수?' 하길래 그냥 '응' 하고 말았다니까. 기가 막히지?

윌 : (웃음을 참으며) 자기 방귀 소리에 놀라서 깨요? (웃음)

숀 : (웃음) 하하 그렇다니까.

윌 : (웃음) 하하하하하…

숀 : 세상에, 아내가 세상 뜬 지 2년이나 됐는데 이런 것들만 생각난다니까. 멋진 추억이지? 그런 사소한 일들이 말이야. 제일 그리운 것도 그런 것들이야. 나만이 알고 있는 아내의 그런 사소한 버릇들. 그게 바로 내 아내니까. 반대로 아낸 내 작은 버릇들까지 속속들이 다 알고 있었지. 남들은 그걸 단점으로 보겠지만 오히려 그 반대야. 그런 것들이 매력이지. 인간은 불완전한 서로의 세계로 서로를 끌어들이니까. 너도 완벽하진 않아. 기대를 망치게 해서 미안하지만 네가 아는 그 여자애도 완벽하진 않아. 정말 중요한 건 서로에게 얼마나 완벽한가 하는 거야. 그게 바로 핵심이지. 남녀 관계란 그런 거야. 이 세상에 모르는 게 없는 너라도 짝을 찾으려면, 진지하게 상대를 대하는 법을 터득해야 돼. 나 같은 쉰 세대한테는 배울 게 없을 거다. 안다 해도 너 같은 소인배 녀석에겐 가르쳐 주기 싫다.

윌 : 왜요? 딴 얘긴 주절주절 다 해줬잖아요. (웃음) 기가 막혀서! 선생님처럼 말 많은 의사는 생전 처음 본다구요.

숀 : 가르치는 선생이라고 다 아는 건 아니야.

윌 : 하~ (웃음) 네. (한숨) 흠. 재혼 생각해 본 적 없어요?

숀 : 내 아내는 죽었어.

윌 : 그러니까요.

숀 : 아낸 죽었어.

윌 : 예. 선생님 인생철학도 대단하시네요. 평생을 그런 식으로 살다간 아무도 진실되게 사귈 수 없어요.

숀 : 시간 다 됐다.

2. 다음의 지역사회 청소년 통합지원체계 청소년상담 유형을 참고하여 상담자와 내담자의 역할극 (role-play)을 만들어 보자.

가 족	부모-자녀 간의 갈등, 부모 외 가족 구성원 간의 갈등, 부모 간의 갈등·폭력, 부모의 자녀학대·방치, 자녀의 패륜행위
일탈 및 비행	가출, 학교폭력, 학교 외 폭력, 금품갈취·절도·도벽, 음주·흡연, 늦은 귀가·잦은 외박, 비행친구와 어울림
학업 및 진로	학업흥미, 학업동기 부족, 학습능력 부족, 시험불안, 학업스트레스, 학교생활 부적응, 등교거부, 귀국 청소년 부적응, 진로의식 부족, 진로정보 탐색, 진로변경 및 전환
성	성 지식·정보 부족, 성욕구·성충동(자위행위), 임신·피임, 낙태, 성폭력, 음란물, 이상 성행동, 성병, 성 정체감, 성매매(성매수), 자녀의 성교육
성 격	소극적, 과민한, 충동적, 공격적, 의존적, 우유부단한, 자기중심적, 독단적, 완벽성향, 경직된, 편집적 성격
대인관계	따돌림 및 왕따, 친구관계, 이성교제, 교사와의 관계, 부모 외 어른과의 관계
정신건강	우울·불안, 반항성 및 품행성 문제, 충동(분노) 조절문제, 자해
생활습관 및 외모	나태한 생활, 소비생활 문제, 외모 불만족
컴퓨터 및 인터넷 사용	인터넷 게임 과다, 인터넷 쇼핑 과다, 인터넷 채팅 과다, 인터넷 음란물 과다, 사이버 범죄

CHAPTER

10 교육행정과 학교경영

1. 교육행정의 개념과 영역
2. 우리나라 교육행정의 차원
3. 학교경영의 과제와 교사의 역할

|개요|

학교라는 하나의 작은 사회를 움직이는 데에는 '행정'이라는 복잡한 절차가 자리하고 있다. 교육은 오랫동안 공적 영역이라는 인식이 지배적이었기 때문에 행정 개념이 요구되어 왔다. 그런데 최근에는 학교나 교육기관의 운영에도 '경영'이라는 단어를 자주 사용하고 있는 모습을 볼 수 있는데, 이는 행정이라는 단어가 주는 딱딱함이나 지시와 통제를 강조하는 데서 벗어나 주체적이고 자율적인 활동을 통해 학교의 특장점을 살리고 교육목표를 효율적으로 달성하고자 하는 활동이 필요해지면서 생긴 현상으로 볼 수 있다. 특히 단위 학교의 운영에는 경영자로서의 학교장을 중심으로 한 경영의 개념이 확장되어 왔다. 따라서 이 장을 '교육행정과 학교경영'으로 이름하고 교육현장에서 필요한 행정과 경영에 대해서 살펴본다.

Chapter 10 교육행정과 학교경영

1. 교육행정의 개념과 영역

1) 교육행정의 개념

교육행정을 이야기하는 데에는 크게 두 가지 입장이 있다(김종철 · 이종재, 1994). 첫째, 교육에 '관한' 행정을 지칭한다. 즉, 교육행정을 행정이라는 커다란 영역의 일부로 보는 입장이다. 둘째, 교육을 '위한' 행정으로 보는 시각이다. 이런 시각에는 교육행정의 특수성과 독자성, 그리고 전문성이 강조되기 마련이다. 교사들은 두 번째 입장에 더 관심을 갖게 될 것이므로 이 장에서는 두 번째 시각을 중심으로 교육행정을 설명한다.

2) 교육행정의 과정

교육행정의 과정은 학자와 시대에 따라 그 과정상의 요소들에 대한 강조점이 조금씩 다르게 표현되고 있다. 여기에서는 오늘날 보편적인 과정요소인 기획, 조직, 지시, 조정, 평가의 5단계로 교육행정의 과정을 설명하고자 한다.

첫째, 기획(planning)이다. 교육기획은 교육의 예정활동으로 교육목표를 설정하고 이 목표를 달성하기 위한 최선의 절차와 방법을 찾는 것이다.

둘째, 조직(organizing)이다. 교육조직은 교육목표를 효율적으로 달성하기 위하여 분업적 협동 체제를 구성하고 거기에 과업과 책임을 분담하는 등, 인적 · 물적 자원을 적재적소에 배치한다.

셋째, 지시(directing)다. 지시는 지휘, 지도, 자극, 동기화, 영향 등의 개념이 포함된 포괄적인 개념이다. 지시의 과정에서는 일방적인 명령이나 지나친 권위의 행사보다는 민주적인 지도성의 발휘, 원활한 의사소통 그리고 역동적인 집단과정 등이 더 중요시된다.

넷째, 조정(coordinating)이다. 조정은 인적 · 물적 자원들이 목표달성에 이바지하도록 통합하고 조절하는 과정이다. 조정을 할 때에는 조직 내의 갈등요인을 없애고, 일방적인 결정보다는 위원회나 협의회 등에서 충분한 의견교환을 통하여 정책의 의미나 의의 등 가치를 공유한다.

다섯째, 평가(evaluating)다. 평가를 하는 목적은 교육행정 수행과정에서 나타난 문제점을 발견하여 개선함으로써 교육행정의 성과를 높이기 위해서이다. 평가는 교육목표가 어느 정도 달성되었는가의 효과성과 능률성을 분석하고 검토하는 산출평가와 교육목표 달성을 위한 과업실천 과정을 평가하는 과정평가를 포함한다.

3) 교육행정의 추구가치

교육행정이 추구해야 할 가치는 다양하지만 그중에서도 수월성(excellence)과 형평성(equality)을 중심으로 설명할 수 있다.

수월성(excellence)이란 수준 높은 방식으로 목적을 달성하는 능력과 관련되어 있다. 교육행정 영역에서의 수월성이란 학교나 교육체제가 과업의 표준을 상회하여 목표를 달성할 수 있는가 하는 문제이다. 또한 형평성(equality)은 학교교육을 위한 자원을 될 수 있는 한 공평하게 분배하여 모두가 교육에서 행복과 만족을 추구할 수 있도록 하는 것이다.

교육행정에서 수월성이 더 높은 가치로 추구될 경우 학교교육은 지식기반사회가 추구하는 우수한 인재를 길러내는 데 초점을 두어 우수한 성적, 모범사례, 수치화된 순위 등에 관심을 두기 쉽다. 한정된 교육자원을 어떻게 더 효율적으로 사용하는가에 대한 효율성 역시 관건이 된다.

반대로 형평성에 더 높은 가치를 둘 경우 교육은 모든 학생의 학업성취와 행복을 보장하도록 유연한 체제와 공평한 자원 배분에 관심을 둘 것이다. 따라서 중앙의 통제보다는 각 교육청이나 학교, 학급이 스스로 보다 폭넓은 결정권을 가질 수 있도록 교사, 학생, 학부모의 자유롭고 자발적인 참여를 보장하고 역할을 분담하며 가치를 서로 공유할 수 있도록 하는 데 더 관심을 둘 것이다.

4) 교육행정의 영역

교육행정은 다(多)학문적인 접근이 필요한 분야인 만큼 포괄하는 하위영역이 넓고 다양하다. 우리나라 교육행정에서는 조직, 인사행정, 재정, 정책 등이 오랫동안 주요 영역을 차지하여 왔으나 최근에 들어서는 이런 전통적인 행정의 영역에 더해 민간 기업에 주로 적용되어 왔던 경영 개념이 적용되고 학교나 학습 등 단위 기관이나 조직의 운영에 실질적인 지침을 요구하는 목소리가 높아지고 있어 학교경영, 학급경영 등의 영역이 주목받고 있다.

(1) 교육조직론

교육조직론은 학교제도에 관한 영역이다. 중앙, 지방, 단위학교의 교육행정 조직의 구성과 구성원들의 동기유발을 촉진할 수 있는 체제를 만드는 데 관심을 갖는다. 교육조직론은 전통적으로 가장 주요한 교육행정의 영역이었으며 현재에도 지방분권이 정착되고 있는 상황에서 지방교육자치 제도의 발전과 개선과 관련하여 지속적으로 관심의 대상이 되고 있다.

(2) 교육인사행정

교육인사행정은 교육활동의 주체가 되는 교원과 제반 행정업무를 수행할 수 있는 직원을 지원하는 일련의 행정지원 활동이다. 일반적인 인사행정의 목표는 조직의 목표를 보다 효과적으로 달성하게 하고 구성원 개개인으로 하여금 자신들에게 기대되는 과업을 성취하게 하며, 개인의 목표와 교육조직의 목표 간에 조화를 이루도록 하는 데 있다.

교육인사행정도 이와 다르지 않다.

'교육의 질은 교사의 질을 능가할 수 없다'는 말에서 보는 바와 같이 교원은 교육활동의 핵심적 주체이므로 교원을 어떻게 양성하고 자격을 부여하며 임용하는가, 전문성 신장을 위한 연수와 승진체제를 어떻게 갖추어야 하는가 등이 이 분야의 관심사이다. 최근의 교육인사행정은 기업에서처럼 조직원에 대한 '인적자원 관리(human resource management)'라는 개념으로 접근하는 경향이 있다.

(3) 교육재정

교육재정은 국가나 지방공공단체가 교육기관의 교육활동에 필요한 경비를 확보 및 조달하고, 이를 관리하여 지출하는 일련의 활동을 의미한다. 보다 구체적으로 보면, 교육재정은 교육부를 포함한 그 소속기관이 수행하는 중앙정부 재정과 시·도교육청, 시·군·구교육청 및 그 소속 기관과 시·도교육위원회가 수행하는 지방교육재정을 포함한다.

(4) 교육정책

교육정책이란 교육활동을 위해 국가나 공공단체가 국민 또는 교육 관련 집단 및 수혜집단을 대상으로 전개하는 교육의 지침으로 정의되고 있다. 이러한 교육정책의 영역은 교육정책 및 집행기관이 담당하고 있는 업무별로 초등교육, 고등교육, 교원교육, 유아교육, 특수교육, 학교 외 교육정책 등으로 구분한다. 교육 쟁점에 따라 의무교육, 고교평준화정책, 사학정책, 입시정책 등으로 구분하여 정책의 배경, 추진 경과, 현황과 문제 및 주요 쟁점별로 기술하고 개선방안을 제시하기도 한다.

교육정책은 교육행정의 기본 목표와 방향을 제시하는 것으로서 교육행정에서 차지하는 의미와 중요성이 매우 크다. 근래에는 정책의 형성과정이나 집행뿐만 아니라 정책분석, 정책평가에 대한 관심도 증대되고 있다.

(5) 학교경영

교육은 주로 공적 차원에서 이해되어 왔기 때문에 '행정'이라는 단어를 주로 사용해 왔다. 그러나 최근 사적 차원에서의 기업 조직의 운영을 의미하는 '경영'이라는 단어 역시 자주 들을 수 있는데, 특히 개별 학교의 운영을 의미할 때 '경영'이라는 용어를 사용하는 경향이 있다. 따라서 학교경영(school management)은 교육조직에 대한 이론적 · 실제적 영역으로서 일반적으로 학교장을 중심으로 학교를 운영 · 관리하며, 변화하는 환경 여건 속에서 학교를 유지 · 발전시켜 나가는 활동을 말한다.

학교장은 학교교육의 목표와 성취 전략에 관련된 방향을 제시하고 매일의 교육활동에 대한 구체적인 결정을 내려야 하며, 그 결과에 대하여 책임을 져야 하므로 리더십(leadership)이 필수적이다. 또한 지역사회의 각종 기관들이 학교운영에 유기적으로 참여하도록 하는 것도 교장의 능력이다(김이경 외, 2006). 학교경영에 필요한 리더십은 교육조직이라는 조직의 특수성을 감안할 때 그 나름의 독자성을 가지므로 학교장 리더십을 비롯, 교육지도자의 리더십과 경영전략에 대한 이론과 실천이 최근 많은 주목을 받고 있다.

(6) 학급경영

교육활동이 이루어지는 최종 단위인 학급은 학생의 입장에서는 의미 있는 삶의 장소이자 교사의 입장에서는 교육실천의 장이다. 교사는 학급에서 이루어지는 모든 활동에 책임을 지는데, 학급활동은 교수-학습을 위주로 하는 활동과 그 이외의 활동으로 구분되는바, 주로 교수-학습을 제외한 학급 내의 모든 활동을 경영하는 과정을 학급경영의 영역으로 간주한다.

2. 우리나라 교육행정의 차원

우리나라는 초등학교, 중학교, 고등학교, 그리고 대학교에 이르는 6-3-3-4제를 근간으로 하는 학제를 채택하고 있다. 교육행정 조직은 일반 행정 단위와 병행하여 중앙, 광역, 그리고 기초 단위의 3단계의 구조를 지니고 있다. 즉, 중앙단위라 함은 중앙교육행정조직으로서의 대통령과 교육부를 지칭한다. 광역단위는 지방교육자치의 중심인 17

개 시 · 도교육청과 그 소속기관인 교육지원청이 있다. 기초단위는 일선교육행정조직인 단위학교이다. 이를 국가적 차원, 지역적 차원, 그리고 학교와 학급 차원으로 분류하기도 하고 거시적 · 중간수준 · 미시적 차원으로 분류하기도 한다.

우리나라는 1990년대 후반부터 교육행정 권한의 지방분권화 노력이 지속되고 있으나 여전히 교육행정의 중앙집권적 성향이 강하다. 그러나 조금씩 미시적 차원인 학교 주도의 방향이 되어가고 있음도 엿볼 수 있는데, 이는 미래 교육행정의 바람직한 방향이다. 앞으로는 학교와 학급을 교육행정 단위의 최하급 교육행정조직으로 보는 것이 아니라 학생들과 직접적인 만남이 이루어지고 교육활동이 이루어지는 교육의 핵심기관으로 볼 필요가 있다. 이런 체제 속에서는 학교가 교육의 핵심이 되고 교육지원청이나 시 · 도교육청은 학교 단위에서 수행할 수 없을 정도로 크거나 어려운 과제를 수행하는 기관으로 정착되며, 마지막으로 중앙교육행정단위인 교육부는 가장 거시적인 차원에서 학교가 제대로 기능할 수 있도록 교육정책의 방향을 제시하고 지원에 필요한 서비스를 연구하는 기능을 수행한다.

1) 교육행정의 거시적 차원

교육행정의 거시적 차원은 국가적 차원의 중앙교육행정이다. 중앙교육행정조직은 대통령, 국무총리와 국무회의, 교육부와 소속 기관 및 단체가 있으며 교육부가 그 중심을 차지한다. 이렇게 교육부가 중앙 부처로서 막강한 권한을 가지고 있는 상황은 우리나라의 특징으로 볼 수 있다. 예를 들어, 미국은 연방정부에 교육부(Department of Education)를 두고 있지만 그 권한은 재정지원과 각종 교육프로그램 개발 등 교육지원에 국한되는데, 이는 교육에 대한 권한은 주(州)정부가 주 헌법에 의해 가지고 있기 때문이다. 즉, 미국의 주정부는 해당 주 교육의 표준과 기준을 설정하는 역할을 담당한다.

이와는 다르게 우리나라는 교육부를 중심으로 하는 상위의 교육행정에서 국가 전체의 교육정책의 방향과 목표를 제시하는 기능을 한다.

교육부
Ministry of Education

| 그림 10-1 | 교육부 로고

출처 : https://www.moe.go.kr/main.do?s=moe

2) 교육행정의 중간수준 차원

우리나라는 1991년 지방교육자치제 실시를 계기로 오랫동안 관행처럼 여겨져 왔던 중앙집권제를 지방분권제로 변화시키며 지방의 특색에 맞는 교육을 실시하고 있다. 교육행정의 중간수준 차원은 지역적 차원, 즉 지방교육행정을 뜻한다. 지방자치제 실시 이후 중앙정부의 권한과 기능은 많은 부분이 지방자치단체로 이관되었으며, 교육행정영역에서도 마찬가지로 지방교육자치가 이루어지고 있다. 즉, 지방교육자치제는 교육행정의 중간수준 차원에서 이루어져야 할 일들에 대해 논의하고 시행하여 교육의 자율성과 지방교육의 특수성을 살리고 있다.

지방교육자치제의 전체적인 구도는 시 · 도의 교육청과 이의 하급단위의 교육행정기관인 교육지원청으로 나뉜다. 교육청은 지방교육의 중심으로 국가의 교육정책을 지역수준에서 구체화하는 정책개발기능과 지역교육계획을 수립하고 평가하는 기능을 수행한다. 전국에 17개 시 · 도교육청이 있으며 17개 시청 및 도청과 동일한 지위를 가지고 학교교육이라는 고유 업무를 수행한다.

서울특별시교육청

| 그림 10-2 | 서울특별시 교육청 로고

출처 : https://www.sen.go.kr/sen/index.do

교육청 수장으로서의 교육감은 교육 · 학예에 관한 사무의 집행기관 수장으로서 교육 · 학예에 관한 소관 사무에 대해 시 · 도를 대표한다. 교육감은 주민에 의해 직접 선출된다.

교육감은 다음 | 그림 10－3 |과 같이 「지방교육자치에 관한 법률」(이하 교육자치법) 제20조에 의해 17가지의 관장 사무를 수행한다.

지방교육자치에 관한 법률

제20조(관장사무) 교육감은 교육 · 학예에 관한 다음 각 호의 사항에 관한 사무를 관장한다.
1. 조례안의 작성 및 제출에 관한 사항
2. 예산안의 편성 및 제출에 관한 사항
3. 결산서의 작성 및 제출에 관한 사항
4. 교육규칙의 제정에 관한 사항
5. 학교, 그 밖의 교육기관의 설치 · 이전 및 폐지에 관한 사항
6. 교육과정의 운영에 관한 사항
7. 과학 · 기술교육의 진흥에 관한 사항
8. 평생교육, 그 밖의 교육 · 학예진흥에 관한 사항
9. 학교체육 · 보건 및 학교환경정화에 관한 사항
10. 학생통학구역에 관한 사항
11. 교육 · 학예의 시설 · 설비 및 교구(敎具)에 관한 사항
12. 재산의 취득 · 처분에 관한 사항
13. 특별부과금 · 사용료 · 수수료 · 분담금 및 가입금에 관한 사항
14. 기채(起債) · 차입금 또는 예산 외의 의무부담에 관한 사항
15. 기금의 설치 · 운용에 관한 사항
16. 소속 국가공무원 및 지방공무원의 인사관리에 관한 사항
17. 그 밖에 해당 시 · 도의 교육 · 학예에 관한 사항과 위임된 사항

| 그림 10-3 | 교육감이 관장하는 사무

출처 : https://www.law.go.kr

최근 들어 지방자치의 강화와 교육 권한 및 사무의 일괄이양이 추진되면서 지방교육행정기관의 역할과 기능, 그리고 조직에 커다란 변화가 진행되고 있으며 앞으로 더 큰 변화가 예견되고 있다(나민주 외, 2019).

한편 교육지원청은 포괄적으로는 교육청에서 위임받은 업무를 집행한다. 교육지원

청은 1972년 교육위원회의 하급집행기관으로 출발한 후, 1991년 「교육자치법」 제정 후 시 · 도교육청의 하급행정기관 역할을 수행해 왔다. 예를 들어, 서울특별시에는 1개의 교육청과 11개의 교육지원청이 있다. 교육지원청의 교육장은 해당 지역 학교의 운영, 관리에 관한 지도 감독 및 사무를 교육감으로부터 위임받아 수행하고 있다. 그러나 현재 교육지원청의 조직 및 기능이 단위학교의 자율화와 새로운 교육행정 수요에 대한 대응을 지원하는 방향으로 개편되어 교육지원청의 역할이 늘어났다. 학교자치가 심화되는 과정에서 학교 현장을 적극적이고 효과적으로 지원하는 기관으로 변모해 왔다(나민주 외, 2019).

2019년 이후 교육청은 정책 · 기획 · 조정의 기능을 강화하는 쪽으로, 그리고 교육지원청은 현장지원 기능을 강화하고 단위학교 지원을 중심 업무로 하는 기관으로 자리잡아 가고 있다. 즉, 교육청은 정책역량과 전략 기능을 강화하고, 교육지원청은 단위학교에서 수행하기 어려운 업무나 공통적으로 수행하고 있는 업무를 발굴하고 및 지원함에 따라 역할 분담이 비교적 잘 이루어지고 있다고 볼 수 있다(나민주 외, 2019).

3) 교육행정의 미시적 차원

교육행정의 미시적 차원은 학교와 학급의 경영이다. 이제는 '단위학교 경영체제'라는 말이 자연스러울 정도로 학교교육의 체계적 운영에 경영적 사고가 자리 잡았다. 이에 따라 학교와 학급의 경영자로서의 교장과 교사의 역할도 중요해졌다.

우선 교장은 단위 학교의 최고 경영자이다. 학교를 구성하는 요소는 학생, 교사, 교육내용, 교육조건, 교육환경 등으로서 교장은 자신이 맡은 학교에서 어떤 학생을 길러내려고 하는가에서부터 어떤 교사가 어떻게 지도하여 이 목표를 달성하고 있는지에 대해 생각해 볼 필요가 있다. 또한 학교의 경영자로서의 자신의 지도성에 대해 고찰해야 한다.

교사의 학급경영 역시 학교의 교육목표를 달성하기 위한 학교경영을 학급단위에서 실천하기 위해 학급의 여러 조건을 정비하기 위한 활동으로서 교사의 경영활동이 중심이 된다. 그래서 교육행정이라는 분야는 이러한 미시적 차원에 대한 관심이 증가한 덕분에 더욱 자연스럽게 교사의 삶에 다가와 있다고 보인다.

교육행정 조직의 위계구조만 생각하면 학교는 최하급의 기관에 불과할 수 있지만 이제는 학교를 더 이상 말단 교육행정기관으로 인식할 수 없는 변화가 일어나고 있다. 그 변화의 증거로 학교경영에 대한 교사와 학부모의 참여가 늘어났다는 점을 들 수 있다. 교육의 전문가인 교사들의 전문성도 교수-학습 쪽으로는 충분하다고 하더라도 학급경영과 학교경영 측면으로 좀 더 신장될 필요가 있다는 요구를 받고 있다.

정리하면 현재 학교교육 현장은 교사의 교육지도자로서의 전문성 제고의 일환으로 학교나 학급경영에 대한 지식과 기술, 그리고 태도에 대한 관심과 역량의 습득을 요구하고 있다. 학교마다 천편일률적인 교육과정을 가르치는 것이 아니고 학교 나름의 특성과 자원을 살려 그 학교만의 특별한 무엇, 그 학급만의 무엇을 특화하는 일에 대해서도 관심이 증가하고 있다. 이런 일들은 학교 밖 지역사회의 인적자원들이 참여함으로써 더욱 풍요로워질 수 있으므로 교사는 학부모나 지역사회 인사 등의 참여를 모색하고 학교 밖 자원을 연결하는 데도 관심을 기울여야 한다.

3. 학교경영의 과제와 교사의 역할

앞서 소개한 바와 같이 교육행정 영역은 새로운 변화를 맞이하고 있다. 그러나 학교 현장이 이런 변화에의 요구를 충실히 따라가며 때로는 변화를 선도하고 있다고 볼 수 있는지에 대해 비판이 있다. 오히려 과거 어느 때보다도 현재 학교교육의 질에 대한 국민의 불만은 상당히 높은 편이다.

이런 상황에서 학교를 변화시키는 학교장과 교사의 교육지도자로서의 역할은 교육행정 영역에서 많은 관심을 받고 있다. 결국 훌륭한 교사가 훌륭한 학생을 만드는 것이니만큼 교사들은 각자의 전문성과 역량 신장에 대한 노력이 중요하다. 학교는 교사의 이런 노력을 장려하는 분위기를 조성하고 교원들이 신장된 역량을 학교 성장과 발전에 투여할 수 있도록 지원해야 한다. 따라서 학교장의 리더십도 과거 어느 때보다 중요하게 생각되고 있다. 여기에서는 학교경영의 과제 및 이를 수행하기 위한 교사의 역할을 모색해 본다.

1) 훌륭한 교원의 양성

초·중·고등학교에 재학하고 있는 학생들의 대다수는 학원을 다니고 있으며 학교의 교사보다 학원의 강사들이 더 잘 가르친다고 생각하는 사람들이 늘어나고 있다고 한다. 더 이상 교사를 교수-학습의 최고이자 유일한 전문가라고 생각하기 곤란한 상황이 아닐 수 없다. 교사들은 이에 더해 교육지도자로서의 각종 전문성 역시 함양해야 한다고 요구받고 있는 상황이어서 이래저래 교사의 부담이 가중될 수밖에 없다.

학교의 중심은 학생이지만 학생을 위하는 조직으로서의 학교, 그리고 그 학교의 전문가인 교원의 존재는 가장 핵심적이다. 따라서 교사들은 자존감을 회복하고 전문성 개발에 힘써야 할 필요가 있으며 이것을 강조하는 문화가 학교사회에 정착되어야 한다(진동섭, 2003).

2) 지역사회와의 유기적 관계형성

'한 아이를 키우는 데 한 마을이 필요하다'라는 아프리카 속담이 잘 알려져 있다. 학교경영이 잘 이루어지기 위해서는 학교라는 내적 체제가 잘 돌아가야 하지만 학교와 지역사회 사이에 유기적 관계가 잘 이루어지는 것도 중요하다. 더욱이 요즘 학교는 교육과정을 운영하는 전문기관인 동시에 지역사회와 함께 학생복지 등을 고민하고 협력해 나가는 협업이 늘어나고 있기 때문에 학교 외부와의 관계도 상당히 중요해졌다. 따라서 학교와 직·간접관계를 맺고 있는 지역사회의 인적자원을 잘 활용하는 일이 필요하다(진동섭, 2003).

학교와 지역사회와의 유기적 관계를 추구하는 사례로 대안교육 영역에서는 이미 여러 성공사례들을 많이 찾을 수 있고 기존 학교에서도 참고할 만한 사례가 늘어나고 있다. 예를 들어, '방과 후 학교'는 학생들에게는 보충수업과 특기적성 활동 등 맞춤형 교육을 제공하여 사교육을 대체하고 지역 주민들에게는 학교시설을 개방해 다양한 평생교육의 장으로 기능하는 프로그램으로 지역사회 속 기존 학교의 역할을 보여주는 좋은 예이다(김이경 외, 2006). 방과 후 학교가 가지는 사교육 경감 효과나 학생들의 학업성취도 향상 등의 긍정적인 효과에 대한 연구들이 있다(박현정 외, 2014). 이렇듯 학교는 지역사회 속에서의 역할을 다양하게 고민해야 한다.

제10장 활동

1. "교사는 가르치는 일만 잘하면 된다"라는 말은 이제 받아들여지기 힘들다. 교사가 학교사회의 지도자로서 가져야 할 리더십의 속성들을 브레인스토밍을 통해 생각해 보자.

2. 지역사회 속에서 학교가 가진 자원을 잘 활용하여 특화에 성공한 학교 또는 프로그램의 사례를 찾아보고 발표해 보자.

11 CHAPTER 평생교육

1. 평생교육의 개념과 특성
2. 우리나라 평생교육제도와 특성
3. 우리나라 평생교육의 이슈

|개요|

평생교육이란 평생 동안 교육을 받아야 한다는 뜻일까? 평생교육의 개념은 한 인간의 교육과 학습이 그 자신의 행복을 보장하고 한 사회를 개선시킬 수 있도록 한 인간의 인생주기 및 교육과 학습이 실천되는 장소들을 연계하여 생각하는 새로운 사고이다.

평생교육의 개념과 평생교육제도에 대한 이해를 통해 교사 자신이 스스로 평생학습자로서의 삶을 실천하는 한편, 교육 전문가로서 학생의 다양한 교육과 학습에 대해 통합적으로 사고할 수 있다.

Chapter 11 평생교육

1. 평생교육의 개념과 특성

1) 평생교육의 개념

'평생교육'의 개념은 여러 측면으로 이해된다. 인간의 일생을 포괄하는 모든 교육을 지칭하는 넓은 의미로도, 또는 그 폭을 좁혀 성인을 대상으로 하는 교육이나 학교 밖의 교육으로 이해되기도 하는 등, 여러 측면에서 생각해 볼 수 있다.

(1) 광의의 개념

우선 넓은 의미로 평생교육은 '인간의 평생에 걸쳐서 이루어지는 모든 형태의 교육' 이라는 뜻이다. 우선 이 정의 안에 들어 있는 '평생'이라는 단어가 지칭하는 시기는 인간의 전(全) 인생주기를 뜻한다. 쉽게 말해 '요람에서 무덤까지(from cradle to grave)' 인간의 삶을 관통한다. 평생교육은 이처럼 교육의 수직적 통합성을 지칭한다. 교육은 일생 동안 지속되는 과정이며, 유아기부터 후기 성인기까지의 모든 교육을 포괄하고 있다는 뜻이다. 여기에는 인생의 모든 시기에 교육기회가 돌아갈 수 있도록 하는 것과 삶의 주기에 따라 언제든 필요한 교육을 제공하는 것 등이 포함될 수 있다.

한편 평생교육은 모든 형태의 교육을 포괄한다는 뜻도 담겨 있어 수평적 통합성을 지칭하기도 한다. 학교교육은 물론 가정, 지역사회, 일터 등에서 이루어지는 교육이나 학습자가 홀로 수행한 학습까지 모두 포함된다. 과거 학습은 학교에서 중점적으로 이루어지고 그 이외에 이런저런 보조적 의미의 교육이나 학습이 이루어지는 삶을 가정하여 학교교육이 다른 여타 교육에 비해 큰 권위를 가지고 있었다면, 평생교육의 개념에는 모든 곳에서 이루어지는 교육과 학습이 합하여 한 인간의 행복을 이룬다는 견해를 취한다(Delors, 1996). 삶의 모든 공간을 '교육 또는 학습이 일어나는 공간'으로 이해하는 것과 더불어 교육을 수행하는 여러 기관의 제도적 연계를 통하여 교육 목적이 통합적으로 성취되도록 하는 것 역시 수평적 통합이다.

따라서 평생교육을 실천한다는 것은 학교교육과 학교 외 교육이 서로 연계되고, 유년기 교육과 청소년기, 그리고 성인기 교육과 학습이 수직적으로도 연계되어 그 결과로 개인은 자신의 잠재능력을 개발하고 행복한 삶을 꿈꿀 수 있으며, 그가 속한 사회 역시 성장하는 결과를 가져온다. 교육 선진국들은 국민 모두가 자신의 생애 단계별로 자신이 가진 역량을 최대한 발휘하여 행복을 성취하고 국가 경쟁력을 향상시키는 중요한 분야를 '평생교육'이라고 이름 짓고 중요한 교육의 한 분야로 간주해 왔다.

(2) 협의의 개념

평생교육은 이 개념이 논의되는 맥락에 따라 '성인교육(adult education)'이나 '학교 외 교육'으로 그 폭을 좁혀 이야기되기도 한다.

우선 평생교육은 교육대상을 분류 준거로 하여, 성인을 대상으로 하는 모든 형태의 교육활동을 말하는 경우가 많다. 따라서 주된 교육대상은 성인이며, 교육방법은 형식적·비형식적 교육 모두를 포함한다. 특히 성인을 위한 각급 정규학교에서의 성인교육 활동(원격교육, 독학사, 학점은행제, 시간제 운영 등)을 주된 평생교육으로 간주함에 큰 의미를 둔다(한상길 외, 2012).

현재는 지식이 급격히 팽창하는 시대이다. 이런 상황은 학교교육을 마치고 직업세계에 입문하는 성인들이 더 이상 그들의 학교교육에서 얻은 지식과 기술만으로는 직업 인생을 감당할 수 없다는 사실을 이야기해 준다. 이는 단지 한 직업에 오래 버티기가 어려워졌다는 뜻만은 아니다. 100세 시대를 예고하는 인간 수명의 연장으로 인하여 인생이 길어졌다. 인생이 길어지고 사회의 변화주기는 빨라졌다는 것이다. 대표적인 미래학자 토플러

(A. Toffler)는 이미 1980년대에 저서 『제3의 물결(The Third Wave)』을 통해 인간의 역사는 크게 세 번의 큰 '물결(wave)'이 있었다고 주장하며 그중 제3의 물결을 '정보혁명'으로 이름 붙이며 물결의 주기가 급속도로 빨라졌음을 지적하였던 바 있다(Toffler, 1981).

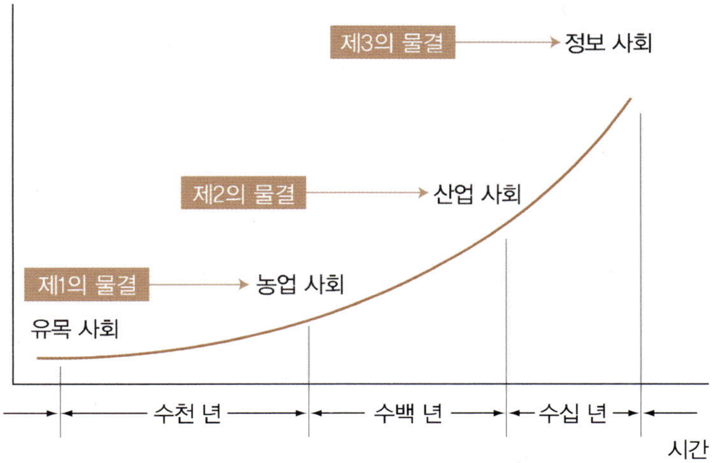

| 그림 11-1 | 토플러의 '제3의 물결'

출처 : 손호철(2006). 토플러 & 엘륄 : 현대기술의 빛과 그림자. 김영사.

이렇게 변화의 물결이 빨라진 사회에서는 이미 학교교육을 마치고 성인이 된 사람들도 직업적으로 필요한 새로운 지식을 습득하고, 자신의 삶이 필요로 하는 교양을 높여가는 것이 선택이 아닌 필수가 되었다. 또한 수명의 연장으로 성인기가 길어져 직업에서 은퇴한 이후에도 살아가야 할 삶이 늘어난 것도 성인을 대상으로 하는 평생교육이 증가한 하나의 이유가 되었다.[1] 평균 연령이 점차 높아짐에 따라 고령화가 사회문제로 등장하고 있는데, 평생교육은 은퇴 이후의 성인들이 그들이 변화하는 사회에 잘 적응하면서 행복한 노후를 지낼 수 있도록 도와주는 역할도 한다. 따라서 현대사회에서는 인생 이모작(二毛作), 삼모작(三毛作)이라는 말이 나오면서 인생을 의미 있게 보내기 위해서는 전통적으로 '학습자'라고 불리지 않았던 중년이나 노년기 성인들에까지 삶의 의미를 찾기 위한 지속적인 학습이 필요하게 되었다.

1) 2025년 65세 이상은 천만 명을 돌파하며 2050년에는 전 인구의 40%가 65세 이상이 될 것으로 예상된다[뉴스원(2023.12.14). 고령인구, 2025년 1000만명 돌파…2050년 40%가 '65세 이상'].

이런 사회의 변화에 지속적으로 대처할 수 있는 성인의 교육과 학습이 강조되면서 교육형태 역시 큰 변화를 맞이하게 되었다. 학령기 학생처럼 전일제 학생(full-time student)으로 학습하기가 어려운 성인 학습자들을 위해 정보통신기술과 네트워크의 발달이 접목되면서 학교와는 다른 새로운 학습환경이 제공되고 있다. 우리나라는 이런 변화에 힘입어 비교적 짧은 시간 동안에 교육의 다양성을 보장하는 평생학습체제가 확립되어 왔다.

2) 평생교육의 특징

평생학습(lifelong learning)과 평생교육(lifelong education)이라는 단어는 별 구별 없이 사용되어 왔지만 몇 가지 구분되는 특징이 존재한다.

우선 '평생학습'이란 학습하는 주체가 자기 자신, 즉 학습자라는 점을 강조할 때에 주로 사용한다. 따라서 학습자가 학습의 중심이 되어 학습이 왜 필요한지, 그리고 어떻게 학습해 나갈 것인지에 대해서 자기주도적으로 계획하고 수행해 나가는 행위 전반을 '평생학습'으로 지칭하는 경우가 많다.

이에 비해 '평생교육'이라는 용어는 주로 한 국가, 한 사회의 평생학습을 가능하게 하는 체제적 측면을 이야기하거나 그 체제의 일부분인 교육 프로그램을 지칭하는 경우가 많다. 따라서 평생교육은 평생학습을 수행하는 학습자들을 이끌고 지원하는 체제나 제도, 그리고 세부 교육 프로그램을 마련하고 평생학습을 돕는 행위 전체를 지칭하는 것으로 볼 수 있다(한상길 외, 2012).

이러한 평생교육은 총체성, 보편성, 통합성이라는 특성을 지닌다. 총체성은 학교중심 교육과정에서는 학교에만 정통성을 부여하지만 평생교육에서는 모든 종류의 교육을 교육으로 인정한다는 의미이다. 보편성은 개인이 가진 어떠한 특성과 관계없이 누구나 자신의 삶의 질을 올리기 위하여 교육을 받을 수 있는 것을 의미한다. 통합성은 긴밀한 횡적·종적 연계하에 모든 교육활동이 유리되지 않게 운영한다는 것과 연계된다.

3) 평생교육의 기능

평생교육의 기능은 다양하지만 크게 보아 개인과 사회의 수월성 제고 및 사회통합 기능을 대표적으로 꼽을 수 있다(OECD, 1996).

(1) 개인과 사회의 수월성 제고 기능

평생교육은 한 사회에 속한 개인과 집단, 더 나아가서 한 사회를 발전시키는 데 큰 공헌을 할 수 있다. 학습은 개인적인 즐거움의 차원을 넘어 기업의 생산성 향상과 국가의 경쟁력 제고 차원에서 논의된다.[2] 지식과 기술의 빠른 증가가 이루어지는 지식사회에서는 학령기 학교교육이 일정한 한계를 드러낼 수밖에 없다. 따라서 한 사회는 개인과 사회의 요구에 따라 새로운 직종, 의미 있는 직업을 위한 준비로서의 직업준비교육, 기술의 혁신에 따른 계속적인 재교육, 그리고 성취동기를 자극하고 최신의 정보를 제공함으로써 직업능률 향상을 촉진시킬 수 있는 각종 교육을 제공하여 현대사회의 도전을 극복할 수 있는 힘을 국민 각자에게 길러주기 위해 노력한다. 즉, 평생교육은 모두의 '생존을 위한 교육'이자 동시에 수월성을 제고하는 교육이다(OECD, 1996).

(2) 사회통합기능

평생교육은 교육의 보편화(普遍化)를 추구한다. 과거 교육은 그 수준이 높아질수록 상류계층의 전유물이 되고 서민계층은 소외당하기 일쑤였다. 이에 비해 현대사회에서는 모두를 대상으로 하는, 평생에 걸친 교육권 보장 요청이 높아지고 있으며 평생교육이 교육기회의 불균형을 어느 정도 해소할 수 있다. 그 이유는 평생교육은 종래에 학습자로 여겨지지 않거나 학습에서 소외되었던 사람들도 언제나 원하는 교육을 원하는 방식으로 받을 수 있도록 지원하는 기능을 가지기 때문이다. 따라서 평생교육에는 사회통합(social inclusion) 기능이 있다고 볼 수 있다. 예를 들어, 전통적으로 가정에서 '어머니'의 역할을 집중적으로 요구받았던 성인 여성들은 이제 남성들과 동일하게 노동시장에 진입하고 있고 일정 기간 양육과 가사를 전담했던 여성들 역시 노동시장에 복귀하기 위해

2) 권대봉. 깨끗한 공기, 맑은 물, 평생학습. 서울신문. 2008년 2월 26일자.

평생학습을 추구하고 있는 것을 볼 수 있다. 이런 과정을 국가와 일터, 그리고 지역사회가 평생교육체제를 통하여 지원하고 있다.

2. 우리나라 평생교육제도와 특성

여기서는 우리나라의 현행 평생교육제도를 살펴본다. 오늘날 우리나라 평생교육은 1980년대까지는 '사회교육'이라는 이름으로 추진되어 왔다가 1990년대에 이르러 평생교육 개념으로 전환하였다. 1999년 「사회교육법」에서 「평생교육법」으로 개정하였고 1990년 독학학위제 운영을 시작으로 해서 1998년에 들어서서 학점은행제를 갖추는 등, 2000년대 진입 전 이미 평생교육제도의 큰 줄기를 갖추게 되었고, 2007년 평생교육법의 전부개정으로 인해 보다 짜임새 있는 평생교육제도를 만들어 운영하고 있다.

1) 평생학습계좌제

평생학습계좌제는 개인의 다양한 학습경험을 마치 은행계좌와 같은 학습계좌, 즉 온라인 학습이력 관리시스템에 기록·누적하여 학습결과를 학력이나 자격인정과 연계하거나 고용정보로 활용할 수 있게 하는 제도이다. 인생주기에 따라 아동청소년은 진학준비와 사회체험을, 성인기 초중반은 직업교육과 지역사회교육, 그리고 후기 성인기 학습자는 은퇴 후 사회참여 및 자아실현을 위한 교육을 생애 어느 단계에서라도 시작하고 축적하여 활용할 수 있도록 도와준다. 개인적으로는 개인의 평생학습 이수 결과를 사회적으로 인정 및 활용할 수 있고 국가적으로는 평생교육법상의 기준을 충족하는 학습과정을 인정함으로써 프로그램에 대한 신뢰 및 질적 수준을 관리하게 된다. 향후 평생학습계좌제를 통해 등록한 개인의 평생학습이력이 학점 인정 등의 보다 공식적인 인정을 받게 될 것으로 예측된다.

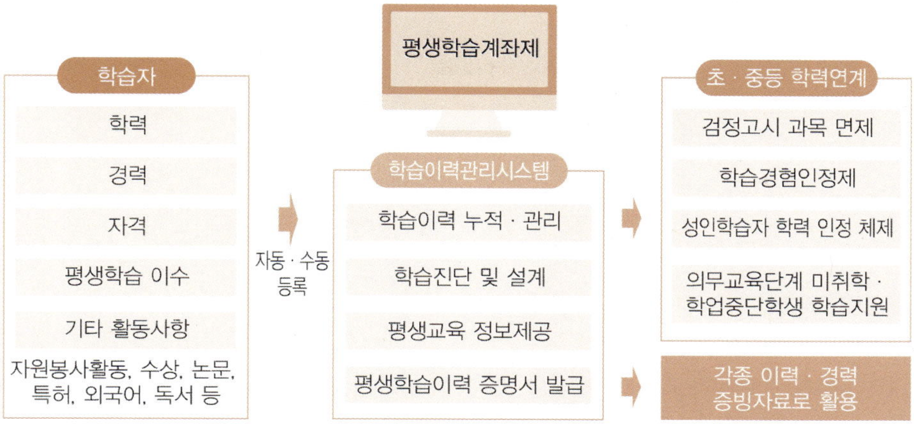

| 그림 11-2 | **평생학습계좌제 운영체계**

출처 : 평생학습계좌제 홈페이지(https://www.all.go.kr/center/homepage/pagemgt/selectPagemgtUserForm.do).

2) 학점은행제

학점은행제는 학교에서뿐만 아니라 학교 밖에서 이루어지는 다양한 형태의 학습을 학점으로 누적하여 일정 기준을 충족시키면 학위취득이 가능하게 하는 제도이다.

학점은행제는 주로 고등교육을 받지 못한 학습자들에게 고등교육 학력취득기회를 제공하는 대안적 방안이라는 점에서 의미가 있다. 또한 정규학교교육 밖에서 이수한 결과를 제도적으로 인정함으로써 교육 부문 간 균형발전을 도모하고 학교 밖 교육과 학교교육을 연계하여 우리 사회의 교육력 극대화를 도모하고 있다(국가평생교육진흥원, 2013).

이러한 학점은행제는 1995년 교육개혁의 일환으로 도입되었으며 「학점인정 등에 관한 법률」에 의거한다. 국민의 평생학습권 보장 및 학습경험의 다양화는 물론 고등교육의 혜택을 받지 못한 이들을 위한 대안적 방식의 대학 학력 취득 기회를 제공하여 우리 사회의 평생학습사회화에 적지 않은 기여를 한 제도이다. 학습자는 이 제도를 통해 평가인정 학습과정, 학점인정 대상학교, 시간제 등록, 국가 자격 및 국가공인민간자격, 독학학위제 시험합격 및 시험면제 과정, 국가무형문화재 보유 및 전수 등 다양한 학점원을 통해 학점인정을 받을 수 있다.

| 그림 11-3 | 학점은행제 개요

출처 : 국가평생교육진흥원 홈페이지.

3) 독학학위제

독학학위제는 고등학교 졸업자격을 갖춘 사람이 스스로 학습을 진행하고 1~4단계의 시험에 응시하여 합격하면 교육부 장관 명의의 학사학위를 수여하는 제도이다.

이 제도는 고등교육 기회를 갖지 못하거나 중도 탈락하는 등 사회적 · 경제적으로 교육받기 어려운 환경에 처한 사람들에게 최소한의 비용으로 대안적인 고등교육의 기회를 보장하고, 시 · 공간의 제약 없이 자기주도적으로 학습한 결과에 대하여 시험을 통해 검정해 줌으로써 열린 평생학습사회 구현에 기여하고 있다(국가평생교육진흥원, 2013).

독학학위제는 「독학에 의한 학위취득에 관한 법률」에 의거하고 있으며 중등교육에 해당하는 고등학교 졸업 이상의 소지자라면 시험을 통해 학위 인정을 받을 수 있다. 2024년 기준 4과정으로, 1과정인 교양과정 인정시험, 2과정인 전공기초과정 인정시험, 3과정인 전공심화과정 인정시험, 그리고 4과정인 학위취득 종합시험으로 구성되어 있다. 1~3과정까지는 순서에 상관없이 응시가능하고 4과정의 경우에는 1~3과정 전 과목을 합격하거나 동일전공 인정 학과에서 3년 이상 수료 또는 일정 수준의 학점 취득, 학점은행제를 통한 학점 취득 등을 통해 1~3과정 면제를 받을 시 응시할 수 있다.

4) 케이무크(K-MOOC)

무크(MOOC)란 Massive Open Online Course의 줄임말로 누구나, 언제 어디서나 원하는 강좌를 무료로 들을 수 있는 온라인 공개강좌 서비스를 뜻한다. 케이무크(K-MOOC)는 교육부와 국가평생교육진흥원이 주관하는 한국형 온라인 공개강좌 서비스로, 질 관리가 우수하고 비용 면에서 무료라는 점에서 모두를 위한 평생학습을 구현하는 데 큰 역할을 하고 있다. 온라인교육이지만 한 강좌 수강인원은 최대 800명으로 제한하며 수강신청은 선착순으로 운영하고 있다. 코로나19로 인해 비대면 온라인 학습수요가 증가하면서 학습자의 개별 학습패턴과 선호도를 분석하고 AI 등 신기술을 적용하여 맞춤형 콘텐츠를 제공하고 있다.

5) 매치업(Match業)

4차 산업혁명 시대의 새로운 전환을 맞이하면서 추진하는 프로그램으로 대학생, 구직자, 재직자 등 성인학습자라면 누구나 참여 가능한 신산업 분야 직무능력 향상을 위한 온라인 중심 산업 맞춤 단기직무능력인증과정이다. 교육기관과 학습자만 프로그램에 참여하는 것이 아니라 해당 분야 대표기업이 교육강좌 이수자의 직무능력을 인증하는 방식으로 참여하고 있다.

매치업은 먼저 인공지능(AI), 빅데이터, 스마트물류, 사물인터넷(IoT) 등의 미래유망 산업 분야의 대표기업에서 핵심직무 발굴 및 직무능력 인정평가 방법과 내용을 개발하는 것에서 시작된다. 교육기관은 대표기업이 제시한 핵심직무 및 세부직무능력, 직무능력 평가방식 등을 고려한 교육과정을 개발 및 운영한다. 품질관리위원회는 개발된 교육과정을 평가하고 관련하여 자문을 할 수 있다. 이후 학습자가 교육을 이수하면 대표기업은 평가 인증서를 발급하고 학습자가 취업 또는 교육훈련을 위하여 인증서를 활용할 수 있다. 기업, 교육기관, 학습자가 선순환 생태계를 만들어 직무와 교육의 미스매치를 해소한다는 데 의미가 있다.

6) LiFE(대학의 평생교육체제 지원사업)

대학 차원의 평생교육으로 실시하던 평생학습 중심대학 지원사업과 평생교육 단과대학 지원사업을 통합하여 2019년에 시작한 사업이다. 생산가능인구가 급격하게 감소하고 새로운 기술이 출현하는 상황에서 기존의 지식과 기술만으로는 한계가 있어 평생학습이 중요해졌다. 이러한 상황에서 LiFE 사업은 대학이 평생교육의 허브 역할을 해야 한다는 기대와 지역에서의 인재 유출을 막고 대학의 역량을 개발하는 지역과 대학의 동반성장을 위하여 추진되었다.

2019년부터 2022년까지 LiFE 1.0사업을 실시했으며 2년 후 평가하여 2년을 더 지원하여 총 4년간 지원했다. 대학의 고등평생교육기관으로의 변화를 목적으로 했으며 참여대학은 성인학습자의 다양한 상황과 학습요구에 따라 다양한 학사운영 모델을 도입하는 등의 성과를 보였다. LiFE 2.0사업부터는 2년 단위로 지원하고 목표도 대학을 '지역의 평생교육 상시 플랫폼'으로 육성하는 것으로 바뀌었다. 과정은 학위과정과 비학위과정이 있는데 대학은 학위과정을 필수로 운영해야 하며 성인학습자 맞춤형 전형방법을 적용하여 수능점수 대신 서류와 면접 등을 통해 선발한다.

3. 우리나라 평생교육의 이슈

우리나라 평생교육의 발전을 위해서는 앞으로도 해결해야 할 일들이 많다. 그중 평생교육을 통한 고용가능성 제고, 사회적 약자를 위한 평생교육 기회 확대, 평생교육의 지역화와 학습문화 조성, 대학평생교육 활성화, 그리고 온라인 평생학습 종합전달체계 마련의 다섯 가지를 소개한다.

2015년 유엔(UN)은 2030 지속가능발전 의제(2030 Agenda for Sustainable Development)를 채택하면서 지속가능발전목표(Sustainable Development Goals : SDGs)를 수립하여 2030년까지 목표를 달성하기로 했다. 17가지의 목표 중 목표 4번(이하 SDG4)은 "양질의 교육"으로 "모두를 위한 포용적이고 공평한 양질의 교육 보장 및 평생학습 기회 증진"을 달성하고자 한다. 이 목표는 전 생애의 교육에 관한 목표로서 학교교육을 포함하고 있지만 여기에서는 우리나라의 평생교육의 다섯 과제와 연결하여 설명하고자 한다.

1) 평생교육을 통한 고용가능성 제고

우리나라에서는 취업교육, 즉 직업역량 강화교육이 평생교육 차원에서 강화될 필요가 있다. 특히 최근에는 인생을 통해 여러 번의 직업전환이 불가피할 것으로 예상되는데,

이는 고용과 해고가 과거에 비해 훨씬 유동적인 것이 그 한 원인이다.

이러한 평생교육은 일터에서 필요한 역량과 교육이 자연스럽게 연결되고, 눈에 보이는 지식과 기술을 습득하는 것만이 아닌 고용가능성(employability)을 높이는 무형의 능력, 즉 창의성이나 적응력 등[3])을 기르는 교육이 되어야 할 필요가 있다(Pedagogy for Employability Group, 2004). 즉, 평생교육은 일터에서 필요로 하는 이런 능력을 기를 수 있는 보다 수준 높은 교육이 되어야 할 과제를 안고 있다.

지속가능발전목표 역시 그 세부과제(SDG 4.4, 직무스킬)에서 다양한 과제를 제시하고 있는데, 구체적으로 정보통신기술(Information and Communication Technology : ICT) 역량을 보유한 청소년 및 성인의 비율, 디지털 리터러시의 최소 숙달 기준을 달성한 청소년 및 성인 비율, 연령 집단별, 경제활동 상황별, 교육 수준별, 프로그램 유형별 청소년 및 성인의 교육 이수율(평생학습 참여율, 직업교육훈련 경험 비율)을 높이고자 한다. 모든 사람들이 실질적으로 취업 및 창업 등의 활동에 필요한 전문기술을 배울 수 있도록 관련 데이터를 구축하고 지속적으로 모니터링 하도록 요구하고 있으며, 평생학습 및 직업교육훈련 참여율이 직업과 연결될 수 있도록 하는 것을 주안점으로 삼고 있다.

2) 사회적 약자를 위한 평생교육 기회 확대

평생교육제도의 확대로 여성, 고령자, 그리고 기타 사회적 약자 등 학습에서 소외되었던 계층이 과거보다 많은 학습의 기회를 가지게 되었다. 그러나 정보사회에서 학습은 생존의 조건이 된 만큼 아직도 여성, 고령자, 장애인, 그리고 이주민들이 충분한 만큼 평생교육의 수혜를 받고 있다고 보기 어렵다. 이제 교육은 인권(human rights, 人權)이라는 관점에서 접근되어야 한다. 과거 인권은 법적 · 제도적인 차원에서 논의되었으나, 21세기에는 인권이 교육과 학습의 관점에서 조망되는 선진국들의 추세를 적극적으로 수용하여야 할 것이다. 과거 세계적 컨설팅 기관의 한 보고서는 '한국이 선진국으로 도약

3) 고용가능성(employability)을 높이는 무형의 능력으로는 창의성(imagination/ creativity), 적응력(adaptability/ flexibility), 배움에의 자발성(willingness to learn), 독립성(independent working/ autonomy), 팀워크(working in a team), 관리능력(ability to manage others), 스트레스 저항력(ability to work under pressure), 언어적 소통능력(oral communication), 문서 작성능력(communication in writing), 수리력(numeracy), 치밀함(attention to detail), 시간관리(time management), 의사결정능력(responsibility for making decisions), 그리고 기획력(planning, coordinating and organizing ability) 등을 꼽을 수 있다.

하려면 반드시 여성인적자원개발이 선행되어야 한다'고 제시한 바 있는데, 이러한 교육은 교육부뿐만 아니라 보건복지부, 여성가족부, 고용노동부 등이 공동으로 추진해야 할 과제로 그간 다양한 사업이 이루어진 것을 목격할 수 있다.

지속가능발전목표 역시 그 세부과제(SDG 4.5, 교육형평성)에서 성 불평등을 해소하고, 장애인, 이주민, 기타 취약계층 등 누구나 교육과 직업훈련에 평등하게 접근할 수 있도록 해야 함을 강조한다. 방법론 중 하나는 성별, 장애 등 취약계층별 분리통계 도입이다. 학령기 학교교육을 통하여 여학생들은 인문계, 교육계, 의약계, 예체능계를 선택하는 경향이 있고 남학생들은 주로 공학계, 자연계를 선택하는 경향이 있다는 것과 고등교육 이수자의 취업률에서 남학생의 취업률이 더 높다는 부분을 문제점으로 지적하고 있으며 개선을 도모하는 과제를 제시하고 있다. 또한 우리나라는 최근 장애인 평생교육 지원과 관련하여 장애인 평생교육 전문인력 양성 및 배치, 장애인 문해교육 및 직업기술교육에 관심을 갖고 필요한 사업을 하고 있다.

3) 평생교육의 지역화와 학습문화 조성

평생교육은 학습자의 생활터전을 중심으로 일상의 일부분으로 자연스럽게 진행되어야 하기에 지역사회 평생교육 활성화 사업은 의미가 크다. 현재 평생교육체제가 잘 갖추어진 지역을 '평생학습도시'로 지정하는 사업은 거의 마무리 단계로서 이제는 그 내실이 보다 강력하게 요구되고 있다. 따라서 현재는 주민이 집이나 일터 가까운 곳에서 언제라도 필요한 학습요구를 만족할 수 있도록 하는 평생교육의 질적 수준의 제고에 관심을 기울이게 되었다.

지속가능발전목표 역시 이 과제와 연결된다. 예를 들어, 한 세부과제(SDG 4.6, 성인문해 · 수리력)에서 성인 문해율을 지표로 삼고 있는데 시대적으로 볼 때 한글 문해뿐만 아니라 디지털 문해 역시 중요하다. 따라서 지역사회에서 학습자 친화적인 디지털 교육을 확대하는 것이 중요하며 도시에 비해 농산어촌에 사는 주민의 문해력이 낮은 점 등을 감안하여 교육의 지역 격차 해소를 추구하는 문제도 여기에 포함된다.

4) 대학평생교육 활성화

고등교육기관인 대학은 우수한 교육자원을 보유하고 있다. 이런 교육자원을 20대 초반의 학령기 고등교육 학습자에게만 제공하기보다는 지역사회의 성인 학습자들이 우수한 대학의 고등교육을 통해 지속적인 자기계발과 직무능력을 향상시킬 수 있도록 유연화시키는 작업이 필요하다. 현재 '평생학습중심대학'을 지정하여 생애단계별 맞춤형 교육 서비스를 제공하고 40대와 50대 학습자의 취·창업 역량 향상을 위한 비학위 과정 등이 이루어지고 있는 것은 그 좋은 예이다. 그러나 이런 대학평생교육 사업이 활성화되기 위해서 꼭 이루어져야 할 일이 있다. 여태껏 학령기 학습자 중심이었던 대학이 어떻게 성인 학습자 친화적으로 거듭나는가 하는 문제이다. 성인 학습자를 교육하는 방법과 학령기 학습자를 교육하는 방법에도 차이가 있고 교육과정이나 수업시간 배정 및 운영뿐 아니라 대학 전반의 서비스 등이 거의 학령기 학생의 요구에 맞게 짜여 있다. 앞으로 이런 대학을 성인 학습자 친화적으로 개편하는 일이 필요하다.

지속가능발전목표에서도 고등교육의 역할은 중요하다. 한 세부과제(SDG 4.3, 고등교육)에서는 고등교육기관에서의 성인학습자의 비학위 교육과정 참여율을 주요한 지표로 삼고 있다. 고등교육은 학위 교육이라는 인식이 여전히 강해 개선의 필요가 있다. 성인학습자의 참여를 높일 수 있는 학위 및 비학위 과정 기획 및 성인학습자 역량 개발을 위한 교육 등이 이루어지고 있다.

5) 온라인 평생학습 종합전달체계 마련

'학교'라는 교육만을 위한 공간에 가지 않더라도 생활 속에서 학습활동이 가능하게 만들어 주는 일등 공신은 누가 뭐라 해도 사이버 교육일 것이다. 이런 새로운 교육과 학습의 방식은 원격교육, e-러닝, 유비쿼터스 교육(u-education) 등 다양한 용어로 불리고 있다. 이런 상황은 교육공간에 정기적으로 출석하기 어려운 성인 학습자들에게 가장 적합한 환경이 아닐 수 없다.

또한 대표적인 고등교육기관인 대학의 변화도 눈에 띈다. 대학 내 많은 강의들이 온라인으로 제공되고 있으며 온라인으로만 교육을 제공하는 사이버 대학도 인기가 많다.

여기에서 더 나아가서 무크(MOOC)라고 불리는 대규모 온라인 강의가 최근 평생학습자들 사이에서 큰 인기를 끌고 있다. 하버드, MIT, 스탠퍼드 등 세계 유수 대학들이 이 MOOC를 통해 자신들의 강의를 개방하고 있는데, 이는 전 세계 누구라도 언제나 세계 명문 학교의 강좌를 자유롭게 들을 수 있다는 것을 뜻한다.

우리나라에서도 K-MOOC가 제공되고 있는 등 전 국민에게 효율적인 평생학습 접근경로가 마련되고 있는 중이다. 지속가능발전목표에서도 정보통신기술 역량은 전 생애를 통해 매우 중요하게 취급되고 있다. 현재는 주로 학교 수준의 디지털 접근성 및 디지털 리터러시를 주로 평가하고 있으나 앞으로 평생교육에서도 이를 측정하는 지표 및 관련 교육이 늘어날 것으로 전망된다.

제11장 활동

1. 내가 사는 지역사회에서 제공하는 평생교육 프로그램 중 관심 있는 교육 프로그램을 선택하고 남들에게 소개해 보자.

2. 평생학습계좌제(https://www.all.go.kr)에 등록하여 내 자신의 평생학습계좌를 만들어 보고 사용을 시작해 보자.

3. K-MOOC 강좌 중 관심 있는 강좌 하나를 택해 수업을 들어보고 수강 후기를 써보자.

12 CHAPTER 한국 교육과 교사의 과제

1. 교사의 적성
2. 교직관의 변화와 새로운 교직관
3. 한국 교사의 과제

|개요|

교사들은 교직이 '사람을 기르는 일'이라는 점에 끌려 직업으로 선택한다. 그러나 교직은 생각보다 힘든 직업이며, 이 사회가 교사에게 '만능 플레이어'를 요구하고 있다고 생각하는 교사들이 늘어나고 있다.

이런 상황을 염두에 둘 때 앞으로 교사는 직업인으로서의 삶을 살아가는 데 있어 어떤 마음가짐을 가져야 하며 예비교사는 이를 어떻게 준비해야 할까? 이 장에서는 과거로부터 시대를 통해 변천해 온 교직관의 변화와 현대사회에서 필요로 하는 새로운 교직관, 그리고 한국사회에서 교사가 당면한 과제에 대해 생각해 본다.

Chapter 12 한국 교육과 교사의 과제

1. 교사의 적성

교육, 그리고 교육학의 개념을 습득해야 하는 사람은 누가 뭐래도 교사일 수밖에 없다. 그렇다면 예비교사는 교사라는 직업에 대해서, 그리고 이상적인 교사의 모습에 대해서 진지한 고민이 필요할 것이다.

1) 교사직의 이해

에라스무스(Desiderius Erasmus)[1]는 15~16세기 유럽의 사회적 인문주의의 대표자로서 현대 자유주의적 교육과 인문중심 학교교육에 지대한 영향을 끼친 학자이다. 그는 교육의 본질적인 목적을 '지성을 지닌 인간 본성의 함양'으로 생각하였는데 빈부, 귀천, 남녀의 차별 없는 교육의 실시와 개성에 따라 교육하자는 주장을 펴는 등, 그가 교육학계에 남긴 유산은 지대하다. 특히 그는 교사의 조직적 훈련의 필요성을 최초로 주장한 것으로 알려져 있다. 그가 남긴 말 중 교사에 대한 말이 전해진다.

---

1) 현재에도 에라스무스의 영향력은 여기저기서 나타난다. 예를 들어, '에라스무스 프로그램'은 유럽연합(EU) 회원국 대학 간에 상호 학점 인정과 공동 커리큘럼 개발 등을 주요 내용으로 하는 교류협력 프로그램이며 최근에는 프로그램 대상과 주제를 확대한 에라스무스 플러스(+) 프로그램이 시행 중이다.

"바보의 눈으로 보면 그저 별것 아닌 일이겠지만 이 직업은 모든 직업 중 가장 고귀한 직업이다(In the opinion of fools, it is a humble task. But, in fact, it is the noblest of occupations)."

교사는 정말 그렇게 고귀한 직업일까? 적어도 우리 사회에서는 그렇게 여겨지고 있을까? 많은 학생들이 오늘도 교사되기를 준비하고 있으나 상황은 그렇게 호의적이지 않은 것 같다. 교사를 존경하고 높이던 시대는 이미 흘러간 옛날이며 오히려 교권이 추락하고 교사를 폄하하는 것처럼 느껴지는 일들이 비일비재하다. 이런 시대에 교직에 발을 들여놓는 것에 마음이 무거울 수도 있을 것이다.

그러나 교사는 아동과 청소년을 도와 그들이 필요한 학문적 · 사회적 기술을 익히게 하고 행복한 삶을 살도록 돕는 직업이기 때문에 고귀한 직업임이 분명하다(Glanz, 2009). 사회의 현실적 상황이 어떻든 간에 교사의 직업이 가진 의미가 감소되는 것은 아니다. 그러나 교사를 직업으로 택하려는 사람은 이 직업이 경제적 부유와 명예를 자동적으로 가져다주지 않는다는 점, 그럼에도 불구하고 가장 가치 있는 직업 중 하나임을 스스로 확신해야 할 것이다.

2) 교사 적성

교직에 입문하면서 훌륭한 교사가 되고 싶지 않은 사람은 없을 것이다. 그렇다면 훌륭한 교사가 된다는 것은 어떤 것을 의미하는가?

예비교사 자신의 개인적인 경험을 시작으로 교사가 학습자에게 바람직한 영향을 끼치는 데 필요하다고 생각되는 특징을 상식적으로 또한 경험적으로 나열해 가다 보면, 수십 수백 가지의 특성을 헤아릴 수 있게 된다. 이를 자세히 들여다보면 그 가운데는 성실 · 정직 · 책임 · 공정 등의 이상적 덕성에 관한 특징이 보이고, 또한 관찰력 · 사고력 · 언변 등 능력 또는 역량에 대한 특징도 나타나며, 명랑함 · 유머 등 인성이나 심리적 특성이 열거되기도 한다.

한 사람의 교사가 이 모든 것을 갖추기는 불가능에 가깝다. 그리고 예비교사 자신이 이런 특징을 다 갖지 않았다고 실망해서도 안 된다. 그렇다면 이상적인 교사의 모습을 찾기 위해 피상적으로 '훌륭하다'라고 생각하는 특질 중 교사의 본업인 교수(teaching), 즉 가르치는 일이 가진 특징에 초점을 맞추어 훌륭한 교사의 특성을 탐구해 보기로 하자.

첫째, 교사의 가르치는 일은 매우 지적인 작업이다. 일단 수업을 준비한다는 일은 하나 또는 여러 개의 학문 영역에 대한 전문적 지식을 가지고 있고 이를 타인에게 효율적으로 전달할 수 있는 계획을 스스로 준비할 수 있는 능력이 있다는 것을 의미한다. 게다가 알고 있는 내용을 그대로 전달하는 것이 아니라 내용을 스스로 해석해서 효율적인 방법으로 제시하는 능력을 요구하므로 '창조적인' 지적 작업이라고 할 수 있다. 또한 교사의 하루를 들여다보면 가르치는 일만이 아니라 다양한 각종 문서작업 등을 담당해야 하는데 이 또한 지적인 능력이 동반되는 작업이다.

둘째, 교사는 가르치는 일 말고도 다양한 작업을 수행해야 하는데 그중 가장 중요한 일이 학생에 대한 인간적인 관심을 보이고 상호작용하는 일이다. 따라서 가르치는 능력은 타의 추종을 불허하지만 학생의 생활 면면을 일일이 신경쓰고 돌보는 데 관심과 자신이 부족하다면 교사의 자질이 부족하다고 할 수 있다.

내가 교사가 될 수 있는 적성을 가지고 있는지를 알아보기 위해 다음의 문장을 읽고 나의 느낌을 표시해 보자(Glanz, 2009).

문 장	전혀 아니다	아니다	그렇다	매우 그렇다
1. 나는 사람들이 교사를 비판하거나 폄하하면 기분이 나빠진다.				
2. 나는 학생들을 사랑하기에 교사가 되었다(혹은 될 것이다).				
3. 누구든 교사가 되는 사람들은 자신이 맡은 일에 헌신적인 전문가라고 생각한다.				
4. 내 자녀가 교사가 되겠다면 나는 기꺼이 찬성할 것이다.				
5. 나는 교직이 주는 정신적인 만족 때문에 교사가 되었다(또는 될 것이다).				

6. 나는 신문이나 뉴스에서 교사나 교직을 왜곡하고 있다고 느낄 때 기분이 나빠진다.				
7. 나는 교사인 내 자신을(혹은 교사가 될 내 자신을) 판사나 의사와 마찬가지인 전문직으로 여긴다.				
8. 나는 왜 교직에 들어섰는지(혹은 왜 교사가 되기를 택했는지)에 대해 구구절절 이야기해야 한다면 기분이 좋지 않을 것이다.				
9. 교사는 현재보다 더 많은 보상과 인정을 받아야 한다고 생각한다.				
10. 나는 학생들의 삶을 변화시키기 위해 교사가 되었다(혹은 될 것이다).				

이 문장들에 대부분 '매우 그렇다'라고 대답한 사람들은 교직을 매우 가치 있는 직업으로 여기고 있는 사람으로 볼 수 있다.

3) 교사의 교육철학

좋은 교사는 자신만의 교육철학이 있다. 교육을 바라보는 자신만의 관점이 확립되어 있어야 좋은 교육을 실현할 수 있다는 뜻이다. 이런 교육철학이 세워져 있을 때 비로소 자신이 교육을 통해 실현하고자 하는 교육 목적과 목표를 제대로 세울 수 있고 필요한 수단과 방법을 선택하여 교육 활동을 실행할 수 있기 때문이다.

이러한 교육철학은 교사관(觀), 교육관, 수업관, 학생관, 지식관 등으로 세분화될 수 있지만 간단하게 다음과 같이 정리할 수 있다(조벽, 2004).

첫째, 교육의 목적에 대한 교사의 생각을 정리해 본다. 쉽게 말하면 '나는 학생들에게 어떤 영향을 주려고 이런 활동을 하는가?'에 대한 생각의 정리이다. 여기에는 다음의 예와 같은 다양한 의견이 나올 수 있다.

- 내가 가르치는 학문의 재미를 알게 하고 싶다.
- 학생들이 이 세상을 바꾸어 가는 인재로 키우고 싶다.
- 공부를 통해 성숙한 인간을 만들고 싶다.

둘째, 교육의 방법에 대한 교사의 견해이다. '나는 내가 세운 이 교육목표를 어떻게 달성하고자 하는가?'에 대한 생각을 정리해 본다. 다음의 예와 같은 다양한 의견이 나올 수 있다.

- 학생 스스로 탐구하는 방법을 통해 학생이 자기주도적으로 학습할 수 있도록 한다.
- 우선 학생이 알아야 할 핵심적인 개념에 대해서 오랜 시간을 들여 학습하게 한 후 거기로부터 다양한 방향으로 생각을 확산시키도록 유도한다.
- 교사가 전달하는 내용을 숙지해서 머릿속에 남을 수 있도록 가르친다.

셋째, '누군가를 가르치는 일이 자기 자신에게 왜 중요한가?'에 대한 교사 스스로의 대답이다. 다음의 예와 같은 다양한 의견이 나올 수 있다.

- 학생을 가르쳐 성장시키는 일에서 행복을 느낄 수 있다.
- 사회가 이루어 낸 문화유산들은 반드시 학생들이 배워서 이어가야 하기 때문에 가르치는 일이 소중하다고 생각한다.
- 가르치는 일에서 내 스스로가 인생에 필요한 배움을 얻는다.

2. 교직관의 변화와 새로운 교직관

'교육의 질은 교사의 질을 능가할 수 없다'라는 말을 종종 듣게 된다. 이 말은 예비교사에게 '교사'라는 직업인으로서의 삶에 대한 자부심과 보람을 예약하는 말이다. 이런 사회적 중요성과 관심 때문에 교사는 전문직 직업 중에서도 매력적인 직업이라고 생각되어 왔다. 사회적 관심과 존경은 물론, 전문 자격의 취득에 기초한 직업이므로 많은 경우 정년이 보장되거나 안정적으로 오랫동안 일하는 데 큰 문제가 없다는 점 역시 장점이다.

그러나 무엇보다도 교직을 선택한 예비교사의 마음을 사로잡는 일은 이 직업이 '사람을 기르는 일'이라는 점일 것이다. 한 아이가 태어나 삶을 마치기까지 평균적으로 인생에 영향을 줄 수 있는 멘토(mentor) 다섯을 만나게 된다고 한다. 첫째가 부모라면 둘째는 학령기에 만나는 교사가 아닐까 한다. 이처럼 교사는 세상에 생겨나 아직 다듬어지지 않은 아이들의 마음에 인간과 세계에 대해 알려주며 세상으로 내보낼 준비를 하는 사람이다.

그러나 요새 교직에 대해서 이런 긍정적인 생각을 다소 '낭만적'이라고 여기는 이들이 늘어나고 있다. 즉, 교직은 생각보다 매우 힘든 직업이며, 교직이 선망직업이었던 시대는 이미 지나갔으며 이제는 오히려 '기피직업(忌避職業)'이 되어가고 있다는 생각이다. 사실 요즈음의 학교현장을 잘 아는 사람들에겐 이런 이야기가 그리 낯설지 않다. 학생이나 학부모가 교사에 대한 존경심을 가지기보다는 자신에게 '서비스'를 제공하는 수많은 사람 중의 하나로 생각하는 경우를 보기도 하고, 가르친다는 본연의 일 말고도 수많은 기획서류와 각종 평가에 파묻혀 자기계발의 시간이 부족하기도 하다. 가르치는 방법에 대해서도 수많은 전문적 훈련을 받아야 하는 한편, 예전보다 더욱 학생의 정서나 학교 밖 활동과 생활 등 보다 다양한 면에 대해 신경을 써야 한다고 요구받는다.

이런 상황은 교육과정의 운영에 보다 집중된 관심을 기울일 수 있었던 과거 세대의 교사와는 달라진 풍경이 아닐 수 없다. 교사에게 만능 플레이어를 요구하는 것일까? 앞으로 교사는 직업인으로서의 삶을 살아가는 데 있어 어떤 마음가짐을 가져야 하며 예비교사는 이를 어떻게 준비해야 할까? 이 장에서는 과거로부터 시대를 통해 변천해 온 교직관의 변화와 현대사회에서 필요로 하는 새로운 교직관, 그리고 한국사회 교사가 당면한 과제에 대해 생각해 본다.

1) 교직관의 변화

아직도 많은 사람들이 교직에 대해 일반 전문직과 좀 다른 눈길로 바라보는 것은 교직이 '인간'을 다루는 직업이기 때문일 것이다. 교직이라는 하나의 '직업'을 바라보는 시각인 교직관은 이 땅에 '교사'라는 직업이 나타난 이래 오랜 시간을 거쳐 변화해 왔다.

여기에서는 두 가지 교직관을 소개한다. 이 두 교직관들은 현재에도 많은 사람들의 머릿속에 복합적으로 함께 작용하고 있다. 시대의 변화와 더불어 종전의 교직관이 완전히 사라지고 새로운 교직관이 나타난다기보다는, 과거 지배적이었던 교직관의 흔적이 남아 있고 시대의 요청으로 더해진 것들이 좀 더 강조되고 발전되는 방식이다.

(1) 성직자로서의 교사

과거 전통사회에서 교사에게는 성직자와 같은 존경이 주어졌다. 그 이유는 교육이 인간을 다루고 아이들을 미래의 인재로 키워내는 고도의 정신적인 활동이므로 여타 세속적인 직업과는 거리가 있다고 생각했기 때문이다.

소명(召命, calling)이라는 말은 '부를 소(召)'자에 '목숨 명(命)'자이다. 성직자는 스스로 하고 싶다고 해서 되는 것이 아니라 신의 호출, 부름(calling)을 받아야 할 수 있는 일이었다. 그러므로 세속적인 직업이 아니라 신과 인간을 연결하는 '다리(bridge)'로의 역할이 강조되었다. 그런데 교직에는 이런 성직자로서의 역할이 오래전부터 강조되어 온 것이다.

우리 사회에서도 이런 생각의 흔적을 여기저기에서 엿볼 수 있다. 몇 가지만 예를 들면 다음과 같다.

- **군사부일체**(君師父一體) : 임금과 스승, 그리고 아버지가 모두 한 지체라는 뜻으로 교사를 임금과 아버지에 비견하는 사람으로 존경해 왔다는 점을 알 수 있다. 우리나라를 비롯한 동아시아 국가들은 '교육이 국가와 개인의 발전을 가져온다'라는 믿음이 어느 나라보다도 강하다. 우리나라도 이러한 전통적 사상이 바탕이 되어 오늘의 교육발전을 가져왔다고 할 수 있다.
- **'스승의 은혜' 노래의 가사** : '스승의 은혜는 하늘 같아서 우러러 볼수록 높아만 지네'로 시작하는 노래의 가사는 이제는 듣는 교사들도 얼굴을 붉힌다. 이 노래의 가사는 전통적으로 성직자와 비슷한 반열에 있었던 교사의 역할을 설명해 주는 또 하나의 증거로 볼 수 있다.

그렇다면 성직자로서의 교사가 가져야 할 성품 중 가장 중요한 것은 인성적 자질이라고 볼 수 있다. 교사는 훌륭한 인격자여야 하며 지적인 자질도 인격에 연결되어 강조된다. 학생들에게 전수하는 그 지식 자체보다는 '앎(knowing)'에 대한 지혜가 있어야 하며, 태도로서는 학생들을 이끌어 간다는 사명감과 책임의식이 요구된다.

(2) 전문가로서의 교사

산업사회 이후 각 분야의 전문가가 등장하기 시작하면서 현대는 '전문가의 시대'라고 해도 과언이 아니다. 가르치는 일 역시 고도의 전문적인 활동이다. 따라서 한 분야에 대한 해박한 지식은 물론, 가르치는 일 자체, 즉 교수법에 대한 기술 역시 간과할 수 없다. 즉, 교직은 고도의 전문성이 없이는 아무나 해낼 수 없는 일로 생각된다.

이런 생각은 교직을 준비하는 사람들에게 까다로운 입직 절차를 요구하게 되었다. 고등교육 단계에서 전문적인 교사교육을 받아야 하고 자격증을 받아야 비로소 교직에 입문할 수 있는데 이는 전 세계 공통적인 현상이다.[2] 따라서 교직은 상대적으로 쉽게 가질 수 있는 범속직(occupation)이 아닌 전문직(profession)이다.[3] 전문직과 범속직을 구분하는 척도인 고도의 지식교육과 장기간에 걸친 훈련, 면허증이나 자격증의 취득으로 대표되는 엄격한 표준의 적용 등의 기준이 대부분 적용되기 때문이다.

전문직으로서의 교직에 대한 논의는 미국의 교육학자 리버만(Lieberman, 1956)의 『전문직으로서의 교육(Education as a Profession)』이라는 저서에 잘 나타나 있다. 리버만은 교직이 전문직인 이유로 첫째, 교직은 고도의 자율적인 지적 판단과 선택을 필요로 하고, 둘째, 일종의 사회봉사 활동의 성격을 가지며, 셋째, 전문교육을 받은 사람만이 종사할 수 있으며 이후의 전문직 수준의 유지를 위해 계속교육을 요구하고, 넷째, 전문가 집단의 윤리 강령에 의해 운영된다는 점 등을 들고 있다. 여기에서 눈여겨 볼 것은 교직이 일반 전문직과는 달리 만물 중에 가장 소중한 '인간'을 양성하는 직업이라는 면에서 여

---

2) 교사는 교육대학이나 사범대학, 또는 교직과정을 통해 교사자격을 취득해야 한다. 각 교사의 양성기관은 대략적으로 다음과 같다.
   ① 유치원 교원 : 유아교육을 담당하는 유치원 교사는 전문대학의 유아교육과, 대학교의 유아교육학과나 아동학과, 교육대학원의 유아교육 전공, 기타 각종 학교의 보육과를 통해 양성된다.
   ② 초등교원 : 초등학교 교원은 국립의 11개 교육대학과 한국교원대학교를 통해 양성된다.
   ③ 중등교원 : 중등교원은 종합대학교의 사범대학, 한국교원대학교, 각 국 · 공 · 사립대학 내에 설치, 운영하는 비사범대학의 교직과정과 교육계열학과, 교육대학원을 통해 양성된다(한상길 외, 2012).

3) 전문직으로는 의사나 법관 등을 들 수 있고, 범속직에는 청소부나 단순 노동자를 떠올릴 수 있다. 그러나 모든 직업이 전문직 아니면 범속직으로 양분되는 것은 아니다. 도리어 전문-범속의 연속선상에서 어떤 점을 차지하는가에 관한 상대적 평가의 결과로 그 위치가 결정되는 것이다.

타 전문직보다 사회봉사의 성격이 강하다는 점이다.

그러나 이렇게 전문가로서 교사상을 다른 전문직들과 차별성을 부각하여 생각하는 한편, 교직도 여타 직업과 마찬가지로 직업 중의 하나라는 시각, 더 급진적으로는 교직 종사자도 다른 근로자들과 마찬가지라는 인식 역시 존재한다. 즉, 교사를 '전문직 노동자'로 보는 시각이다. 왜냐하면 교사는 성직자가 아니라 기본적으로 직업인이며, 또 직업인으로서 직무를 수행하는 데에는 그에 상응하는 경제적 대가와 근무 조건을 보장받아야 한다는 인식이 고개를 들었기 때문이다. 따라서 교사들은 스스로 전문가 단체 및 교직 단체를 만들고, 이를 통해 자신들의 권익을 보호하고 교직의 발전을 위한 집단적 노력을 기울이게 되었다.

이런 '전문직 노동자로서의 교사'에 불편한 시각을 내비치는 사람들도 적지 않다. 이는 과거로부터 이어져 온 교직에 대한 기대, 즉 교직이 일개 전문직으로서 직업활동의 대가로 자신의 이익을 먼저 고려하기보다는 인격적으로 학생을 보듬고 키워내기 때문에 비록 성직까지는 아니라 할지라도 다른 전문직에 비해 사회를 위해 봉사하는 측면이 강한 점에 기인할 것이다. 그 어떤 교직관이 다른 교직관보다 더 바람직하거나 덜 바람직한 것은 아니다. 모든 교직관은 모두 그 시대와 사회가 요구하거나 그 시대 또는 사회의 특성에 비추어 나타난다는 점을 통찰하는 것이 중요하다.

2) 새로운 시대의 교사 역할

현대의 교사에게 요구되는 역할은 무엇일까? 변천해 온 교직관을 살펴본 후 우리는 새로운 시대의 교직관에 대하여 생각해 보아야 한다. 성직자로서의 교직관이 쇠퇴하고 전문가로서의 교사상이 존재하는 가운데 현대에 들어와서는 교육이 관계하는 맥락이나 상황은 더욱 복잡해졌고 학생이 처한 상황에 따라 교사의 다양한 새로운 역할이 요청되고 있다.

예를 들어, 과거에는 교육과정의 설계와 운영에 대한 전문성이 교직의 전문성을 나타내는 가장 큰 부분이었다면 현재는 교사에게 학생의 삶 면면에 관계하는 다양한 활동에 대한 전문성을 요구하고 있다. 학생의 학업적 성취에 대해 부담과 책임은 여전하거나 오히려 늘어난 데다가, 학생의 삶을 지원하는 각종 기획에도 역량을 발휘해야 하고, 학생의 방과 후 활동 및 주말 활동을 위해서 기꺼이 휴식시간을 할애해야 한다. 그리고 지역사회의 다양한 기관과 관계자와도 학생과 학교를 위해 협력할 수 있어야 한다. 게다가 4차 산업혁명이나 AI(Artificial Intelligence)로 대표되는 급격한 기술의 변화나 코로나 19로 변화된 세상에 대응하는 일 역시 교육의 위기로까지 연결되고 있어 이에 대한 대응 역시 벅차게 느껴지기 일쑤이다.

이와 같은 교사의 역할에 대한 복잡하고 다양한 요청에 대해 부담감이나 거부감을 나타내는 교사도 있다. 교사가 기계가 아니고 모든 일에 능할 수도 없으므로 이런 '만능 플레이어(all-round player)'를 요구하는 사회의 압박은 가르치는 일, 즉 가장 중요한 교사의 직무에 있어 질 저하를 가져올 우려가 있다는 것이다. 교사에 대한 과도한 압박은 교사를 지치게 만들고 '학생들만 바라보고 시작했던' 초심을 잊게 만든다. 실제로 우리 사회의 여기저기서 지친 교사들의 목소리가 들려오고 있다.[4]

그럼에도 불구하고 교사는 여전히 '어린 양들의 영혼을 돌보는' 성직자의 성격을 가지며, 가르치는 일뿐만 아니라 학생들의 면면에 대해 누구보다도 잘 꿰뚫어 볼 수 있는 전문가이다. 학생은 누구나 다차원적인 인간이며, 심장과 정신, 영혼을 지닌 사람이고, 생산적 성장과 학습이 이루어지려면 반드시 필요한 희망, 꿈, 능력을 지닌 존재이기에 이 모든 것이 교사가 마주할 과제이자 목표가 된다. 그렇다면 교사는 '특정 분야의 지식이나 기능을 가르치는 전문인이 아니라, 한 사람이 살아가는 데 필요한 삶의 자세와 함께 필요한 제반 능력을 길러주고 이를 몸으로 실천하는 사람(박남기, 2015)'이라는 교직의 본질로 돌아가 변화된 사회에서의 학생의 성장을 도모할 수 있는 방법에 대해 냉철하게 생각해 보고 할 수 있는 일을 찾아야 할 것이다.

교사이자 교육개혁운동가인 에어스(Willam Ayers)는 교사들에게 '눈앞의 모순 안에서 일하라'고 조언한다(Ayers, 2001). 현재 교사들은 사회와 학부모 등이 주는 수많은 부담이 부적절하고 부당하다고 느낄 수 있다. 제대로 되지 않는 것이 현실이라며 현실에 맞추

4) 초중등교원의 퇴직연령은 62세이지만 명예퇴직을 원하는 교사들의 수는 늘어나고 있다. 그중 의욕상실을 이유로 교단을 떠나려 하는 젊은 교사가 상당수로 파악되고 있어 이에 대한 교육계의 우려는 상당하다. 한국교원단체총연합회는 물론 전국교직원노동조합 등의 전문가들은 학생 생활지도 부담과 학부모 민원에 대한 고충을 이유로 꼽는다[세계일보(2023년 7월 25일자). 2022년 명예퇴직 교사, 최근 6년 중 최대… 전체 퇴직자의 43%는 초등교사].

어 살면서 이상을 버릴 수도 있을 것이나 이것은 교사가 원하던 삶이 아닐 것이다. 반면 이상의 세계에서만 살고 현실의 진흙탕을 무시하면 교사는 무능해질 것이고 교직에 머무르기도 힘들 것이다. 결국 비결은 한 발은 세상에 두고, 다른 한 발은 이루어질 수 있으나 아직 이루어지지 않는 세상을 향해 뻗으며 사는 것이다. 모순을 용기 있게 마주하다 보면 효과적이면서 동시에 희망적인 교직 생활을 가꾸어 나갈 수 있는 방법을 발견할 수 있을 것이다.

3. 한국 교사의 과제

1) 교직에 대한 자존감 형성과 유지

한때 선망의 대상이었던 교직이 이제 '기피직업'으로 인식되는 현상은 교사를 직업으로 고려하고 있는 이들에게는 고민거리가 아닐 수 없다. 특히 우리나라에서는 학령인구 감소로 인해 임용의 문턱이 갈수록 높아지는 데다 높은 교육열로 인해 많은 학생들이 학원과 과외에 의존하면서 학교에서의 수업을 중요하게 생각하지 않는 경우 '가르치는 사람'으로서의 자존감도 채우기 힘들다. 이런 상황에서 학생이나 학부모들의 민원에 시달리는 비율도 점차 늘어나고 있어 많은 교사들이 정년을 채우기를 포기하고 교단을 떠나고 있는 상황이 발생하고 있으며 교사를 양성하는 교육대학교의 인기도 예전 같지 않다.

그러나 훌륭한 교사가 존재하기 때문에 학생들은 훌륭한 성인으로 자라난다. 물론 학령기에 진정한 영향을 주는 교사를 만나지 못하는 학생들도 있을 것이다. 그들은 공백을 메우려 배우, 가수, 운동선수 등 다른 존재를 열망하기도 하지만 가까이서 정신세계의 스승을 가진 학생들보다 허전함이 큰 것은 어쩔 수 없을 것이다.

교사는 여전히 학생에게 큰 영향력을 가진 존재이다. 교사가 무의식적으로 내뱉은 한마디, 아무 뜻 없이 보인 몸동작이 학생들에게는 큰 상처를 안겨줄 수 있는 반면, 교사의 긍정적인 말 한마디나 따스한 눈길이 큰 희망을 줄 수 있다(조벽, 2004). 영화 '죽은 시인의 사회(Dead Poets' Society)[5]'에서 '다른 각도에서 세상을 봐야 한다'며 학생들에게 책상 위에 올라가서 세상을 보라고 한 키팅 선생이 그 좋은 예이다. 후일 키팅 선생이 학교에서 쫓겨나게 될 때, 학생들은 그의 가르침에 감사하는 의미로 책상 위에 올라가서 그와의 이별을 하는 장면이 있다. 교육의 목표는 사고하고, 느끼고, 행동할 줄 아는 사람을 기르는 것임에도 불구하고 지식 위주의 교육에서 벗어나지 못하는 학교교육에 대한 성찰을 요구하는 영화이다.

| 그림 12-1 | 영화 '죽은 시인의 사회'의 한 장면

최근 학생중심의 교육관이 교육현장에 자리 잡아 가고 있다. 이는 결코 교사와 학생의 관계가 서비스업 종사자가 고객을 대하듯 하라는 뜻이 아니다. '학생중심(student-centered)'이라는 개념은 고객의 기분을 맞추듯이 교사가 학생들의 요구 사항을 무조건 다 들어주는 것이 아니라 교육을 학생들의 입장에서 생각하고 보는 것이다. 예를 들어, 수업을 준비할 때도 "내가 수업 시간에 무엇을 할까?"라는 교사가 중심인 사고보다는 "학생들로 하여금 무엇을 하게끔 할까?" 하는 학생을 중심에 둔 행위에 대한 고려가 우선되어야 한다는 것이다.[6]

교사의 자존감은 자신들이 학생들에게 소중한 존재라는 것을 자각하는 데에서 시작한다. 학생의 자존감은 그를 가르치는 교사의 자존감 그래프와 일치한다는 연구도 있다. 이런 점은 교사 전문성 신장을 위한 각종 연수에서도 지식 위주의 전문성 신장에 앞서 고려되어야 한다.

5) 현대 교육제도의 맹점을 비판한 사회 비판 영화. 톰 슐만의 시나리오로 1989년 피터 위어 감독이 연출했다. 1950년대 보수적인 남자사립학교 웰튼을 배경으로, 입시 위주의 교육제도로 인해 자유를 말살당한 학생들을 면밀하게 관찰하고 있다. '카르페디엠(현재를 즐겨라)'이라는 명대사를 남겼다. 아카데미 각본상과 영국 아카데미 작품상, 음악상 수상작[Dead Poets Society](세계영화작품사전 : 청춘과 성장에 관한 영화, 씨네21).

6) 조벽. 학생중심교육으로 가는 길. 조벽 교수법칼럼. http://www.me.mtu.edu/ 참조

2) 변화하는 역할에 대한 전문성 신장

현대사회의 교사는 끊임없이 변화하는 업무환경에 적응하기 위해 과거보다 훨씬 더 많은 노력이 요구되고 있다. 교사에게 요구되는 역할과 전문성에 대해서 열거하면 다음과 같다.

(1) 교수자로서의 역할

신임교사에서 정년에 이른 교사까지 교사는 지속적으로 새로운 지식과 교육기술을 습득하여 학생들을 지도해야 한다는 압력을 받고 있다. 전반적으로 현재 지식교육에 치중되어 있는 학교 교육과정을 전인적 관점으로 개혁해야 한다는 주장이 설득력을 얻는 가운데, 교육과정과 교수법의 변화를 도모하는 데 교사의 전문성 신장이 요구되는 상황이다.

이는 교육과정과 교수법에 관한 기술을 습득하는 데 주안점이 있는 것이라기보다는 교사가 교수자로서 학생의 성장을 지원하는 방향에 대해서 전인적인 관점을 가지고 그 위에 필요한 지식과 기술을 쌓아 올리는 방법으로 수행되어야 할 것이다. 즉, 교사는 학생들이 학업을 수행해 나갈 때 '타인과의 경쟁'에 이기기 위해서가 아니라 자기 자신의 향상과 발전과 성장을 도모할 수 있도록 교육하며, 학생들의 발달 속도는 저마다 다르므로 자기에게 맞는 속도로 진행할 수 있도록 지원해야 한다.

교육과정에 관해 새로이 요구되는 지식과 기술로는 과거 분화된 전통적인 교육과정이 아니라 교과나 학문 영역을 통합하고 분석적 사고와 직관적 사고, 신체와 정신, 개인과 공동체 등을 연결해 편성하는 일에 대한 지식과 기술을 꼽을 수 있다.[7] 교수법의 경우 직접적인 지식전달에 그치지 않고 창의적인 아이디어와 자료를 활용하여 가르치는 다양한 방법에 상호작용을 통한 문제해결이나 학생의 변화를 이끌어 내는 역할극이나 협력학습 등, 다양한 측면의 접근을 동시에 활용할 수 있는 교수법에 대해 적극적으로 연구하고 실천하는 일이 필요하다. 특히 4차 산업혁명의 도래가 우리 교육의 모습을 크게 변화시키고 있는 상황에서 온라인과 오프라인 교육을 21세기형 학습자에 맞게 적

7) 한국교육신문 2013년 11월 18일자. '지식교육에서 전인교육으로'

합하고 적절하며 융합적으로 실천할 수 있는 디지털 리터러시(digital literacy) 역량의 제고가 필수적으로 요청되고 있는 상황으로, 교수법의 신장 및 다양화에 대한 관심도 이러한 기술의 발전 상황을 포괄해야 할 것이다.

(2) 학생의 멘토로서의 역할

"내가 너의 이름을 불러주었을 때 너는 꽃이 되었다"[8]라는 김춘수 시인의 시처럼 교사가 학생 개개인을 어떤 관점에서 대해주느냐에 따라 학생의 학업성취와 생활태도는 크게 달라진다. 즉, 학생에게 기대를 걸고 그것에 따라 대해주면 학생의 능력과 태도는 변화된다.

그 한 예로 들 수 있는 사례가 미국의 심리학자인 로젠탈(Rosental)과 제이콥슨(Jacobson)의 연구이다. 이들은 교사의 학생에 대한 기대와 관심은 학생의 학업성취 효과를 크게 달라지게 할 수 있다는 실증적 연구결과를 내놓았다. 이들은 초등학교에서 학년 초에 그 학급의 20%에 해당하는 학생을 뽑아서 실험집단으로 하고 그 명단을 담임교사에게 주면서 "이 학생들은 잘 지도하면 놀랄 만큼 성적이 향상될 가능성이 있다"라고 말하였다. 학생들을 추출하기 직전에 언어능력과 추리능력을 주로 하는 지능검사를 실시했으며, 담임교사에게는 검사에 나타난 결과에 의해 예측된 아이들이라고 말했으나 실제로

---

8) 김춘수(金春洙, 1922~2004)의 시 "꽃" 전문은 아래와 같다.

> 내가 그의 이름을 불러주기 전에는
> 그는 다만
> 하나의 몸짓에 지나지 않았다.
>
> 내가 그의 이름을 불러주었을 때
> 그는 나에게로 와서
> 꽃이 되었다.
>
> 내가 그의 이름을 불러준 것처럼
> 나의 이 빛깔과 향기에 알맞은
> 누가 나의 이름을 불러다오.
> 그에게로 가서 나도
> 그의 꽃이 되고 싶다.
>
> 우리들은 모두
> 무엇이 되고 싶다.
> 나는 너에게 너는 나에게
> 잊혀지지 않는 하나의 의미가 되고 싶다.

는 무작위로 뽑은 학생들이었다. 그로부터 1년 후 학기말시험을 본 결과 실험집단의 학생들 중 20점 상승한 학생은 47%였고 비교집단에서는 19%에 불과했다. 또한 읽기, 적응능력 등에서도 실험집단의 학생들이 뛰어나게 향상된 것을 볼 수 있었다(문용린, 2012). 로젠탈과 제이콥슨은 이 현상을 그리스 신화의 주인공 이름을 따서 '피그말리온 효과(Pygmalion Effect)[9]'라고 불렀다.

이 연구에서 우리는 교사가 학생을 보는 관점, 즉 어떤 가능성의 소유자로 보고 기대하고 지도함에 따라 그들의 학업성취에 지대한 영향을 미친다는 것을 알 수 있다. 또한 교사의 학생관은 학업성취뿐만 아니라 기본적으로는 학생들의 학교생활의 적응 여부를 결정하는 데 있어서도 중요한 작용을 한다는 것을 알 수 있다. 학생이 믿고 상의할 수 있으며 학생의 성취와 변화를 응원하는 교사가 학생을 바꿀 수 있다.

(3) 학부모 및 관계자와 소통하는 경영자 및 전문가로서의 역할

교사는 학생의 성장을 위해 다양한 관계자와 협력하고 소통하는 사람으로서의 역할을 해야 한다. 학교를 경영하는 구성원 중 하나로서 학생의 성장을 위해 학교 내의 구성원은 물론, 학부모나 학교 밖의 관계자와 협력하고 소통하는 전문가로서의 역할에 대해서도 역량의 신장이 필요하다.

현재 교원이 선택할 수 있는 연수방법은 다양하다. 그러나 교사의 전문성은 전문적 지식의 습득이 우선되기보다는 '교사 공동체'와 같은 자유로운 분위기 속에서 서로가 서로에게서 배울 수 있는 시간이 되어야 한다(서경혜, 2013). 방학이나 학교 외 장소에서뿐 아니라 학기 중, 학교 내에서도 일정 시간을 할애하여 교사 스스로 전문성 신장을 위해 동아리를 조직하여 연구하고 정보를 교환한다든지, 교사 선후배 간의 멘토링으로 학습공동체를 이룬다든지 하는 방법 등을 실천해 볼 수 있다.

물론 교사가 모든 일을 다 해낼 수도 없고 전문성 신장 연수가 교사가 필요로 하는 모든 역량을 다 포괄할 수도 없다. 따라서 학생이 필요로 하는 자원이 학교 안팎에 있음을 파악하고 이를 적극적으로 연결하는 네트워킹의 주체가 될 필요가 있다. 교사의 역

9) 타인의 기대나 관심으로 인해 긍정적인 효과를 얻을 수 있는 현상으로 조각가 피그말리온이 아름다운 여인을 조각하고 그 조각상을 사랑하게 되자 여신이 이에 감동하여 조각상을 사람으로 만들어 주었다는 그리스 신화에서 유래하였다.

량이 다른 전문가들의 그것과는 달라야 하는 이유는 앞서 교직관에서도 검토하였듯 교직이 여느 전문직과는 다른 특이성을 가지고 있기 때문이다.

(4) 변화하는 사회의 교육 전문가로서의 역할

급격한 기술의 진보, 코로나19 등의 여파 등으로 우리는 앞으로 학교교육의 모습이 어떻게 바뀔지 진단하기 어려운 시대를 살아가고 있다. 그러면 이러한 혼돈의 시대에 교사는 어떤 모습이어야 할까?

한 전문가는 포스트 코로나 시대에 요구되는 교사 전문성과 교사상을 일곱 가지로 정리하고 있다. 학습전략의 안내자, 학습과 삶을 연결하는 맥락전문가, 개별 피드백을 제공하는 평가전문가, 디지털미디어 리터러시를 갖춘 교사, 생태적 전환의 실천가, 네트워킹 전문가, 삶의 통찰을 제공하는 파수꾼으로서의 스승이 그것이다(조윤정, 2021). 모두 수긍이 가지만 특히 '파수꾼으로서의 스승'은 변화한 시대에서도 여전히 교직의 본질과 연결되는 부분이다. '인류의 삶과 시대의 흐름을 연관 지어 볼 수 있는 판단의 틀을 가지고 학생들에게 통찰을 제공할 수 있는 교사'는 과거 우리가 교사를 '스승'으로 불렀던 느낌과 단단하게 연결되어 있다. 교육학 역시 교사에게 지식, 기능, 기술로 소비되는 학문이 아니라 훌륭한 교사의 길을 지원하는 풍부한 자원으로 기능하게 되기를 바란다.

제12장 활동

1. 최근에 일어난 교권침해의 사례 중 하나를 들어 이런 일이 일어나게 된 원인에 대해 토론을 실시해 보자.

2. '왜 교사가 되고 싶은가?'에 대해 이유를 찾는 명상의 시간을 가진 후 짧은 글로 기술해 보자.

3. 4차 산업혁명 및 포스트 코로나 시대로 인한 교육적 위기 중 하나로 학생들 간 '학습의 격차'가 심화되고 있는 현상을 들 수 있다. 교육 전문가로서의 위기 진단과 해법을 논의해 보자.

참고문헌

구본용 · 박제일 · 이은경 · 문경숙(2010). **학생상담 및 생활지도 매뉴얼**(교사용). 한국청소년정책연구원.

국가평생교육진흥원(2013). 2013 평생교육 백서.

김대현 · 김석우(2011). **교육과정 및 교육평가**. 서울 : 학지사.

김병성(1993). **교육과 사회**. 경기 : 양서원.

김병희 · 김경식 · 김형구 · 박형진 · 윤주국 · 이현철(2010). **교육사회학**. 경기 : 공동체.

김신일(1987). **교육사회학**. 서울 : 학지사.

김이경 · 김도기 · 김갑성 · 김은영(2006). OECD 학교장 리더십 국제비교연구 한국 배경보고서. 한국교육개발원.

김종철 · 이종재(1994). **교육행정의 이론과 실제**. 서울 : 교육과학사.

나민주 · 우명숙 · 하봉운 · 장덕호 · 이수경 · 장우천(2019). 지방분권시대 지방교육행정기관의 역할 및 조직 발전 방안. 충북대학교 한국지방교육연구소 연구보고서, 1-211.

문용린(2012). [문용린의 행복한 아이로 키우기] 행복을 부르는 묘약, 칭찬. **월간 샘터**, 84-85.

박남기(2015). 미래교육에서 교사에게 요구되는 역량. 교육부, **행복한 교육**, 56-57.

박의수 · 강승규 · 정영수 · 강선보(2020). **교육의 역사와 철학**. 서울 : 동문사.

박현정 · 하여진 · 김경희(2014). 중등학교에서의 방과후학교 효과분석. **교육평가연구, 27**(2), 573-596.

서경혜(2013). 교사 학습에 대한 공동체적 접근. **교육과학연구, 44**(3), 161-191.

성태제(2002). **현대교육평가**. 서울 : 학지사.

손승남(2013). '위대한 저서(The Great Books)' 프로그램을 토대로 본 우리나라 대학 인문고전교육의 방향 탐색. **교양교육연구, 7**(4), 449-472.

여성가족부 보도자료(2018.9.19). "교과서 속의 성차별, 이렇게 바꿔주세요!".

이병승(2008). 훌륭한 교사의 철학적 자질 탐색. **교육철학 제36집**, 117-143.

정범모(2000). **교육과 교육학**. 개정판. 서울 : 배영사.

조벽(2004). **나는 대한민국의 교사다**. 서울 : 해냄출판사.

조윤정(2021). 포스트 코로나 시대, 요구되는 교사전문성과 교사상. **서울교육. 봄호**.

진동섭(2003). 단위학교 경영체제 개선방향과 과제. 지방교육행정시스템의 문제와 과제. 제4회 교육연구개발 연계체제(ER & D Network) 교육현안세미나 자료집. 한국교육개발원.

한상길 · 김응래 · 박선환 · 박숙희 · 정미경 · 조금주(2012). **교육학개론**. 경기 : 공동체.

한정란(2015). **노인교육론: 노인을 위한, 노인에 관한, 노인에 의한 교육**. 서울 : 학지사.

허정무 · 김철 · 김종두 · 성백(2007). **교육의 이해**. 서울 : 학지사.

황정규 · 이돈희 · 김신일(2003). **교육학개론**. 경기 : 교육과학사.

Apple, M.(1977). *Ideology and curriculum*. New York : Routledge and Kegan Paul.

Ayers, W.(2001). *To teach : The journey of a teacher*. Teachers College Press.

Bowles, S., & Gintis, H.(1976). *Schooling in capitalist America*. New York : Basic Books.

Brameld, T.(1971). *Education for the energing age*. New York : Harper and Row.

Brown, P., Green, A., & Lauder, H.(2001) *High Skills : Globalization, Competitiveness, and Skill Formation*. Oxford University Press.

Delors, J.(1996). Learning : The treasure within. Report to UNESCO of the International Commission on Education for the 21st Century. Paris : UNESCO.

Egan, G.(1986). *The Skilled Helper : a systematic approach to effective helping*. Monterey. CA : Brooks/Cole.

Eisner, E.(1979). *The educational imagination : On the design and evaluation of educational programs*. New York : Macmillan.

Erikson, E. H., & Erikson, J. M.(1998). *The life cycle completed*(extended version). WW Norton & Company.

Gay, G.(2002). Preparing for Culturally Responsive Teaching. *Journal of Teacher Education, 53*(2), 106-116.

Glanz, J.(Ed.)(2009). *Teaching 101 : Classroom strategies for the beginning teacher*. Corwin Press.

Hill, C. E., & O'Brien, K. M.(2004). *Helping skills : Facilitating exploration, insight, and action*. Washington, D.C. : American Psychological Association.

Kneller, G. F.(1971). *Introduction to the philosophy of education*. New York : John Wiley & Sons.

Kohlberg, L.(1958). The Development of Modes of Thinking and Choices in Years 10 to 16. Ph. D. Dissertation, University of Chicago.

Ladson-Billings, G.(1995). Toward a theory of culturally relevant pedagogy. *American educational research journal, 32*(3), 465-491.

Lieberman, M.(1956). *Education as a Profession*. New York : John Wiley.

OECD(1996). *Lifelong learning for all*. Paris : OECD.

Pedagogy for Employment Group(2004). *Pedagogy for employability*. Higher Education Academy.

Posner, G. F.(1998). Models of curriculum planning. In L. E. Beyer & M. W. Apple(Eds.), *The curriculum* (pp. 267-283). Albany NY : SUNY Press.

Schugurensky, D.(2000). *The Forms of Informal Learning Towards a Conceptualization of the Field*. Toronto : Centre for the Study of Education and Work.

Shertzer, B., & Stone, S. C.(1974). *Fundamentals of counseling*(2nd ed.). Boston : Houghton Mifflin Company.

Tapscott, D.(2008). *Grown Up Digital : How the Net Generation is Changing Your World HC*. McGraw-Hill.

Toffler, A.(1981). *The third wave*. New York : Bantam books.

Tyler, R. W.(1949). *Basic principles of curriculum and instruction*. University of Chicago Press. IIlinois, USA.

Urban, K. K.(1995). Component model of Creativity. A paper presented at the 11th World Conference on the Gifted and Talented. July 29-Aug. 4, Hong Kong.

Wallas, G.(1926). *The art of thought*. NY : Harcourt, Brace and Company.

찾아보기

인 명

내 용

■ **정명화**
부산대학교 대학원 교육학박사
동의과학대학교 유아교육과 명예교수

■ **이로미**
캐나다 University of British Columbia 교육학박사
한국방송통신대학교 교육학과 전임대우강의교수

【제2판】
교육학개론

|공저자| 정명화 · 이로미

|1판 1쇄| 발행 2015년 8월 30일
|1판 6쇄| 발행 2023년 1월 30일
|2판 1쇄| 발행 2024년 6월 20일
|2판 2쇄| 발행 2026년 3월 10일

|발행인| 김동훈
|발행처| 공동체

|주소| 경기도 고양시 일산동구 호수로 358-39, 동문타워 I 905호(백석동)
|전화| 031)814-3000(대표)
|팩스| 031)814-3100
|홈페이지| www.compub.co.kr
|전자우편| compub@naver.com
|출판등록| 2005년 10월 6일
|등록번호| 제396-2005-36호

|ISBN| 979-11-6725-621-8
정가 19,000원

저자와 협의하여 인지를 생략합니다.
무단전재와 복제를 금합니다.